UPDATED AND EXPANDED

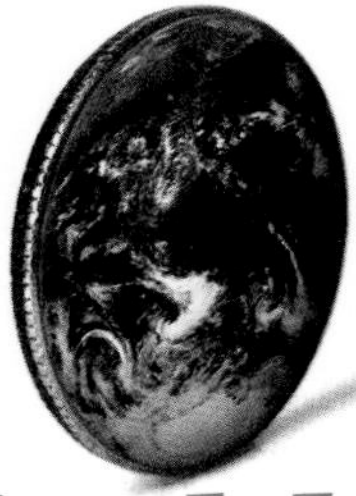

The World Is Flat

A Brief History of the Twenty- first Century

フラット化する世界 上

経 済 の 大 転 換 と 人 間 の 未 来

トーマス・フリードマン
伏見威蕃訳

日本経済新聞出版社

フラット化する世界（上）

装幀：金澤孝之
本文デザイン：谷敦

マット、ケイ、ロンへ

フラット化する世界（上）目次

下巻目次

序文

本書が出版されてからわずか一年後にアップデート&増補版を出すのはなぜか？　端的に答えよう。出すことができるし、出さなければならないからだ、と。本書に詳しく述べている強力なテクノロジーの力のおかげで、出版産業の作業は速くなり、一冊丸ごと改訂するのが割合楽になった。だから、出すことができる、と答えた。出さなければならない理由は三つある。まず、世界をフラット化する力は、本書の第一版が出版された二〇〇五年四月の時点でとまったわけではない。だから、追いつづけて、自分の主張全体に組み込みたかった。次に、アメリカ中で本書をテーマに講演をしたときに、親たちからしばしば投げかけられた質問に答えたかった。「そうですか、フリードマンさん、世界がフラット化していることを教えていただいて感謝しています。ところで、子供たちにはどういえばいいですかね？」このアップデート&増補版で、読者は教育とフラット化した世界の関係について、さらに多くを知ることができる。最後に、読者や書評家が寄せてくれた意見の多くは、思慮に富み、有益なものだったので、なかでもよりすぐりの意見をぜひ盛り込みたいと思った。いつかはこの本を書

くのをやめるだろう。しかし、いまは自分が学んでいる事柄を人に伝えることができるのが楽しい——それに、世界のフラット化によって、それがこれまでになく簡単なのもありがたい。

二〇〇六年一月
ワシントンDCにて

トーマス・L・フリードマン

編集部注記——本書は二〇〇六年四月にアメリカで刊行されたアップデート&増補版（Updated and Expanded Edition）を訳出したものです。

第一部

世界はいかにフラット化したか

第1章　われわれが眠っているあいだに

カトリック信徒としてキリスト教の神聖なる信仰をいつくしみ、かつまたひろめ、マホメットの教義およびすべての偶像支配や異端を敵と見なす、フェルナンドおよびイサベル両王陛下の命により、私は上記のインド諸国に派遣される運びとなった。上記の国の王族や民衆や土地を見聞し、彼らの性向を見定めて、われわれの聖なる信仰に改宗させるべく適切な方策を探るのが目的である。それに際して、従来の陸路で東進するのではなく、これまでなんぴとも通った形跡がない西行き航路をとるよう求められた。

——クリストファー・コロンブスの一四九二年の航海日誌より

ゴルフのコースにいるときに、「マイクロソフトかＩＢＭを狙え」などと教えられたことは、これまで一度もなかった。インド南部、バンガロールの中心部にあるＫＧＡゴルフクラブのティーグラウ

ンドに立っていると、一番ホールのグリーンのはるか向こうにある輝かしいガラスと鋼鉄のビル二棟を、同じ組でまわっている男が指差した。ゴールドマン・サックスのビルは、まだ完成していなかった。建っていれば、それも含めた三棟を指差したに違いない。HP（ヒューレット・パッカード）とテキサス・インスツルメンツは、九番ホールの裏手、一〇番ホール沿いに支社がある。そればかりではない。ティーマーカーはプリンター・メーカーのエプソンが提供しているし、キャディの一人は3Mのロゴのついた帽子をかぶっている。ゴルフクラブの外の交通標識の一部はテキサス・インスツルメンツが資金を提供しているし、向こうのピザハットの看板には湯気をたてているピザが描かれ、その上に「ギガバイト級の味！」という宣伝文句がある。

そう、〈オズの魔法使い〉のドロシーの台詞《せりふ》ではないが、ここはぜったいにカンザス（何もない田舎）じゃない。インドらしくもない。ここは新世界なのか、旧世界なのか、それとも次世界なのか？

インド版シリコンバレーといわれるここバンガロールに、私はコロンブスの大航海めいた気分でやってきた。コロンブスは、アフリカ大陸南端をまわって東へ進むのではなく、大西洋を西へ直進する、より近い航路を見つけようとして、ニーニャ号、ピンタ号、サンタ・マリア号で航海した。当時のポルトガルの探検家たちは、喜望峰をめぐる航路をとっていた。インドや東方の魔法のスパイス諸島（モルッカ諸島）には、莫大な富を築く源である黄金や真珠や宝石や絹がふんだんにあった。その時代、ヨーロッパから東方への陸路は、イスラム勢力に支配されていたので、コロンブスとスペイン王家が富と権力を手に入れるには、インドへの海の近道を見つけなければならなかった。航海に乗り出したコロンブスは、地球が丸いのを見抜いていたに違いない。だからこそ、西へ進めばインドに到達

すると考えたのだ。しかし、距離の計算を誤った。コロンブスは、地球がもっと小さな球体だと思っていた。それに、東インド諸島の手前で大陸にぶつかるのを予想していなかった。それでも、新世界で遭遇した先住民族を「インド人《インディアン》」と呼んだ。帰国したコロンブスは、後援者であるフェルナンド王とイサベル女王に、インドには到達しなかったが、世界が丸いのは確認できた、と報告することができた。

私はフランクフルト経由の東回りでインドへ行った。ルフトハンザ航空のビジネスクラスに乗った。座席の肘掛から引っぱり出すディスプレイに表示されたGPS地図のおかげで、飛んでいる方角を正確に知ることができる。予定どおり無事に着陸した。私もインド人《インディアン》と呼ばれる人々に会い、インドの富の源を探ろうとした。コロンブスが探し求めたのはハードウェア――貴金属、絹、香辛料――で、それが当時の富の源だった。私が探したのは、ソフトウェア、知力、複雑なプログラム、知識労働者、コールセンター、通信プロトコル、光工学上の大発見など、われわれの時代の富の源だった。

コロンブスは喜びいさんで、自分の見つけたインディアンを奴隷、すなわちただの肉体労働の供給源にした。いっぽう私は、これから会うインド人たちが、なぜわれわれの仕事を奪い、アメリカその他の工業国家のサービスとIT（情報技術）分野の海外アウトソーシングにとって重要な供給源になったのかを探りたいだけだ。コロンブスは、三隻の船に一〇〇人以上を乗り組ませていた。いっぽう私の配下は、おんぼろのワゴン車二台に分乗したディスカバリー・タイムズ・チャンネルの取材班数名と、裸足で運転するインド人の運転手二人だけだ。この航海に乗り出したとき、私もまた地球が丸いのは認識していたが、ほんもののインドで出くわした物事は、その信念を揺るがした。コロンブス

は、偶然にアメリカ大陸を発見し、インドの一部だと思い込んだ。私はほんもののインドへ行ったが、出会った人間はほとんどがアメリカ人みたいだった。アメリカ風の名前に変えている人間もいたし、コールセンターの人たちはアメリカ英語をしゃべろうと努力していた。ソフトウェア開発の現場では、アメリカのビジネス手法が取り入れられていた。

コロンブスはスペイン国王と女王に、世界は丸いと報告し、それを初めて発見した人物として、歴史に名をとどめている。私は帰国して自分の発見を妻だけに、それもささやき声で伝えた。

「ねえ、きみ」こっそりと打ち明けた。「世界は平《フラット》らなんだ」

どうしてそういう結論に達したか？　インフォシス・テクノロジーズのナンダン・ニレカニとの出会いが、すべての発端だったといってもいい。インフォシスは、インドＩＴ業界の宝玉で、ＣＥＯのニレカニは、インド産業界で最も尊敬されている思慮深い〝船長〟である。インフォシスの施設を見学し、ニレカニにインタビューするために、私はディスカバリー・タイムズの取材班とともに、バンガロール中心部から車で四〇分の距離にある同社に向かった。そこへ行くには、聖なる牛や荷馬車やオート三輪がひしめくでこぼこ道を走っていかなければならない。しかし、インフォシスのゲートを通ると、まったくの別世界だった。リゾートにあるような、巨岩や刈り込まれた芝生に囲まれたばかでかいプールがあり、その横にはパッティング練習用のグリーンがある。レストランが数軒と、素晴らしいフィットネス・クラブがある。ガラスと鋼鉄のビルが、まるで雑草みたいに、毎週にょきにょき建っている。インフォシスの社員が欧米企業向けの特注プログラムを作成しているビルもある。そ

れ以外のところでは、欧米の多国籍企業が社外秘の技術開発を行なっている研究所を管理運営したり、コンピュータ保守点検、特殊な開発研究計画、世界中から転送される消費者の電話相談への応対など、あらゆる仕事を請け負っている。警備は厳重で、各ドアを見張る監視カメラがある。たとえば、アメックスの仕事をしている人間は、ＧＥ（ゼネラル・エレクトリック）の管理サービスと研究を行なっているビルには入れない。ＩＤカードを首からぶらさげたインド人の若いエンジニアが、きびきびとビルからビルへと歩いている。私の税務処理をやってくれそうな男性もいれば、私のコンピュータを分解してくれそうな女性もいる。コンピュータの設計そのものをやっていそうな女性もいる。

インタビュー収録のあと、ニレカニはわれわれの取材班にインフォシスの世界会議センターを見学させてくれた。いわばインドのアウトソーシング産業の中心地だ。アイビー・リーグの法科大学院《ロースクール》の階段教室みたいな鏡板張りのだだっ広い部屋だった。壁の一つには一面を覆う巨大なスクリーンがあり、天井にはテレビ会議用のカメラが取り付けてある。「これがわれわれの会議室です。おそらくアジアで最大のスクリーンでしょう――デジタル・スクリーンを四〇面〔合わせたもの〕です」私が見たこともないような大きさのスクリーンを指差して、ニレカニが得意げに説明した。インフォシスはあのスーパーサイズのスクリーンを使い、どんなプロジェクトのためであろうと、二四時間いつでも、全世界のサプライチェーンで重要な役割を果たしている人々のバーチャル会議を開催できる。アメリカの設計者がスクリーンを使い、インドのプログラマーやアジアの得意先と同時に話をすることもできる。「ここに座っているのと同じ。ニューヨーク、ロンドン、ボストン、サンフランシスコの人間が、みな生映像で見られる。システムの設置と稼動の場所がシンガポールだとすれば、そこの人間も

同時にここで話ができる……それがグローバリゼーションです」と、ニレカニはいった。スクリーンの上にはインフォシスの営業時間——三六五日、無休、二四時間態勢——をよく表わしている時計八個があって、それぞれアメリカ西部、アメリカ東部、グリニッジ標準時、インド、シンガポール、香港、日本、オーストラリアと記されている。

「アウトソーシングは、今日の世界で起きているもっと根本的な物事の一面にすぎない」ニレカニは説明した。「ここ数年のあいだに、テクノロジーへの莫大な投資が、ことにITバブルの時代に行なわれ、世界中でブロードバンド環境や海底ケーブルといったものに、莫大な投資がなされた」それと同時に、コンピュータの価格がどんどん下がり、世界中に普及して、それにつれてソフトウェアも爆発的に普及した——電子メール、グーグルのような検索エンジン、データを切り分けて一部をボストンへ、一部をバンガロールへ、一部を北京へ送って、離れた土地で誰でも作業ができるような業務用ソフトウェアなどだ。ニレカニの話によると、二〇〇〇年頃にこうした物事が突然重なって、「知識労働や知識資本をどこへでも配達できる土台ができあがった。切り分けて配達、配布、生産し、ふたたび一つにまとめることができる。それによって、われわれの仕事、ことに頭脳を使う仕事の手順の自由度が格段に高まった……いまバンガロールであなたがたが目にしているのは、こうした物事の一大集約なのです」

われわれはニレカニのオフィスの外に置かれたソファに座り、取材班がカメラを設置するのを待っていた。こうした重要な意味合いを持つ事柄を要領よく話しているときにニレカニの発した言葉が私の耳のなかで鳴り響いた。ニレカニはこういったのだ。「トム、競技場はいまや均《なら》されているんだ」

インドのような国が、全世界的な知識産業の分野で、いまだかつてなかったほど競争力を持っている――つまり、アメリカもそれに備えたほうがいい、ということだ。アメリカはこれから競争を挑まれるだろうが、競争があるときこそ頂点に登りつめるものだから、アメリカにとってもそのほうがいい、とニレカニは力説した。その晩、インフォシスの敷地を出て、がたごと揺られながらバンガロールに戻るとき、私は「競技場は均されている」というニレカニの言葉をじっくりと考えた。

ニレカニは「競技場が平ら《フラット》になりつつある」という意味でそういったのだろう……平らに？　平らに？　その単語を頭のなかで転がしているうちに、化学作用みたいに突然言葉が出現した。なんと、ニレカニは世界が平ら《フラット》だといっている！

五〇〇年以上も前にコロンブスは、当時のごく原始的な航海技術を駆使して水平線の彼方へと船を進め、無事に帰還し、地球が間違いなく丸いことを証明した。ところがいま、私はこのバンガロールで、最高の理工系大学で学んで現代最高の科学技術を身につけたインドで最も優秀なエンジニアの口から、地球は平らだという意味の言葉を聞かされた――全世界のサプライチェーンを結ぶ会議に使えるあのスクリーンと同じようにフラットだというのだ。さらに興味をそそられるのは、そういう変化をよいことだととらえていたことだ。われわれがこの地球を平らにしたのは、人類の発展にとって新しくて画期的な出来事であり、インドや世界各国にとって素晴らしい好機だというのだ！

ワゴン車の後部で私は、四つの単語からなるその言葉を書き留めた。「世界は平らである《ザ・ワールド・イズ・フラット》」書いたとたんに、それがバンガロールで取材に当たったたった二週間で見聞きしたすべての事柄の底を流れるメッセージだと気づいた。グローバルな競技場は、平坦に均されている。世界はフラット化されつつある。

これを悟ったとたんに、興奮と不安のとりこになった。ジャーナリストとしては、朝のニュースのヘッドラインをもっとよく理解し、いまの世界で起きている事柄を解明するのに役立つ枠組みを見つけたことに興奮した。ニレカニは正しかった。いまだかつてなく多くの人々がリアルタイムで共同作業《コラボレート》し、あるいは競争している。地域的にもいままでよりずっと広い範囲の人々が、従来よりも多種多様な作業を行なっている。しかも、コンピュータ、電子メール、光ファイバー・ネットワーク、テレビ会議、機能的な新ソフトウェアを利用することにより、これまでの歴史には見られなかったような平等な立場でそうした作業を行なっている。インドやその先の土地を旅して私が発見したのはそういうことだった。本書の主題も同じだ。世界は平らだと、あるいは平らになりつつあると考えたときに初めて、多くの物事がこれまでになく納得がいくようになる。だが、個人的に興奮していた理由はほかにもある。世界のフラット化は、地球上の知識中枢をすべて接続して、一つの全地球的なネットワークにまとめ——政治やテロリズムに邪魔されなければの話だが——企業・コミュニティ・個人による繁栄、革新《イノベーション》、共同作業《コラボレーション》の素晴らしい時代の到来を招くかもしれない。とはいえ、フラットな世界についてじっくり考えると、個人的にも、またジャーナリストとしても、将来への不安にとらわれる。個人的な不安は、フラットな世界で共同作業できるのが、プログラマーやコンピュータおたくばかりではないという明白な事実から生じている。アルカイダその他のテロリスト・ネットワークも、そこに加わる。競技場が平坦に均されれば、イノベーションに燃えるあらゆる新集団を呼び込んで、とてつもない力をあたえるだけではすまない。怒りや不満をくすぶらせ、屈辱を味わっている男女のあらゆる新集団も、そこに吸い寄せられ、とてつもない力を持つことになる。

ジャーナリストという立場から、世界がフラットなことに危惧を抱くのは、自分が眠っているあいだにフラット化が進み、しかもそれを完全に見逃していたからだ。現実に眠っていたわけではないが、ほかのことに心を奪われていた。9・11同時多発テロ前、私はグローバリゼーションに目を向け、グローバル経済を推し進める「レクサス」勢力と、アイデンティティと民族主義《ナショナリズム》の「オリーブの木」勢力のあいだの緊張を探究することに専念していた。その結実が一九九九年に発表した『レクサスとオリーブの木』である。しかし、9・11同時多発テロ以降は、「オリーブの木」ばかりに没頭していた。アラブ諸国、イスラム世界を旅するのに、ほとんどの時間を費やしていた。その間に、グローバリゼーションの足跡を見失っていた。

二〇〇四年二月のこのバンガロール訪問で、ふたたび足跡を見つけたわけだ。そのとたんに、カブールやバグダッドのオリーブ林にばかり目を向けていたあいだに、とてつもなく重要なことが起きていたと気づいた。グローバリゼーションは、まったく新しい段階《フェーズ》に入っていたのだ。『レクサスとオリーブの木』と本書を併読するなら、グローバリゼーションが大きな三つの時代として存在していた、という遠大な歴史論を理解してもらえるはずだ。コロンブスが航海に乗り出し、旧世界と新世界のあいだの貿易が始まった一四九二年から一八〇〇年頃までが、最初の時代に当たる。これをグローバリゼーション1・0と呼ぼう。それが世界のサイズをLからMに縮めた。グローバリゼーション1・0は、国家と腕力の時代だった。つまり、グローバリゼーション1・0における変化の重要因子、世界統一の過程を推進する原動力は、物理的な力――腕力、馬力、風力、さらに後世では汽力（蒸気動力）――だった。国家がそういったものをどれだけ持っていて、どれだけ創造的に用いるかに左右さ

れていた。この時代の国家や政府（宗教、帝国主義、あるいはその両方の組み合わせによって成り立っていることが多かった）は、壁を打ち壊して、世界をつなぎ合わせ、世界統一をはかろうとした。グローバリゼーション1・0の重要な課題は、次のようなものだった。自国をグローバルな競争やチャンスにどう適合させればよいか？　自国を通じてグローバル化し、他の人々とうまく力を合わせるには、どうすればよいか？

次の大きな時代区分、グローバリゼーション2・0は、大恐慌と二度の世界大戦によって中断したものの、おおまかにいって一八〇〇年から二〇〇〇年まで続いた。この時代、世界のサイズはMからSに縮まった。グローバリゼーション2・0における変化の重要因子、世界統一を進める原動力は、多国籍企業だった。多国籍企業は、市場と労働力を求めてグローバル化した。共同出資によるオランダやイギリスの会社と産業革命の発展が先鋒をつとめた。この時代、前半の世界統一は蒸気機関と鉄道による輸送コストの軽減が、後半は通信コストの軽減――電報、電話、パソコン、人工衛星、光ファイバー、初期のワールド・ワイド・ウェブ――が原動力になった。この時代にわれわれはまさに世界経済の誕生と成熟を目にした。大陸から大陸へと大量の商品や情報が移動することによって、世界市場が生まれ、生産と労働の両方の世界的な取引がそこに生じた。ハードウェアの分野での飛躍的進歩――最初は蒸気船や鉄道、そして電話やメインフレーム・コンピュータといったもの――が、このグローバリゼーションの時代の原動力だった。この時代の重要な課題は、次のようなものだ。自社は世界経済にどう適合するのか？　どうやってビジネスチャンスを自社のものにするのか？　自分の会社を通じてグローバル化し、他の人々とうまく力を合わせるには、どうすればよいか？　『レクサス

とオリーブの木』は、この時代の頂点を主に描いている。世界中で壁が崩壊しはじめ、統一——とそれに対する反動——が、まったく新たな段階に入った。しかし、壁が崩壊しても、完全な世界統一に向かうにはなお幾多の障壁があった。思い起こせば、ビル・クリントンが大統領に選ばれた一九九二年には、政府や学会以外では電子メールなどほとんど使われていなかった。一九九八年に私が『レクサスとオリーブの木』を書いていた頃、インターネットと電子商取引はひろまりはじめたばかりだった。

そう、ひろまっていたのである——私が眠っているあいだに形をなした多くの物事と同じように。そんなわけで、二〇〇〇年前後にまったく新たな時代に突入したと、私は本書で論じることにした。これがグローバリゼーション3・0である。グローバリゼーション3・0は、世界をSサイズからさらに縮め、それと同時に競技場を平坦に均した。また、グローバリゼーション1・0の原動力が国のグローバル化であり、2・0の原動力が企業のグローバル化であったのに対し、3・0の原動力——これにたぐいまれな特徴をあたえている要素——は、個人がグローバルに力を合わせ、またグローバルに競争をくりひろげるという、新しく得た力なのである。また、個人や小集団が簡単にむらなくグローバル化するのを可能にしたのは、私がこれから詳しく説明する「フラットな世界のプラットホーム」という現象である。一つヒントを差しあげよう。フラットな世界のプラットホームは、パソコン(誰でも自分のコンテンツをデジタル形式で生み出すのを突然可能にした)、光ファイバー(個人がほとんどただ同然で世界中のデジタル・コンテンツにアクセスするのを突然可能にした)、ワークフロー・ソフトウェアの発達(世界中の個人が、距離に関係なく世界のどこからでも同じデジタル・コン

テンツの共同作業ができるようにした）といったものが集束して生まれた。こんな集束は、誰も予期していなかった。二〇〇〇年頃にそれが起きた。世界中の人々が、ある日突然、個人としてグローバル化する絶大な力を持っていると気づいた。世界中の個人が競い合っているのを、これまで以上に意識しなければならなくなり、しかもただ競い合うのではなく、協力する機会もまた飛躍的に増えた。その結果、誰もがこう自問できるようになったし、また自問しなければならなくなった。私は個人として、現在のグローバルな競争やビジネスチャンスのどこに割り込めばよいのか？　一人で他の人々とグローバルな共同作業をするには、どうすればよいのか？

グローバリゼーション3・0がこれまでの時代とまったく異なるのは、サイズを縮小し、世界をフラット化し、個人に力をあたえたことだけではない。もう一つの違いは、グローバリゼーション1・0と2・0の牽引力は欧米の個人やビジネスだったという点だ。たしかに中国は一八世紀も世界有数の経済大国だったが、グローバル化とそのシステムの改良は、欧米の国や企業や冒険家が主に進めていた。しかし時代が進むにつれて、この傾向はどんどん薄れていった。なぜなら、世界をフラット化して縮めてゆくグローバリゼーション3・0は、日増しに欧米の個人だけではなく多種多様な――非欧米、非白人の――個人の集団によって動かされるようになっている。フラットな世界のあらゆる国々の個人が力を持ちはじめている。グローバリゼーション3・0によって、多くの人々がゲームに直接参加できるようになり、あらゆる肌の色の人間が役割を果たすようになっている。

（個人が世界的に活躍する力を持ったことがグローバリゼーション3・0の特徴であるが、企業も、規模の大小を問わず、この時代に新たな力を得た。この二点については後述する。）

いうまでもないが、バンガロールでニレカニのオフィスを出たときには、こうしたことをごく漠然と認識していただけだった。しかし、その晩、ホテルの客室のバルコニーで、こうした変化についてじっくり考えるうちに、ある決心がついた。このフラット化の過程がどういうふうに起きたか、国や企業や個人にそれがどのような意味を持つのか、ということを読み解くために、他の仕事をすべて投げ出して一冊の本を書きたい。そこで妻に電話をかけて、「アン、〝世界はフラットだ〟という本を書こうと思う」と告げた。アンはおもしろがるとともに、興味をそそられたようだった――いや、興味などなくて、ただおもしろがったのかもしれない！　結局アンにはわかってもらえたので、読者諸氏にも納得してもらえるのではないかと思っている。まずはインドや東洋の他の国を訪れた旅をふりかえるところから始めて、世界はもはや丸くはなく平らだという結論を出すに至った数々の経験について語りたいと思う。

ジャイサース・〝ジェリー〟・ラオとは、バンガロールで初めて会った。リーナ・パレス・ホテルで何分か向き合って話をしたあと、あなたの所得税申告書その他の経理事務をすべて引き受けられますよ、と彼はいった――しかも、バンガロールにいながらにして。いや、結構です、と私は断った。シカゴの会計士に頼んであるので。ラオはにっこり笑っただけだった。礼儀正しい男なので、税務処理の海外アウトソーシングの爆発的拡大により、私の会計士の会計士という形で私の経理事務をすでに扱っている可能性もあるということを、あからさまにはいわなかった。

「こうしてお話をしているあいだにも、そういうことが進んでいます」以前ボンベイと呼ばれていた

ムンバイに生まれ育ったラオは、アメリカの各州や連邦政府の会計業務のアウトソーシングを請け負うインド人会計士チームを抱えたエムファシスという会社を経営している。「アメリカの中小会計事務所数社と連携しています」

「私のような人間の使う公認会計士だね？」と問い返すと、「ええ、そういう公認会計士です」と、笑みを浮かべてラオが答えた。ラオの会社は、所得税申告書の作成を安い費用で簡単に海外アウトソーシングできる標準フォーマット付きのワークフロー・ソフトウェアを開発した。アメリカの公認会計士が、私の昨年の所得税申告書をスキャンし、それに加えて、W－2やW－4などの源泉徴収票や控除票、1099の各種書式の臨時所得や株式関係の申告書などもすべてスキャンして、カリフォルニアやテキサスに置かれているサーバーに入力するところから作業が開始される、とジェリーは説明した。「こうしてあなたの公認会計士が海外であなたの税務処理をやろうとした場合、姓名や社会保障番号を〔海外の人間に〕知られないようにしたいというご希望に応じて、そういった情報だけを伏せることができます。インドの会計士は〔暗証番号を使って〕アメリカのサーバーから未処理情報を呼び出し、所得税申告書を作成する。お名前が知られることはありません。個人情報保護の規則に従い、データがアメリカから出ることはありません……われわれはデータとプライバシーの保護に非常に気を遣っています。インドの会計士は、画面でデータを見ることはできても、ダウンロードやプリントアウトはできません――それができないようなプログラムを使っています。悪意があったとしても、暗記しようとするのが精いっぱいです。申告書作成のときには、会計士は筆記用具すら持ち込むことを許されません」

サービス分野の海外へのアウトソーシングがこれほど進んでいるのに、私はすっかり感心した。「申告は数千件扱っていますよ」と、ラオがいった。それだけではなく、「アメリカの公認会計士はオフィスにいる必要すらないんです。カリフォルニアのビーチにいて、われわれに電子メールを送り、『ジェリー、きみはニューヨーク州の所得税申告が得意だから、トムの申告をやってくれないか。ソニア、デリーのきみのチームはワシントン州とフロリダ州のをやってくれ。あとのやつはかなりややこしいから、私が自分でやる』といえばいい。ついでにいうと、ソニアはインドのオフィスで働いていますが、〔交通費や光熱費といった〕諸費用はアメリカの会計士が負担しなくていいんです」

二〇〇三年には、アメリカの所得税申告二万五〇〇〇件がインドで処理された。二〇〇四年には一〇万件になった。二〇〇五年は約四〇万件だった。一〇年後には、アメリカの公認会計士は、少なくとも所得税申告書のごく簡単なものはすべてアウトソーシングで処理すると思われる。

「どういうふうにして、この業務に参入したんですか？」私はラオにきいた。

「オランダ人の友だちのヨルン・タスと私は、カリフォルニアでシティグループ関係の仕事をしていました。私が上司で、ある日同じ便でニューヨークから帰るとき、私が辞めるという話をすると、タスが『僕もそのつもりなんです』といいました。『だったら一緒にビジネスを始めよう』ということになり、一九九七年から九八年にかけて、大企業向けのハイエンドなインターネット・ソリューションを供給するという事業計画をまとめました……でも、二年前にラスベガスの科学技術コンベンションに行ったときに、中堅どころの〔アメリカの〕公認会計士事務所数社が話を持ちかけてきて、自分たちにはインドで大がかりな税務処理のアウトソーシング事業を立ち上げる資金力がないが、大手事務

所にはそれができる。でも、自分たち〔中堅の会計事務所〕は大手事務所に先駆けてやりたい——といわれました。それで、中堅の会計事務所が所得税申告を簡単にアウトソーシングできるVTR——バーチャル税理事務所——というソフトウェアを作成したんです」

中堅どころの会計事務所は、従来はなかった「均された競技場」を手に入れることになった、とジェリーはいう。「大手事務所が享受していた規模の優位性が、急に手の届くものになったんです」

アメリカ人にとっては、「子供を会計士にはしないほうがいい」という警告ではないか？　と私はたずねた。

とんでもない、とラオはいった。「われわれは下働きを引き受けただけですよ。所得税申告の準備に何が必要かはご存じでしょう？　創意工夫などほとんど必要ありません。海外に流出するのはそういう仕事ですよ」

「アメリカに残る仕事は？」

「アメリカでなおも成功したいと思う公認会計士は、合法的な節税、税金を軽くする手段、顧客との人間関係の管理など、複雑で創造的な戦略の構築に焦点を絞る必要があるでしょうね」ラオはいった。「そうした公認会計士は、顧客にこういいます。『雑事は遠くでてきぱきと片付けさせます。われわれは不動産の管理や、お子さんたちのために何をしておけばよいかを相談しましょう。信託財産をこしらえておきますか？』つまり、二月から四月まで申告の事務に追われて駆けずりまわるのではなく、顧客と話し合って有意義に時間を使うのです。そういう時間が持てないために、八月にまで納税猶予の申請をしなければならないことも多いんです」

《アカウンティング・トゥデイ》誌二〇〇四年六月七日号の論文から判断して、たしかにそれがあるべき未来の姿のようだ。カンザス州マンハッタンのブーマー・コンサルティング社CEOのL・ゲーリー・ブーマー公認会計士は、こう書いている。「今〔納税〕期は一〇万件以上の〔アウトソーシングによる〕所得税申告が行なわれ、それがいまや個人の所得税申告ばかりではなく、信託財産の作成実務、事業組合や企業の税務申告にまで拡大している……この産業がこの三年のあいだにこれほど成長した一番の理由は、こうした〔海外に拠点を置く〕企業が、システム、プロセス、教育に投資したからである」インドでは会計学専攻の学生が毎年七万人卒業し、そのうちかなりの数が初任給一〇〇ドルのインド企業に就職する。高速通信、厳しい教育、標準化された書式《フォーマット》のおかげで、こうしたインド人の若者はわずかな費用で、あっというまに欧米の基礎的な会計事務を処理できる会計士に仕立てあげられる。インドの会計事務所のなかには、出張もせず、テレビ会議でアメリカの会計事務所への売り込みを行なうところまである。ブーマーは、こう結論している。「会計士という職業は現在、変容しつつある。過去にとらわれて変化に抵抗する会計士は、コモディティ化（差別化の特徴が失われて価格や量が売買の判断基準にされること。商品価格の下落を招く場合が多い）の深みにはまってしまう。リーダーシップ、顧客との関係、独創力によって価値を生み出す会計士は、顧客との関係を強化できるだけでなく、業界をも変革するだろう」

　私はラオにいった。要するに、きみがいいたいのはこういうことだね。医師、弁護士、建築家、会計士などの知的職業にたずさわるアメリカ人は、人間同士の微妙な触れ合いに精通しなければならない。なぜなら、デジタル化できるものはすべて、もっと賢いか、安いか、あるいはその両方の生産者にアウトソーシングできるからだ。ラオは答えた。「誰であろうと、自分たちの付加価値がなんであ

るかを、見据える必要があります」

しかし、ただの平凡な会計士だったらどうするのか？　州立大学を出て、成績の平均はBプラスだとしよう。そして公認会計士の資格を得る。大手会計事務所に勤めて、ありふれた仕事を山ほどやる。顧客にはめったに会わない。事務所では裏方だ。しかし、まずまずの暮らしができているし、事務所にもいちおうは仕事ぶりを認められている。こういう枠組みのなかにいる人間はどうなるのか？

「いいところを衝いていますね」ラオはいった。「その点については正直にならないといけません。われわれは大きな科学技術の変化のさなかにいる。〔アメリカのように〕そうした変化の最先端の社会で暮らしている場合、予測が難しい。インドのような国では、それが容易なんです。一〇年後には、アメリカでいまやっているようなことの大半を、われわれがやっているでしょう。われわれは未来を予測できる。でも、あなたがたのあとを追いかけている。未来を形作るのはあなたがたなんです。アメリカはつねに、新しい創造的な波の最先端に乗っている……そんなわけですから、そういう平凡な会計士の目をまっすぐに見て、これからこうなるときっぱりいうのは難しい。軽視してはいけないと思いますよ。そういったことには対処するしかないし、直視するしかないんです……バリューチェーン（価値連鎖）をデジタル化でき、切り分けることができ、作業をよそで行なえるような活動は、いずれよそへ移されます。『しかし、きみたちは私にステーキを出してくれることはできないだろう』と誰かがいうかもしれません。事実ですが、世界のどこのレストランのテーブルでも予約できますよ。そこにオペレーターがいないかぎり。『ええ、フリードマンさん、窓ぎわのテーブルをおとりできます』といえます。いい換えるなら、外食という事柄そのものを切り分けて、一部をアウトソーシング

するわけです。基礎的な経済学の教科書をあらためて読んでみると、こう書いてあるはずです。『商品は交易によって動かされるが、サービスは一カ所で生産されて消費される』散髪《ヘアカット》は輸出できません。でも、予約をとることで、そのサービスの一翼を担うことはできる。どういうヘアカットがお望みですか？　どちらのお店ですか？　こうしたことを、遠いコールセンターで処理できます」

話し合いの最後に私は、今後のもくろみについてたずねた。ラオはエネルギーに満ちている。地球の反対側の医師のセカンド・オピニオンが早く聞けるように、ＣＴスキャンのデータをよりよい状態で簡単に送れるファイル圧縮技術を飛躍的に進歩させたイスラエルのある企業と、話を煮詰めているところだという。

ラオと話をした数週間後、本書のために先日インタビューしたジョンズ・ホプキンス大学のビル・ブロディ学長から、次のような電子メールが届いた。

　親愛なるトム、私はいまジョンズ・ホプキンス大学主催の放射線医再教育学会で講義を行なっている（私もかつては放射線科が専門だった）……きみが興味を持つに違いない驚嘆すべき現状に出くわした。アメリカの中小の病院で、ＣＴスキャンの読み取りを、放射線医がインドやオーストラリアにアウトソーシングしているというのだ‼　たいがいの場合、病院内で処理するのに充分なスタッフがいない夜間に（そしてたぶん週末にも）行なわれているらしい。週七日、二四時間態勢で診断できるように、画像ファイルを病院から自宅に（あるいは休暇中のベールやケープ・コッドに）送って遠隔診断で処理する放射線医のグループもいるが、小さな病院では海外の

放射線医に画像を送っている。アメリカの夜がオーストラリアやインドの昼間にあたるという利点もある。だから、時間外の処理は、むしろ地球の反対側に送ったほうが迅速に行なわれる。CT（およびMRI）画像は、すでにデジタル・フォーマット化されていて、標準の通信プロトコルのネットワークが使えるから、世界のどこでも画像を見ることができる……向こう側の放射線医はアメリカで教育を受けて、適切な免許や資格を持っていなければならないはずだ……こうした時間外診断を行なう海外のグループは、彼らを雇っているアメリカの放射線医に「ヨタカ《ナイトホーク》」と呼ばれている。ではまた。

ビル

ありがたいことに、私は会計士でも放射線医でもなく、ジャーナリストだ。私の仕事のアウトソーシングは今後もありえないだろう――私のコラムを北朝鮮に送りたいと思う読者はいるかもしれないが。そう私は高《たか》をくくっていた。やがて、ロイター通信のインドでの業務の話を聞いた。バンガロールのロイター支局に行く時間はなかったが、CEOのトム・グローサーをつかまえて、どういうことをやっているか、話を聞くことができた。グローサーは、この新サプライチェーンのアウトソーシング分野では先駆者である。

ジャーナリスト二三〇〇人が支局一九七カ所で、投資銀行家、デリバティブ・トレーダー、証券ブローカー、新聞、ラジオ、テレビ、インターネットなどを含む市場に情報を提供しているロイターは、つねにきわめて複雑な顧客を満足させなければならない。しかしながら、ITバブルの崩壊以来、得

意先の多くがコストに非常に敏感になったので、ロイターは効率とコストの両面から自問を始めた。自社の世界的ニュース・サプライチェーンを維持するために、果たしてどこに社員を送り込むべきなのか？　ジャーナリストの仕事を切り分けて、一部をロンドンやニューヨークに残し、一部をインドに移せばよいのではないか？

グローサーはまず、ロイターの提供する主力業務の最も基礎的な事柄に目を向けた。それは企業の業績や関連事業の進捗状況について毎日一分刻みで速報を流すことだ。「エクソンの利益を、できるだけ早く世界中の画面で見られるようにする。『エクソン、今四半期の一株当たり利益は三九セント。前四半期は同三六セント』という具合に。肝心なのは速さと正確さだ」とグローサーは説明した。「分析はほとんど必要ない。基本的なニュースをできるだけ早くアップすればいいだけだ。企業の発表から数秒後に速報を出し、その数分後に表〔これまでの四半期の一株当たり利益の一覧〕を出す」

こうした業績速報は、ニュース業界におけるバニラ・アイスクリーム――フラットな世界のどこででも製造できるベーシック商品――なのだ。付加価値を加える知的作業は、その後数分のあいだになされる。企業のコメントやその業界のトップ・アナリスト二人のコメント、場合によっては競合他社の意見を聞いて、速報に展望を加味する手順を知っているジャーナリストが、そこで初めて必要になる。「それには、高度なジャーナリストとしての技倆が必要だ――市場にコネがあり、業界のトップ・アナリストが誰であるかを知っていて、しかるべき人間をランチに招待している人間でなければならない」と、グローサーはいう。

ＩＴバブルの崩壊と世界のフラット化によって、グローサーはロイターのニュース配信の手順を再

考しなければならなくなった――ジャーナリストの機能を切り分け、付加価値が低い機能をインドに任せられるかどうか。当初の目標は、優秀なジャーナリストの雇用を守りつつ、人件費の重複を減らすことだった。「そこで、まずはバンガロールで、ためしに記者を六人雇った。『速報の見出しと表に加えて、バンガロールでできるほかの仕事もやらせてみよう』というわけだ」

このインド人たちは、会計士の経験があり、ロイターが教育をほどこしたが、給料は現地の基準で、休暇や福利厚生についても同様だった。「インドは人材を集めるにはじつに豊かな土地で、技術者だけではなく、金融に明るい人間も多い」グローサーはいう。企業は業績発表の際に、ロイター、ダウ・ジョーンズ、ブルームバーグといった通信社に報せ、配信してもらう。「われわれが受け取るのは原資料で、それをいかに早く配信できるかが勝負になる。バンガロールは世界一通信が発達している地域で、情報を得るのに一秒未満の遅れはあるが、ロンドンやニューヨークにいるのと同じように、電子版のプレス・リリースを入手して記事にできる」

違いは、バンガロールでは、英米の主要都市の五分の一以下の給料や家賃ですむということだ。経済情勢と世界のフラット化により、ロイターはやむなくそういう手段をとったわけだが、グローサーはそこから利点を生み出そうとした。「コモディティ化した報道をよそに移し、別の土地で効率よく処理することを狙っている」それにより、従来のジャーナリストをそのまま雇っておくことができ、付加価値が高く、彼ら自身も満足できる報道や分析に集中できる。「たとえば、あなたがニューヨークに駐在するロイターのジャーナリストだとして、プレス・リリースの数値をパソコンに打ち込むのと、分析をやるのと、どちらに生きがいを感じますか?」とグローサーは問いかける。むろん、

分析のほうがやりがいがあるに決まっている。ニュース速報をインドにアウトソーシングしたロイターは、これまではニューヨーク駐在の給料の高いジャーナリストにやらせるにはコストが見合わなかった中小企業の取材にまで、手をひろげる余裕ができた。いまでは、ニューヨークのジャーナリスト一人の給料で何人も雇える低賃金のインド人記者を使い、バンガロールを根拠地にそういった取材ができる。二〇〇四年夏までに、ロイターはバンガロールのコンテンツ業務をスタッフ三〇〇人の規模に拡大した。最終的には一五〇〇人態勢を目指しているという。インド人チーム教育のために派遣されたロイターのベテラン社員や業績速報の担当もいるが、大半は債券売出のための、より特殊なデータ分析――膨大な量の計算――をやるジャーナリストが占めている。

「われわれの顧客の大多数も、同じことをやっている」グローサーはいう。「投資リサーチ会社は、これまでずっとたいへんなコスト削減に遭ってきたから、バンガロールで基礎的な企業分析をシフト制で行なっている会社は多い」ごく最近まで、ウォール街の大手会社は、有名アナリストたちに何百万ドルも支払って投資リサーチを行ない、支払った額の一部を、優良得意先に分析情報を伝える証券営業部門や、投資を呼び寄せるために大げさな企業分析を活用することもある投資銀行部門に請求するというやり方をしてきた。ニューヨーク州のエリオット・スピッツァー司法長官が、ウォール街の業務に調査のメスを入れ、さらに数度のスキャンダルが起きてからは、アナリストが投資を誘うために企業の業績を誇大に宣伝するのを防止するために、投資銀行業務と証券業務を厳密に分けなければならなくなった。しかし、その結果、ウォール街の大手投資会社は、市場リサーチのコストの大幅削減を迫られた。しかも、そのコストはすべて証券部門が支払わなければならない。それが、バンガロ

ールのような場所へ分析業務の一部をアウトソーシングする誘因になった。ロイターの場合、ニューヨークやロンドンのアナリストへの報酬は八万ドルだったのが、バンガロールでは総額一万五〇〇〇ドルですむうえに、インド人従業員は金融に明るく、意欲も高いことがわかった。また、ロイターは最近バンコクにもソフトウェア開発センターを設置した。バンガロールで優秀な人材を探している欧米企業は見落としているのだが、そこはソフトウェア開発者を雇うのに好都合な場所なのだ。

こうした風潮を知って、私はいささか動揺した。もともとUPI通信員としてジャーナリストの道に入ったので、通信社の記者の気持ちや、職業・経済両面で受けているプレッシャーがよくわかる。しかし、UPIはいま、成功しているとはいえない。二五年前に私が記者になった頃から、末端の仕事をアウトソーシングしてきたなら、おそらくいまも通信社としてもっと繁栄しているはずだ。

「社員の扱いは微妙だ」グローサーは、ロイターの社員をほぼ四分の一削減する一方で、記者はほとんど減らさなかった。会社が生き延びてふたたび繁栄するためにはこういう措置が必要だというのを社員は理解している、とグローサーはいう。それに、「彼らは現場も見ている頭のいい人々だ。取引先が同じことをやっているのを見ている。物事のからくりがわかっているんだ……われわれが何をやるかということとその理由を、言葉を飾らないで社員に正直に伝えるのが肝心だ。一番よい仕事がなされる場所に仕事を移すべきだという昔ながらのエコノミストの教訓を、私は心から信じている。しかし、場合によっては一人一人が新しい仕事を探しても容易には見つからないということを無視するわけにもいかない。そうした人々向けの職業訓練や社会的なセーフティ・ネットが必要になる」

社員に率直な姿勢を示すために、編集部門の総責任者のデビッド・シュレジンガーは、編集部の全

従業員宛に回覧文書を送った。以下にその抜粋を記す。

〈やむを得ない措置として業務を海外移転〉

私は一九世紀に捕鯨の拠点だったコネティカット州ニューロンドンに生まれ育った。捕鯨はとうの昔に行なわれなくなっていて、一九六〇年代と七〇年代には軍関係で働いているものが多かった――ベトナム戦争の時代だから、当然といえば当然だろう。私の同級生の親は、エレクトリック・ボート社、海軍、沿岸警備隊などに勤めていた。ベトナム和平によって、ふたたび地域に変化がもたらされ、こんどはモヒガン・サンとフォックスウッドの二社の大規模なカジノや、ファイザー社の医薬品研究施設などで有名になり、それに沿って雇用が生まれた。これまで身につけていたことが役に立たなくなり、新しい技術が求められた。地域が変わり、人々も変わった。もちろん、これはニューロンドンだけにとどまらない。製粉の町で製粉所が閉鎖され、靴の町で製靴工場が閉鎖され、繊維で知られた町が中国のリンネル製品を輸入するといったことは、枚挙にいとまがない。変化はつらいものだ。変化に不意討ちされたものほど、つらい目に遭う。変化についていけないものほど、つらい目に遭う。しかし、変化は自然なのだ。変化はいまに始まったことではないし、変化には重要な意味がある。いま、業務の海外移行についての議論は、危険なまでに激している。しかし、インドや中国やメキシコに仕事をとられてしまうという議論は、潜水艦建造がニューロンドンを去り、製靴産業がマサチューセッツを去り、繊維産業がノースカロライナを去ることについてかつて闘わされた議論と、ほとんど同じなのだ。仕事は、最も効果

的かつ効率的に行なわれる場所でなされる。それが最終的に、バンガロールや深圳《しんせん》以上に、わが国の幾多のニューロンドンやニューベッドフォードやニューヨークを援けることになる。それによって解放された人間と資本をまったく違う高度な仕事にふりむけることができるようになるからだ。また、最終生産物がより安く製造できるようになり、企業と消費者の両方に恩恵をもたらす。自分の仕事が「遠くへ行って」しまい、何千キロも離れたところで、年間一〇〇〇ドル以下の賃金の人間がやると思うと、誰しもいい気持ちはしない。しかし、苦しみばかりではなくチャンスのことを考える時機だ。業務の海外移行はやむを得ない措置であるが、チャンスでもあると考える時機だ……これは企業でも同じだが、人はそれぞれ、自分の経済的な運命に適応しなければならない。製粉工場や製靴工場その他の工場で働いていたわれわれの親もその親も、そうやって生活してきたのだから。

インドのコールセンター――モニターが燃えている?

インドのコールセンターがどんなに騒がしいか、ご存じだろうか? アウトソーシングに関するドキュメンタリーをテレビ取材班と一緒にこしらえたとき、バンガロールにあるインド企業24/7カスタマーのコールセンターをひと晩取材した。大学の学生会館と、地元の公共テレビ局の電話募金の会場を、足して二で割ったようなところだった。二〇人ぐらいが詰め込まれた部屋が並んだフロアが

いくつかあって、ぜんぶで二五〇人が、電話にかかりきりになっている。クレジットカードや料金の安い電話までなんでも売る「発信」専門オペレーターもいる。あとは「受信」を処理し、欧米の旅客機の乗客のために、紛失した手荷物を探したり、扱い方がわからないアメリカの消費者のために、コンピュータの問題を解決したりしている。電話はすべて、衛星通信もしくは海底の光ファイバーを通じて転送されている。だだっぴろいフロアに、雑然と小部屋がならんでいる。若手のチームが、それぞれ企業の旗を掲げ、そこの提供するサポートに取り組んでいる。ある場所にはデルのチーム、別の場所にはマイクロソフトのチーム、といった具合だ。勤務状況は、一般的な保険会社とよく似ている。タコ部屋もどきのコールセンターがあるのを知っているが、２４／７カスタマーはそうではない。

私がインタビューした若者のほとんどが、給料の全部か一部を親に渡しているという。じつは、親の退職時の給与よりもここの初任給のほうが高い場合が多い。世界経済に初心者として加わったばかりなのだから、かなり有利な条件といえる。

現地時間で午後六時頃、私はマイクロソフトの部屋をぶらぶら歩いていた。アメリカの夜明けに合わせるために、若い社員はたいがいその時間から仕事を始める。インド人の若いコンピュータ専門家に、私はしごく単純な疑問をぶつけた。ソフトウェアの迷路にはまり込んだアメリカ人を助けるのにかかった最長通話時間の記録は、このフロアではどれぐらい？

相手は即座に答えた。「一一時間」

「一一時間だって？」私は大声をあげた。

「一一時間です」

事実なのかどうか、確かめるすべはない。しかし、24／7カスタマーのフロアを歩きまわり、仕事をしているオペレーターのうしろで耳をすませていると、妙に聞き覚えのあるやりとりが切れ切れに聞こえてくる。ディスカバリー・タイムズの撮影を行なっていた晩に聞いたやりとりをいくつか述べよう。想像力を働かせ、アメリカやイギリスの発音を真似ようとしているインド人のなまりで音読してみるといい。電話をかけてきた人間が無礼で、文句たらたらで、いらだっていて、気短であっても、若いインド人が片時も変わりなく礼儀正しい応対をしているところも想像してほしい。

コールセンターの女性オペレーター「こんにちは。お名前をちょうだいできますか？」（かけてきた人間はガチャンと電話を切った。）

男性オペレーター「お客さまサービスのジェリーです。どんなご用件でしょうか？」（インドのコールセンターでは、オペレーターは欧米人の名前を使う。もちろん欧米の顧客を安心させるためだ。私が話を聞いた若いインド人は、それを不愉快には思っておらず、むしろ冗談のタネにしていた。スーザンやボブといった名前を選ぶのは少数で、たいがいとっぴな名前にする。）

女性オペレーターが、アメリカ人と話をしている。「わたくしはアイビー・ティンバーウッドですが、そちらさまは……」

女性オペレーターが、アメリカ人のＩＤナンバーをきいている。「社会保障番号の最後の四桁をおっしゃっていただけますか？」

女性オペレーターが、まるでマンハッタンにいて窓の外を見ているように、指示をあたえる。「ええ、七四丁目と二番街、五四丁目とレキシントン・アベニューの角に支店がございます……」

男性オペレーターが、自分ならとうてい承認されないクレジットカードを勧めている。「このカードですと、最低の利率で……」

女性オペレーターが、当座預金口座の残高不足をアメリカ人女性に説明している。「額面八一ドル五五セント、小切手番号六六五です。それで残高がマイナス三〇ドルになります。おわかりですか?」

コンピュータの不具合を直す説明を終えた女性オペレーターが、アメリカ人男性にいう。「どういたしまして、ジェサップさま。お時間をおとりいただき、ありがとうございました。失礼します」

電話をガチャンと切られた女性オペレーター。「もしもし。もしもし」

女性オペレーターが、早朝に電話したことをアメリカの客にわびている。「確認のためのお電話でございます。夜にもう一度かけ直します」

男性オペレーターが、航空会社のクレジットカードを、ほしがっていない相手に売りつけようとしている。「クレジットカードの数が多すぎるのですか? それとも飛行機がお好きではないのですか、ベルさま?」

コンピュータをクラッシュさせた女性を救おうとしている女性オペレーターもいる。「メモリー異状なしとメモリー・テストを切り替えるところから始めて……」

男性オペレーターが、似たような作業をやっている。「けっこうです。では3を打ち込んでエンター・キーを……」

ヘルプの電話で、くじけそうになっているアメリカ人女性を、女性オペレーターが力づけている。

「ええ、わかります。お急ぎなのはよくわかっています。こちらもお力になろうとがんばっているんですよ……」

女性オペレーターが、またしても電話を切られた。「はい、それでは何時でしたらご都合が……」

同じ女性オペレーターがまた電話を切られた。「そんな、ケントさま、けっして……」

同じ女性オペレーターがまた電話を切られた。「念のため折り返しお電話を……もしもし」

その女性オペレーターが、電話のほうを見る。「きょうはほんとうに最悪！」

女性オペレーターが、前代未聞のコンピュータ故障からアメリカ人女性を救おうとしている。「コンピュータがどうしたんですか？　モニターが燃えている？」

現在、世界中からの電話に応答し、クレジットカードや携帯電話を売ったり、期限を過ぎても支払われない金を請求したりしているインド人は、約二四万五〇〇〇人いる。こうしたコールセンターの仕事は、アメリカでは低賃金で社会的地位も低いが、インドに移ると、高賃金で社会的地位も高くなる。私が訪れたコールセンターは、24／7カスタマーをはじめとして、愛社精神もかなり高いようだし、若い社員たちはみんな、地球の反対側ではなく近所の人間と話し込んでいるという感じで、カスタマーサービスにかけてくるアメリカ人との奇妙なやりとりを楽しんでいるようだった。

24／7カスタマーの女性オペレーターC・M・メグナは、私にこう語った。「私たちが扱っている製品とは関係ない〔質問の〕電話をかけてくるお客さまもおおぜいいます。お財布をなくしたとか、ただ話がしたいために、電話してくるんです。私はこんなことをいいます。『あら、そう。〔お財布

が」ベッドの下にないかどうか探したら。それとも、いつも置いておく場所を』そうすると、お客さまはこういいます。『そうね。力になってくれてありがとう』」

ニトゥ・ソマイアはこういった。「お客さまに、結婚してっていわれました」

ソフィ・スンダーは、デルタ航空の紛失手荷物課の仕事をしている。「テキサスから電話をかけてきた女性がいました。その人が、泣きながら電話してきたの。飛行機を乗り継ぐあいだに、スーツケースをなくしてしまったんだけど、それにお嬢さんのウェディング・ドレスと結婚指輪が入っていたんですって。お気の毒だったけれど、どうすることもできなかった。何も情報がなかったんです。

お客さまはたいがい短気を起こしています。いきなり、『私の荷物はどこ？　いますぐ見つけて！』といったりして。私たちは決まりどおりきくんですよ。『失礼ですが、お名前をちょうだいできますか？』すると、『だから、私の荷物はどこ？』出身地をきかれることもあります。事実をいわなければならない決まりなので、インド人だと答えます。インドではなくインディアナの出身だと思われることもあります！　インドの場所すら知らない人がいます。パキスタンの隣ですと教えます」

電話は大部分が決まりきった退屈な用件だが、求職の競争は激しい――給料がいいからだけではなく、夜に働き、昼間に学校へ行って、徐々に生活水準を向上させることができるからだ。24／7カスタマーの共同設立者でCEOのP・V・カンナンは、そうした仕組みがうまくいっていると説明した。「現在、バンガロールとハイデラバードとチェンナイのあちこちに四〇〇〇人の社員がいます。

給料は一カ月二〇〇ドルの手取りから始まって、六カ月以内に三〇〇ドルないし四〇〇ドルに上がります。交通費を支給し、昼食と夕食も無料で出します。生命保険や家族全員のための医療保険などの

福利厚生もあります」

つまり、仕事を始めたばかりのオペレーター一人当たりの人件費は月五〇〇ドル前後で、半年後には六〇〇ないし七〇〇ドルなる。勤務状況に応じてボーナスも支給され、場合によっては基本給と同額になることもある。「社員の一〇ないし二〇パーセントが、昼間に大学で経営学やコンピュータを学んでいます」三分の一が、学位とは関係なくコンピュータや経営学の勉強をしている、とカンナンは付け加えた。「インドでは二〇代に勉強するのはあたりまえなんです――修養を積むことが重んじられ、親や会社もそれを督励します。勉強を続けている社員向けに、MBA（経営修士号）修得のための週末の一日授業を会社主催で行なっています。どの社員も週休二日の一日八時間労働で、一五分間の休憩二度、昼食もしくは夕食時の休憩が一時間です」

24/7カスタマーのコールセンターに就職を希望する人間が一日に七〇〇人いて、その六パーセントしか採用されないのは、当然だろう。バンガロールの女子大学で行なわれているコールセンター・オペレーター採用試験は、こんな調子で行なわれる。

女性の採用担当「おはようございます、学生のみなさん」

学生が声をそろえ、「おはようございます」

採用担当「わたくしたちは、多国籍企業数社の社員採用を担当しています。きょう募集する主な会社は、ハネウエルとAOLです」

何十人もの若い女学生が、願書を持って並び、木のテーブルを挟んで面接を受ける順番を待っている。面接はこんな感じだ。

採用担当1「どんな仕事を探しているの？」
学生1「会計関係希望です。それに、成長できるところが。仕事の面で成長したいので」
採用担当1「話をするときは、もっと自信たっぷりでないとだめよ。あなたは落ち着きがないわ。そのあたりをもっと努力してから、もう一度応募なさい」
別の学生を面接している採用担当2「自分のことを話してごらんなさい」
学生2「SSCを優等で通りました。セカンドPも優等です（アメリカのGPA〔学業平均値〕やSAT〔大学進学適性テスト〕に相当するもの）。この二年間、上位七〇パーセントを維持しています」
採用担当2「もっとゆっくりしゃべりなさい。落ち着いて。あせらないで」
コールセンターに採用された者は、有給の社員教育を受ける。会社によって電話を受けたりかけたりする手順が違うので、まずそれを身につけ、次に「アクセント矯正クラス」の授業を受ける。語学教師が一日がかりで教え、新入社員の強いインドなまりの英語を矯正して、アメリカ、カナダ、イギリスの英語らしく聞こえるようにする。どこの英語にするかは、どの国の電話を受けるかによって違う。見ているとじつに異様な感じだった。私が見学した授業は、癖がないとされているアメリカ中西部の英語を教えていた。tや巻き舌のrを弱める発音練習用の文章を、生徒は何度もくりかえし朗読するように命じられる。
インドの伝統衣裳サリーをまとった妊娠九カ月のかわいらしい若い女性教師が、イギリス、アメリカ、カナダとよどみなく切り換えつつ、発音がよくわかるように作られた文章を自分が音読してから、

生徒たちにいう。「最初の日にみなさんに教えましたね。アメリカ人は『トゥ』の音を、舌先で歯の裏をはじくように発音すると。だから、イギリス人みたいに切れ味のいい明瞭な発音ではなく、『ドゥ』に近くなります。こうはなりません」――そこで、切れ味のいい明瞭な発音を聞かせた――「『ベティがベターなバターをちょっと買った』とか、『メーターに二五セント《クォーター》玉を入れた』ではなく」――抑揚のない声でいった――「アメリカでは『メダーに二五セント《クォーダー》玉入れた』とか『ベディがベダーなバダーをちょっと買った』になります。では、もう一度読んでみますよ。それから一緒に読みましょう。いいですか、『三〇匹の小さな亀《サーディ・リドル・タードル》がペットボドル入りのウォーダーのボドルに入ってる。ペットボドル入りのウォーダーのボドルに三〇匹の小さな亀が収まってる。ほんのちょびっとヌードルをもらおうとそれぞれの亀がメダルの杓子《ラドル》をカラカラいわせてもへいちゃらだ』

それじゃ、誰が最初に読む？」教師がたずねる。クラスの全員が、舌を噛みそうな文句を順番にアメリカ英語で朗読する。一度で合格する生徒もいるが、あとの連中は――デルタ航空の手荷物紛失相談に電話したら、そこがカンザス・シティじゃないのはすぐにわかる（アメリカでは中西部の発音が標準的とされている）、とだけいっておこう。

生徒たちのたどたどしい発音練習を三〇分ばかり聞いてから、私は教師に、ほんものの中西部の英語を聞かせてあげようかと持ちかけた。私は中西部のミネソタ出身で、映画〈ファーゴ〉の登場人物のようなしゃべりかたができる。お願いするわ、と教師がいったので、私は以下の文章を読んだ。

『三〇匹の小さな亀《サーディ・リドル・タードル》がペットボドル入りのウォーダーのボドルに入ってる。ペットボドル入りのウォーダーのボドルに三〇匹の小さな亀が収まってる。ほんのちょびっとヌードルをもらおうとそれぞれ

の亀がメダルの杓子《ラドル》をカラカラいわせてもへいちゃらだ。亀はヌードルが好きでたまらない……めんどうなのはふんだんにあるヌードルにそれよりふんだんにいる亀が飛びつこうと争うことで、いさかいを起こした亀同士揉み合うことを考えるたびに亀のちっちゃな脳みそは混乱してしまってヌードルがちょびっとしか取れない』

生徒たちは大喜びだった。ミネソタ弁で拍手喝采を浴びたのは、生まれて初めてだった。フラット化した世界で競争するために、なまりをなくすよう仕向けるというのは、一見あまり感心しない考えのように思える。しかし、それを批判する前に、この若者たちが中流階級の下のほうから抜け出して上昇しようとハングリーになっていることを、理解してやらなければならない。梯子を一段昇る代償がなまりの矯正程度のことなら、いっこうにかまわない——と彼らはいう。

「ストレスの高い環境だよ」やはりコールセンターを運営しているインフォシスのCEOのニレカニはいう。「一週間休みなし、二四時間態勢だ。昼間に勤務し、次は夜勤、その次は朝から」そこで力説した。「ただし、この労働環境は疎外感による緊張ではない。成功の緊張だ。彼らは、成功というやりがいのある困難に直面している。プレッシャーの大きい人生に。自分たちに果たして挑戦の機会があたえられるのだろうかという不安にさいなまれているわけではない」

私が話をしたコールセンターのオペレーターからも、たしかにそういう印象を受けた。急激な現代化の例に漏れず、アウトソーシングは伝統的な規範や生活様式を脅かしている。だが、教育水準の高いインド人は、貧困と社会主義者の官僚機構によって長年抑えつけられてきたから、働く時間の長さなど誰も苦にならないようだった。だいいち、いうまでもないが、荷物をまとめてアメリカへ移住し

て新規に生活を始めるよりも、バンガロールで一所懸命働くほうが、ずっと楽だし実入りもいい。フラットな世界では、インドにいながらにして、まっとうな給料がもらえる。家族や友人や慣れた食事や文化と離れる必要はまったくない。要するに、こうした新しい仕事のおかげで、これまで以上にインド人らしい暮らしができるわけだ。24／7カスタマー人事部長のアンネイ・ウンニクリシュナンはいう。「私はインドでMBAを取得して、GMAT試験を受け、アメリカのパーデュー大学に入学できたんですが、お金がなくて結局行けなかったんです。いまなら行けますが、バンガロールにアメリカ企業が大挙してやってきたし、もうパーデュー大学に行く必要はありません。ここにいて多国籍企業に勤められるんですから。それで、いまも米やサンバル（豆と野菜のポタージュ風スープ）を食べています。いってみれば、コールスローやコールドビーフを食べなくてもすむわけです。インド料理が食べられるし、多国籍企業にも勤められる。アメリカへ行く必要はありませんよね」

　ウンニクリシュナンのいまの比較的高い水準の生活——バンガロールで小さなアパートメントを借りて車を持つのに充分——は、アメリカにとっても好都合だ。24／7カスタマーのコールセンターを見まわすと、コンピュータはすべてマイクロソフトのウィンドウズをOSに使っている。CPUはインテル製だ。電話機はルーセント・テクノロジーズ製、エアコンはキャリア製、ミネラル・ウォーターまでコカ・コーラ社の製品を使っている。また、24／7カスタマーの株式の九〇パーセントをアメリカの投資家が所有している。そういったことから、ここ数年のあいだにアメリカはサービス業の一部をインドに奪われたのに、アメリカに本拠のある企業の製品およびサービスの対インド輸出総額は、一九九〇年の二五億ドルから二〇〇三年の五〇億ドルに倍増している。つまり、アメリカのサ

ービス業の一部をインドにアウトソーシングしても、インド経済の成長はそれを超えるアメリカの製品とサービスへの需要を創出しているのである。

金は天下のまわりものというわけだ。

九年前、自動車産業で日本がアメリカをこてんぱんに叩きのめしていた頃、私は、大泥棒を追いかけながら地理を学ぶコンピュータ・ゲーム「カルメン・サンディエゴを追え！　世界編」を九歳の娘オーリイとやることについてコラムを書いた。カルメンがデトロイトに行ったというヒントをあたえようとして、私はこういった。「車はどこで作っているのかな？」オーリイは間髪を容れずに答えた。

「日本」

やられた！

バンガロールにあるインドのソフトウェア設計会社グローバル・エッジを訪問したときに、そのエピソードが頭に浮かんだ。販売部長のラジェシュ・ラオが、先ほど販売促進のためにアメリカ企業の技術部門担当の副社長に電話したという話をした。インドのソフトウェア会社の者だとラオが名乗ると、副社長は「ナマステー」と、ヒンディー語の最も一般的な挨拶を口にした。「何年か前には、アメリカ人はこちらの話をまったく聞こうとしなかったものです。いまは積極的ですよ」しかも、ヒンドゥー教徒風にきちんと挨拶ができる人間もいる。ふむ、いつの日か孫ができたときに、インドに行くと私がいったら、「おじいちゃん、そこってソフトウェアを作ってる国でしょう？」といわれることだろう。

いや、いまはまだ違うよ、ハニー。新製品はすべて――ソフトウェアもあれこれの品物も――基礎研究、応用研究、育成、開発、試験、製造、配備、支援、改良を加えるための持続的な技術管理というサイクルを経る。そういった段階は、それぞれ専門化し、独自なものになっている。アメリカの多国籍企業の生産サイクルすべてを処理するのに必要な専門家集団が、いまのインドや中国やロシアにはいない。とはいえ、こうした国々は、研究開発能力を徐々に高め、かなりの段階までそういったことを処理できるようになっている。それが発展すれば、アメリカの研究開発企業サーノフコーポレーションのサティアム・チェルクリが「イノベーションのグローバル化」と呼ぶものが間違いなく始まり、欧米の多国籍企業一社が開発生産サイクルをすべて自社資源でまかなうという旧来のモデルは消滅する。欧米の企業はいよいよ重要な研究開発作業をインド、ロシア、中国にアウトソーシングするようになるだろう。

バンガロールを管轄するカルナタカ州政府のIT課によれば、シスコシステムズ、インテル、IBM、テキサス・インスツルメンツ、GEのインド部門は、アメリカ特許局にすでに一〇〇〇件もの特許を申請しているという。テキサス・インスツルメンツだけでも、インドにおける研究開発によって二二五件の特許をアメリカで取得している。「バンガロールのインテル・チームは、二〇〇六年に開始される高速ブロードバンドの無線テクノロジー用マイクロチップを開発している」と、二〇〇四年に発行されたカルナタカ州政府IT課の公式文書に書かれている。「バンガロールにあるGEのジョン・F・ウェルチ科学技術センターでは、航空機エンジン、輸送システム、プラスティック関係の新奇なアイデアを開発している」むろんGEは、世界各国で行なっている研究作業を統合するために、

アメリカで勤務していたインド人エンジニアを何年もかけて次々とインドに転勤させたのだ。GEはいまやインド人以外もバンガロールに派遣している。いっぽう、つい先日まで、インドの科学技術関連トップ企業ウィプロ・グループの副会長で、その中核企業ウィプロ・テクノロジーズの社長をつとめたビベク・ポールは、アメリカの得意先に近いシリコンバレーに本拠を置いている。ポールは、ウィプロに加わる前は、ミルウォーキーでGEのCTスキャナ事業の責任者だった。その頃、CTスキャナ用の電源ユニット事業の責任者をつとめるフランス人の同僚がいた。

「つい最近、その男と飛行機でたまたま一緒になりましてね」ポールはいった。「GEの高エネルギー研究の責任者として、インドに転勤になったそうです」

かつてGEのCTスキャナ事業の責任者だったインド人が、シリコンバレーでウィプロというコンサルティング・ビジネスを経営し、GEのかつての同僚のフランス人がバンガロールに転勤になったという話をするのを聞いて、とてもうれしい――そう私はポールに告げた。それがフラットな世界というものだ。

バンガロールにこんな地味な仕事までアウトソーシングされているのかと驚くたびに、もっと地味な仕事がアウトソーシングされているのが見つかる。友人のビベク・クルカルニは、以前はグローバルなハイテク関連の出資を呼びこむカルナタカ州政府の責任者だった。彼は二〇〇三年にその仕事を辞めて、B2Kという会社を始めた。そこの煉瓦積み《ブリックワーク》という部門は、多忙な世界的企業の重役にインドでの専属アシスタントを供給している。たとえば、ある会社の社長が、二日後にパワーポイントで

プレゼンテーションをやる必要があるとする。ブリックワークの提供するインドの「遠隔重役アシスタント」が、代わりに下調べをして、パワーポイントのプレゼンテーションを仕上げ、夜のうちに電子メールですべてを送り、プレゼンテーションの日にはデスクに用意されているようにする。

「ニューヨークで退勤の時間に、この専属遠隔重役アシスタントに仕事を依頼すれば、翌朝にはできあがっています」と、クルカルニは説明する。「インドとは時差があるので、ニューヨークで眠っているあいだにこちらで仕事をして、朝までに戻すことができるわけです」この本のための調べ物をするのに遠隔アシスタントを雇ってはどうかと、クルカルニは私に提案した。「目を通しておきたいような資料についても手伝います。目が覚めたときには、完璧なシノプシスができあがって『未処理』箱に入っていますよ」(三メートルしか離れていないところに座っている永年のアシスタント、マーヤ・ゴーマンをしのぐアシスタントはどこにもいない！ といって断った。)

専属遠隔重役アシスタントを雇う費用は一カ月一五〇〇ドルないし二〇〇〇ドルで、ブリックワークが雇える大卒者は大量にいるから、経費に見合う仕事をしてもらえるはずだ。ブリックワークの宣伝資料にこう書いてある。「インドは優秀な人材が多く、幅広い分野で高い能力を持つ人間を選ぶことができます。しかも、毎年二五〇万人にのぼる新卒者や仕事のできる主婦などもこの労働市場に加わっています」インドのビジネススクールは年間八万九〇〇〇人のＭＢＡを生み出しているという。

「大きな反応がありました」クルカルニはいう。顧客は二つの分野が多いという。一つは大量の数字データを処理し、パワーポイントのプレゼンテーションを作成しなければならないアメリカの医療コンサルタント。もう一つはアメリカの投資銀行や金融サービス会社で、こちらはＩＰＯ(新規株式公

開）や合併のメリットを説明するのに、グラフ入りの分厚い文書を用意しなければならない。たとえば、合併の場合、ブリックワークは全般的な市場の情勢や動向に関する部分だけを担当する。それならインターネットで情報を拾い集めて、標準フォーマットでまとめられるからだ。「買収金額を決めるのは、投資銀行の仕事です」と、クルカルニはいう。「われわれは下のレベルの仕事をやる。市場に最も近いところ、重大な決断や経験が必要なところは、向こうがやります」遠隔重役アシスタント・チームは、仕事をすればするほど知識が蓄積される。もっと高度な問題にも取り組みたいと、意欲満々になっている。「絶え間なく学ぶというのが狙いです。いつも試験を受けているようなものですね。勉強には終わりがない……人間が何かをやるということには、限りない可能性があるのです」

コロンブスとは違って、私はインドだけを目指したのではない。いったん帰国したあとで、世界がフラットになっている証拠をさらに探すために、東方をもっと探検することにした。そこで、インドから帰るとすぐに、東京に向かった。そこでマッキンゼーのコンサルタントをつとめていた高名な大前研一にインタビューする機会を得た。マッキンゼーを辞めた大前は、みずから大前・アンド・アソシエーツ・グループを設立した。事業内容は？　とたずねると、大前はもうコンサルティングはやっていないと説明した。日本の下のレベルの仕事を、日本語を話す中国のコールセンターやサービス会社にアウトソーシングするのを推進しているという。「なんですって、中国ですか？」私は質問した。「日本は中国を植民地化したことがあるから、対日感情がよくないのではありませんか？」

まあそうだ、と大前は答えた。しかし、そのため日本語を話す中国人も多く、中国北東部――こと

に港湾都市の大連などには、日本文化も多少は根強く残っている。寿司やカラオケも流行っている。アメリカをはじめとする英語圏諸国にとってのバンガロールと同じように、大連は日本のアウトソーシングの中心になっている。中国は前世紀の日本の所業をぜったいに忘れないかもしれないが、次の世紀に向けて世界をリードすることに力を注いでいるから、中国人は日本語を勉強して日本からのアウトソーシングを引き受ける意欲が充分にある、と大前は説明した。

「募集はじつに簡単だ」二〇〇四年初めに、大前はそういった。「この地域〔大連周辺〕の住民の三分の一が、高校で日本語を第二外国語に選んでいる。それで日本企業がこぞって行くんだよ」大前の会社は、中国で基礎的なデータ入力作業を行なっている。手書きの書類をファックスするかスキャンした画像を電子メールで大連に送り、コンピュータに入力してデジタル・データベースに変える。データを入力してパケットに切り分けるソフトウェアを、大前の会社は開発していた。適切な分量になったパケットを、こんどは中国各地や日本に送り、分野に応じてコンピュータに打ち込む。それらのパケットを、企業は東京本社のデータベースに入力して統合する。「該当する分野に最も詳しい人間を見つける能力が、わが社にはある」大前の会社は、自宅でデータベース入力の仕事ができる医学・法律関係の専門用語に詳しい主婦七万人を下請けに雇っているという。最近は、日本の建設会社向けのコンピュータを使った住宅設計の分野にも手をひろげている。「日本で家を建てる顧客とのやりとりには、間取り図が不可欠なのだが――たいがいの会社がコンピュータを使っていない」と、大前は説明する。そこで、手書きの図面を電子的な手段で中国に送り、現地でコンピュータ設計に書き直して、電子メールで日本の建設会社に送り返す。それが建築設計図になる。「われわれは中国でも最高

のデータ処理オペレーターを雇って、一日に七〇軒を処理させているよ」

強欲な関東軍が中国を占領し、数多くの人家を打ち壊してから七〇年がたったいま、中国では日本の住宅のコンピュータ図面が作成されている。フラットな世界には、希望が持てるかもしれない……。

中国のバンガロール、大連をこの目で見なければならない。東洋をあちこち旅する必要がある。大連は中国の一都市として印象深いだけではない。広い大通りや美しい緑地に加え、総合大学や工業大学や広大なソフトウェア企業団地が集中し、まさにシリコンバレーの様相を呈している。一九九八年に訪れたことがあったが、その後多数のビルが建設されて見違えるばかりになっていた。北京から飛行機で東に一時間の距離にある大連は、中国の近代的な都市が――いまだに取り残されている地方も多いものの――工業の中心地であるだけではなく、知識集約産業を急速にものにしている具体例だろう。ビルの看板が、すべてを物語っている。GE、マイクロソフト、デル、SAP、HP、ソニー、アクセンチュア――これはほんの少数を挙げただけだ――あらゆる企業が、アジアでの業務を支援する後方支援作業に加え、ソフトウェア研究開発もここで行なっている。

日本へも韓国へも飛行機で約二時間という近距離であるうえに、日本語ができる中国人が多く、インターネット通信の環境も充実していて、公園や世界に誇れるゴルフ場が多いので（どちらも知識労働者にとっては魅力的だ）、大連は日本のアウトソーシングにとってうってつけの場所となった。日本企業は、日本人ソフトウェア・エンジニアを一人雇う金で中国人を三人雇い、そのお釣りで、コールセンターのオペレーター（月給九〇ドル）を部屋いっぱい雇うことができる。日本企業二八〇社が

大連に拠点を置き、あるいは現地の中国企業と提携しているのも当然だろう。

「大連でおおぜいのアメリカの人たちと話をしましたが、ハイテク分野で中国経済が急速に成長していることに、みんなびっくりしています」大連の地元最大のソフトウェア会社ＤＨＣ（大連華信計算機技術）の欧米プロジェクト部長ウィン・リウ（劉文）はいう。ＤＨＣは当初三〇人だった従業員が、六年のあいだに一二〇〇人になった。「アメリカ人は変化がどれほどのものかを認識していません。もっと認識すべきですね」

活動的な大連市長、夏徳仁は四九歳で、元は大学学長だった。（共産主義という独裁体制にしては、中国は成果に応じて人材を昇進させるのに長けている。古くからの官僚制度の実力主義の伝統が根強く残っているからだ。）地元のホテルで伝統的な中華料理である一〇品の晩餐をしたためながら、夏市長は、大連がようやく自分の意図したとおりの街になったと語った。「大連には総合大学と専門学校が合わせて二二校あり、学生が二〇万人います」その半分以上が工学や自然科学の学位を得て卒業する。理工科以外の学科、たとえば歴史や文学を学ぶ者も、日本語か英語に加えてコンピュータ・サイエンスを一年間学ぶよう義務づけられているので、そういった学生でも採用できる。大連市民の半分が、会社か自宅か学校でインターネットにアクセスできているはずだ、と夏市長は語った。

「日本の起業家は、当初、ここでデータ処理事業を始めました」夏市長は説明する。「ここを本拠地にして、いまでは研究開発やソフトウェアを行なっています……一、二年前から、アメリカのソフトウェア会社も、ソフトウェアのアウトソーシングを本国からわれわれの街に移そうとしています……われわれはインドに迫りつつあり、もうちょっとで追いつきます。〔大連からの〕ソフトウェア

製品の輸出は、毎年五〇パーセントの伸びを示しています。また、中国は大量の大卒者を生み出す国になっています。中国人の英語は全体としてインド人の英語ほど上手ではありませんが、なにしろ人口はこちらのほうが多いですからね。〔だから〕英語が流暢で優秀な学生を選り出せばいいだけです」

戦時中の中国に対する行為を、日本政府はいまだに公式に謝罪していない。その日本のために働くことに悩みはありませんか？

「中国と日本がかつて戦争を起こしたことを、われわれはけっして忘れないでしょうね」夏市長は答えた。「しかし、経済の分野では、われわれは経済上の問題だけに焦点を絞ります——ことにソフトウェア・アウトソーシングの話に関していえば。アメリカや日本の企業がわれわれの街で製品をこしらえるのは、結構なことだと思います。若者たちは、日本の同じ立場の若者と競い合って将来的に高給がとれる地位に就くために、日本語を学び、そうした技術を身につけようとしています」

夏市長はさらにこう付け加えた。「中国の若者は、最近の日本やアメリカの若者よりもずっと意欲的ですが、まだまだ成功願望が足りないと思いますね。私たちの世代と比べると物足りないですよ。われわれの世代は、大学や専門学校に入る前に僻地や工場や軍隊に行かされ、非常に厳しい月日を送りました。苦難に直面したり、乗り越えたりする精神面で、〔われわれの世代に必要だった成功願望は〕いまの若者をしのいでいました」

夏市長は、みごとなまでに直截に世界を描写してくれた。通訳を介したために意図がよくわからなかった部分もあったが、夏市長は現状を理解している——アメリカ人も理解すべきだろう。なにしろ、「市場経済の鉄則では」と、共産主義国家の市長が私に説くのだ。「最も豊富な人的資源と安価な労働

力を持つものに、起業家も現存の企業も自然に惹きつけられます」工業生産の場合、「中国人は最初は従業員として、大手外国企業に雇われました。それから何年かのあいだに、われわれはプロセスや手順を学び、自分たちの工場を始めた。ソフトウェアも同じ道を歩むでしょう……まず若者が外国人に雇われる。やがてはわれわれの会社を作る。ビルを建てるのと似ていますね。いまはあなたがたアメリカが設計者、建築家です。発展途上国は、煉瓦を積む職人です。でも、いつの日か、われわれも建築家になります」

私は探求を続けた――東も西も。二〇〇四年夏、休みをとってコロラドへ行った。一九九九年に創業したジェットブルーという低料金の航空会社の話を聞いていた。どこの区間を飛んでいるのか知らなかったが、ワシントンからアトランタへ行く必要があって、予約したい時間の便が取れなかったので、ジェットブルーに電話し、どこに路線があるのかと質問した。じつはほかにも魂胆があった。ジェットブルーが予約システムをユタ州の主婦にアウトソーシングしているという話を聞いたので、真偽を確かめようと思ったのだ。そこでジェットブルーの予約案内に電話し、受付係と次のような会話をした。

「もしもし、ドリーです。どういったご用件でしょうか?」おばあちゃんのような声。

「その、ワシントンからアトランタへ行きたいんですが」私はいった。「そういう路線はありますか?」

「あいにくですが、ありませんわ。ワシントン発フォート・ローダーデイル行きならございますが」

ドリーがいった。

「ワシントン発ニューヨーク行きは？」

「その路線も飛んでおりません。ワシントン発オークランド行きとロングビーチ行きはございます」

「ねえ、ちょっときいてもいいですか？　ほんとうにご自宅なんですか？　ジェットブルーの受付係は自宅で仕事をすると、何かに書いてあったんですが」

「ええ、そうですよ」ドリーが、じつに明るい声で答えた。（後日、私はジェットブルーに確認して、フルネームがドリー・ベーカーであることを知った。）「うちの二階の仕事部屋にいて、窓からはうららかなお天気の景色が見えます。五分前にもどなたかが電話をしてきて、同じ質問をなさったわ。私がそう教えると、『よかった、ニューデリーにいるっていわれるかと思ったよ』というの」

「お住まいはどちらですか？」私はきいた。

「ユタ州ソルトレーク・シティ」ドリーがいった。「うちは二階建てなの。ここで働けるのはありがたいわ。ことに冬に雪が吹き荒れているときなどは。自分のうちの部屋で仕事ができるんですもの」

「どうしてその仕事についたんですか？」

「そうね。募集の広告はないわね」このうえなくやさしい声で、ドリーは説明した。「ぜんぶ口コミなの。私は州政府に勤めていて、定年退職したんです。それから〈しばらくして〉何かやらなければならないと思って。ほんとうにいいお仕事よ」

ジェットブルーの創設者でCEOのデビッド・ニールマンは、こうしたやり方を、「ホームソーシング」と名づけている。ジェットブルーにはドリーのような受付係が四〇〇人いて、ソルトレーク・

シティ近辺の自宅で予約受付の仕事をしている——子供の世話、エクササイズ、小説を書く、食事の支度をする、といったことのあいまに。

数カ月後、ニューヨークにあるジェットブルー本社で話をしたときに、ニールマンはホームソーシングの長所を説明した。航空会社としては初のベンチャー企業モーリス航空で始めたのが最初だという。（同社はサウスウエスト航空に売却された。）「モーリス航空の予約を自宅で受け付ける人間が、二五〇人いました」ニールマンはいう。「生産性が三〇パーセント高かった——ただ愛想よくするだけで、三〇パーセント多く予約が取れたんです。会社に忠実で、労働力の低下がありませんでした。それで、ジェットブルーを始めたときに、私はいったんです。『予約は一〇〇パーセント自宅で受け付けよう』」

そういう方式にしたのは、ニールマンの個人的な考えもあったからだ。ニールマンはモルモン教徒で、幼い子供を持つ母親が家にいてお金を稼ぐことができれば、社会はもっとよくなるという信念を抱いている。そこで、そうした主婦の大部分がモルモン教徒で、母親として家を守っているソルトレーク・シティを、自宅予約システムの本拠地にした。自宅予約受付係は週二五時間労働で、新しい技術を学び、会社の現況を教わるために、一カ月に四時間、ソルトレーク・シティのジェットブルー支社で講習を受けなければならない。

「インドにアウトソーシングすることは考えられないですね」ニールマンはいう。「こちらのわれわれの受付係のほうが、格段に仕事の質が高い……〔経営者が〕自宅作業よりもインドにアウトソーシングしたほうがいいと考えているのが、理解できません。それは、社員を目の前に座らせておくか、

そうでなければ社員をこき使う親玉を雇うという発想でしょう。うちの生産性は、インドの〔給料という〕要素を埋め合わせて余りあります」

《ロサンジェルス・タイムズ》二〇〇四年五月九日付のジェットブルーについての記事によれば、「一九九七年にはアメリカ企業の従業員一一六〇万人が、労働時間の一部または全部を自宅で仕事をしていた。現在ではその数字が二三五〇万人へ倍増している——アメリカの労働人口の一六パーセントに当たる。（その間、自宅で仕事をする場合の多い自営業者の数は、一八〇〇万人から二三四〇万人へと増えている。）ホームソーシングとアウトソーシングは、それほど競合する戦略ではなく、同根の現象だという考え方もある。アメリカ企業が、がむしゃらなコスト削減と能率向上を厳しく迫られていることから生じたというのだ」

私自身の旅行から学んだのも、まさにそういうことだった。ソルトレーク・シティにホームソーシングするのと、バンガロールにアウトソーシングするのは、「ソーシング」という一枚の硬貨の表と裏の違いでしかない。また、私が学びつつあるニュー・ニュー・シング（先の先を行くアイデア）は、会社や個人がどの程度まで仕事をどこかへソーシングできるかということだった。

私の旅は続く。二〇〇四年秋、統合参謀本部議長リチャード・マイヤーズ空軍大将に随行して、イラクの危険地域を視察した。バグダッドや、ファルージャの米軍司令部、いわゆるスンニ・トライアングルの中心バビル郊外の第二四海兵遠征隊宿営地を訪問した。急ごしらえの海兵遠征隊宿営地は、米軍を敵視するスンニ派の人口の多い地域のどまんなかにこしらえたアパッチ砦のようなものだった。

マイヤーズ将軍がそこで将校や下士官と会っているあいだに、私は自由に宿営地内を歩きまわった。そのうちに指揮所にふらりと入ると、大きな平面スクリーンが即座に目を惹いた。上空のカメラのようなものから送られてくる生映像が、画面に映っていた。家の裏手で動きまわっている数人が映し出されている。画面の右端に短いメッセージをやりとりするチャットルームが表示され、そこで映像についての話し合いが行なわれているようだった。

「あれはなんですか？」ノート・パソコンを前に映像全体を注意深く見守っている兵士に、私はたずねた。高性能テレビ・カメラを積んだ小さな無人機プレデターが、第二四海兵遠征隊の作戦地域の村の上空を飛び、リアルタイム情報画像をノート・パソコンと平面スクリーンに送ってくるのだと、兵士が説明してくれた。無人機を「飛ばして」いるのはラスベガスに近いネリス空軍基地にいるオペレーターだという。そう。イラクを飛行する無人機は、ラスベガスから遠隔操縦している。それが送ってくる画像は、この指揮所だけでなく、フロリダ州タンパの米中央軍司令部、カタールの中央軍現地司令部、国防総省、そしておそらくはＣＩＡでもモニターしている。何が起きているのか、何をすべきかということを、世界のあちこちにいる何人ものアナリストが、オンライン・チャットで話し合っている。画面の右端を流れているのは、そのやりとりだった。

驚きの言葉を発する前に、われわれに同行していた将校の言葉に、私はふたたび度肝を抜かれた。この技術によって軍のヒエラルキーは「フラット化した」とその将校がいったのだ。コンピュータを操作する下級将校や下士官が、大量の情報を知る立場になり、収集された情報について決断を下す能力を持つようになったのがその理由だという。たしかに、中尉が上官に相談せずに銃撃戦を開始する

ことはないだろうが、幹部将校だけが全体像を把握しているという時代は終わった。軍の競技場も平坦に均されている。

私はこの話を、ボストン・レッドソックスの熱狂的ファンである友人のNATO大使ニック・バーンズにぶつけた。バーンズは、二〇〇四年四月にカタールの中央軍現地司令部へ行き、中央軍司令官ジョン・アビザイド陸軍大将と幕僚から要旨説明《ブリーフィング》を受けたときの話をした。アビザイド司令官と幕僚たちは、バーンズと向き合って並び、そのうしろに平面スクリーンが四台あった。三台はイラク各地からプレデター無人機が送ってくるリアルタイム映像を流していた。もう一台にバーンズは注目した。ヤンキースとレッドソックスの試合が映っていたからだ。

一台にはペドロ・マルティネスとデレク・ジーターが対決する場面が、あとの三台には聖戦士と第一騎兵師団が対決する場面が映っていた。

ドライブスルーの注文はどこへ？

私の旅はなおも続く——自宅のあるメリーランド州ベセスダへと。地の涯《はて》への旅から帰って、家に落ち着いたときには、頭が朦朧としていた。だが、帰宅したと思ったとたんに、世界がフラット化した証拠が向こうから訪ねてきた。大学生のわが子の行く末に不安を抱えている親が落胆するようなニュースが続いていた。手始めは、二〇一五年にはサービス業や知的職業が三〇〇万人分、アメリカか

ら外国に移っているだろうというフォレスター・リサーチの予想だった。だが、二〇〇四年七月一九日付《ヘラルド・トリビューン》の「フレンチフライ、アウトソーシング添えはいかが？」という見出しの記事を読んだときには、呆然とするばかりだった。

ミズーリ州ケープ・ジェラードー近くでインターステート55から道路沿いのマクドナルドのドライブスルー・レーンに車を入れると、てきぱきとした温かいサービスが受けられる。ただし注文を受ける人間は店内にはいない——ミズーリ州にもいない。注文を受けるのは、一五〇〇キロメートルほど離れたコロラド・スプリングズのコールセンターで、客や注文された品物を用意する店の従業員とは、高速データラインでつながっている。レストランでの仕事もアウトソーシングをまぬがれないようだ。

ケープ・ジェラードーのマクドナルドの店主シャノン・デイビス氏は、所有するフランチャイズ一二店舗のうちこの店に加えて三軒をコロラド州のコールセンターに接続している。コールセンターのオーナーは自身もマクドナルドのフランチャイズを経営するスティーブン・ビガリ氏だ。他業種の経営者と同じように、コストを下げ、作業を速め、ミスを減らすという目的で、こうしたコールセンターを始めるようになったという。

安価で高速で信頼できる通信網を使って、コロラド・スプリングズのコールセンターの係がミズーリの客の注文を聞き、デジタル・カメラで客を速写し、画面に注文を表示して、間違いがないかどうかを確かめ、それから注文と客の画像を厨房に送信する。品物の受け渡しがすんだら、

画像は消去される、とビガリ氏はいう。ハンバーガーを受け取る客は、注文が二つの州のあいだを往復したことを知る由もなく、受け取り口へと車を進める。

デイビス氏は、そういうやり方を一〇年以上前から夢想し、「やってみたくてたまらなかった」という。自分の店舗用にコールセンターを始めていたビガリ氏は、ごくわずかな処理料金で、喜んでその願いをかなえてくれた。

マクドナルド本社がコールセンターに興味を示し、本社のあるイリノイ州オークブルック近くの店舗三カ所でビガリ氏とは異なるソフトウェアを使ってテストを開始するということも、記事に記されていた。「IT担当副社長ジム・サピントン氏は、マクドナルドの米国内店舗一万三〇〇〇軒をコールセンターで結ぶ計画について語るのは『尚早にすぎる』と述べた。しかしながら、デイビス氏のほかにもフランチャイズ・チェーン二社が、コロラド・スプリングズのビガリ氏のコールセンターに、ドライブスルーの注文をアウトソーシングしている。(一社はミネソタ州ブレイナード、もう一社はマサチューセッツ州ノーウッドにある。)ビガリ氏の話では、このシステムを成功させたのはひとえに客の写真と注文を組み合わせたことだという。正確さが増したことで、苦情も大幅に減り、サービスの速度が上がった。ファーストフード・ビジネスでは、まさに時は金なりなのだ。注文処理時間をたとえ五秒でも短縮できれば大きな違いになる」記事はさらにこう強調している。「ビガリ氏によれば、二レーンのドライブスルーの注文時間を三〇秒強縮め、平均一分五秒にすることができたという。QSRweb.comによれば、これはマクドナルド全店平均の二分三六秒の半分以下であり、アメリカの

どのフランチャイズ・チェーンよりも速いという。ビガリ氏のドライブスルーは、一時間に二六〇台を処理している。コールセンターを始める前よりも三〇台増えた……コールセンターのオペレーターは店舗の従業員より平均四〇セント時給が高いが、ビガリ氏は総人件費を一パーセント減らし、しかもドライブスルーの売上を増やすことができた……外部のテストにより、ドライブスルーの現在のミスは全注文の二パーセントで、コールセンターを発足させる前の四パーセントから半減したことがわかっている、とビガリ氏はいう」

記事によれば、ビガリ氏は「コールセンターのアイデアに熱意を燃やし、所有する七軒のドライブスルーの注文窓口以外でも利用することを考えた。この七軒の店内での注文はカウンターでもできるが、テーブルに設置したクレジットカード読み取り機能付き電話機でコールセンターに注文する客が、大半を占めている」

さらに東へ、自宅のリビングルームへと進んだ私は、一年生に読み方を教えている妻のアンから、アメリカの児童や親がいまやインドのオンライン家庭教師を使っているという記事のことを教えられた。二〇〇五年一〇月、インドのコーチン発AP通信が、その全容を伝えている。

このインド南部の都市の閑静な郊外にある会社にコヤンプラス・ナミサが出勤したとき、夜明け前の紺碧の空にはまだ星がいくつか残っていた。午前四時半前に、ナミサはコーヒーを持って、二〇人ほどの同僚とともに、コンピュータとヘッドホンが用意してある仕切りに入った。一万キロメートル以上離れたシカゴ郊外のグレンビューでは、前の日の夜に当たる。そこでは一四歳の

プリンストン・ジョンが、素足でコンピュータに向かい、一時間にわたる幾何学の指導を受けようとしていた。ハイスクール一年生のプリンストンは、マイクつきのヘッドセットをつけて、時差が何時間もあるインドにいる教師のナミサとインターネット経由で接続するためのソフトウェアを立ち上げた。

これはオンライン家庭教師と呼ばれている。現代の通信手段と、教育程度が高く賃金の安いアジア人が豊富にいることによって、アウトソーシングの範囲がひろがった一つの例だ。紛失したクレジットカードの交換から、CTスキャンの読み取り、クラッシュしたコンピュータのサポートに至るまで、こうしてアメリカの生活の細部にまで、それが入り込んでいる。インドの家庭教師を使っているハイスクールの生徒は、プリンストンを含めて数千人いる。

「ハロー、プリンストン。元気？　テストはどうだった？」ナミサがたずねる。「ハロー、うん……元気だよ」プリンストンが答える。「テスト、ばっちりだった」

ナミサは、コーチンとカリフォルニア州フレモントに拠点を置くグローイング・スター社で働いている。プリンストンと一二歳になる妹のプリシラは、一週間に二度、数学の家庭教師とオンラインでやりとりをする。おしゃべりはすぐに終わって、プリンストンの画面に幾何学の問題が表示される。教師と生徒が交互に話をして、メッセージを書き、デジタルの鉛筆で図表を強調表示したり、間違いを正したりして、問題を解いてゆく。マウスパッドまがいのものにプリンストンが何かを描くと、それがナミサの画面に出る。宿題や教科書にわからないところがあれば、スキャナで取り込んで送って教えてもらうこともできる。「お願いします」とプリンストンがいい、

郊外の家の静かで快適な環境で、平行線や余角といった概念についての授業が始まる。
オンライン家庭教師ビジネスが開始されたのは三年足らず前だが、もう数千人のインド人家庭教師が、アメリカの生徒に数学、科学、国語を教えている。料金は一時間一五ドルから二〇ドルで、アメリカの家庭教師の四〇ドルから一〇〇ドルという料金と比べると、格段に安い……二年ほど前にオンライン家庭教師を使うようになってから、プリンストンの成績がAとBばかりになったので、母親は喜んでいる……指導が終わると、ナミサはプリンストンの弱いところを次回までの宿題にする。「ええっ、宿題?!」プリンストンが文句をいう。「わかったよ。だけど、宿題がなければ、人生ってほんとうに楽しいのに」

私は家から、なおも東へと進みつづけた。ワシントンDCのダウンタウンにある自分のオフィスへと。二〇〇五年秋のある午後、アメリカ通商代表部のロブ・ポートマン代表をインタビューしに行ったとき、その補佐官のエミー・M・ウィルキンソンが、じつに変わったフラット化世界の話をしてくれた。アメリカ合衆国はオマーンと、二国間の関税や貿易障壁を撤廃する自由貿易協定を結んだところだった。異例だったのは、オマーンの首都マスカットにいるマクブール・アリ・スルタン商工大臣とポートマン代表が、テレビ会議によって調印したことだった。

平面《フラット》スクリーンを使って、自由貿易協定を調印するとは、これほどフラットなことはないじゃないか、と私は心のなかでつぶやいた。ウィルキンソンがあとで説明してくれた。「こちらの会議室には、手帳を持った報道関係者が三〇人ほどおりました。ポートマン代表が演壇に立ち、二分割されたデジ

タル・テレビ会議の画面の半分にその姿が映ります。オマーンの商工大臣と、円卓を囲む報道関係者が、画面の残り半分に映ります。ポートマン代表が見解を述べ、オマーン商工大臣が見解を述べる。そのあとは質疑応答です。アメリカの報道陣が、ポートマン代表に質問を浴びせる。いったん打ち切って、オマーン側に質問はないかとたずねます。オマーンの報道陣が、商工大臣に質問します。そのうちに、アメリカの記者一人が、ポートマン代表とオマーン商工大臣の両方に質問します。やりとりが続き、アメリカ側がオマーン商工大臣に質問し、オマーン側がポートマン代表に質問するというあんばいになります。〔画面の半分の〕ポートマン代表が手をのばし、〝バーチャル握手〟をして、会議は終了しました。オマーン商工大臣も同じようにしていました。ちょっと滑稽なので、笑う人もいますが、全体的には成功したようです。双方の国を行き来するのでは、これだけの当事者が参加するのは無理ですからね。デジタルでつながれば、みんな疲れないですみますし、〝バーチャル・テーブル〟を囲む人たちはみんな喜んでいたようでした」

とはいえ、私がアメリカに戻って出会ったフラット化の兆候には、経済と関係ないものもある。大統領選挙の一カ月前の二〇〇四年一〇月三日、私はベテラン政治記者ボブ・シーファーが司会をつとめるCBSニュースの日曜日の朝の番組〈国と向き合う〉に出演した。ダン・ラザーの〈60ミニッツ〉が、捏造された書類を根拠にジョージ・W・ブッシュ大統領の州兵航空隊時代の勤務状況について報じたため、それまで数週間、CBSそのものがニュースの材料になっていた。その日曜日の番組のあとでシーファーは、前の週に経験したとてつもなく奇妙な出来事について語った。CBSのスタジオを出て歩きだすと、若い記者が一人歩道で待ち構えていた。それ自体はめずらしくない。CBS、

NBC、ABC、CNN、FOXなど大手テレビ局の日曜朝の番組では、各テレビ局が他局のスタジオに取材班を派遣して、ゲストが出てきたところをつかまえてインタビューするという手をよく使う。しかし、シーファーの話によると、その若い記者は、大手報道機関の人間ではなかった。InDCジャーナルというウェブサイトの記者だと慇懃に自己紹介し、いくつかおたずねしてもよろしいでしょうかといった。シーファーは礼儀正しい人間なので、どうぞと答えた。記者はシーファーが見たこともない装置を使ってインタビューし、写真を撮ってもよいでしょうかとたずねた。写真？　シーファーが見たところ、記者はカメラを持っていなかった。カメラは必要なかったのだ。記者は携帯電話をくるりとまわし、シーファーの写真を撮った。

「それで、翌日出勤して、このウェブサイトを見ると、私の写真とインタビューが掲載され、三〇〇ものコメントがあった」シーファーはそれまでにもオンライン・ジャーナリズムを強く意識してはいたが、とてつもない早さとローコストで、たった一人の若い記者が自分を注目の的にしたことに、衝撃を覚えた。

私はこの話に興味をそそられ、InDCジャーナルのその若い記者を探し当てた。ビル・アードリノという非常に思慮深い若者だった。当然のことながら、私はオンラインでインタビューし、ワンマン・ネットワーク／新聞で使っている機材について質問した。

「録音には超小型の録音機能付きMP3プレイヤーを使いました（縦九センチ横五センチ）。それと、写真を撮るのには、カメラ付き携帯電話を使いました」アードリノは答えた。「電話とカメラとレコーダーが一体になったようなすごいやつじゃありませんが、どこでも談話をとれますし、とにかく小

さいですからね。どんなことがあるかわからないから、ワシントンDCにいるとき、僕はいつでもこの二つを持っています。それよりもすごいのは、見知らぬ人間に突然インタビューされたのに、シーファーさんが当意即妙の受け答えをしたことですよ。あの人には完敗でした」

MP3プレイヤーは一二五ドルぐらいだったという。もともとは「音楽を聞くためのものなんです。でも、コンピュータに転送できるWAVサウンド・ファイルが作れるデジタル・レコーダーが付属している……つまり、急場に使う携帯録音機器が必要なジャーナリズムに参入するには、一〇〇ドルか二〇〇ドル、それにカメラの分を足して、せいぜい三〇〇ドルあればいいんです。レコーダーとカメラをかなりいいものにすると、四、五〇〇ドルですね。〔だけど〕二〇〇ドルあれば用は足ります」

自分のニュース・ネットワークを立ち上げようと思ったきっかけは？

「ジャーナリズムの主流が、偏向し、不完全で、ご都合主義で、情報収集能力に欠けているのが不満でしかたがなかったから、趣味として独立のジャーナリストになったんです」アードリノは自分のことを「中道右寄り自由論者」だという。「独立ジャーナリズムや、それに近いものであるブログは、市場の力の顕われです――現存の情報源では、要求が満たされていない。僕はワシントンDCでの反戦集会の写真を撮り、インタビューをしました。集会を組織しているグループの性格について、マスコミがとんでもない間違った伝え方をしているからです――強硬なマルキストだとか、明白もしくは暗黙にテロを容認している人間だとかいう捉え方をしている。最初はユーモアを武器に使おうと思ったんですが、それ以来、だいぶ手をひろげました。もっと自分に力があれば、メッセージをさらにひろめます。シーファーのインタビューは、二四時間のアクセス数が二万五〇〇〇になりました。始め

て以来の最高記録は、『ラザーゲート』を暴くのを手伝ったときで、五万五〇〇〇です……ダン・ラザーの州兵航空隊の報道に関して、僕が最初に鑑定専門家にインタビューしました。その後四八時間以内に、その専門家が《ワシントン・ポスト》、《シカゴ・サン・タイムズ》、《ボストン・グローブ》、《ニューヨーク・タイムズ》などに取りあげられたんです。

ＣＢＳの捏造書類についての情報収集と修正は、驚くべき速さでしたよ。ＣＢＳニュースは、事実を前にしても『頑強に動かなかった』のではなく、事実を確認する熱心な人間の大集団に追いつけなかった。そういうべきでしょう。マスメディアは、旧来の手法を墨守して堂々巡りし、速度も開放性も不充分だった……僕はいま二九歳で、ある会社の営業部長ですが、物書きになりたいと常々思っています。でも、ＡＰ通信風の著作は大嫌いだ。超最高ブロガーのグレン・レイノルズは、ブログのおかげで人々はテレビに向かって叫ばなくてよくなり、ついでに意見をいう場が持てたと、よくいうんです。ブログは、マスコミを監視するとともに、生の情報を提供することによってマスコミ主流と連携する〝第五の権力〟の役割を果たしていると、僕は思います。ジャーナリズムや時評にとっての二軍として機能する可能性もあり、成功の道すじを提供してくれるかもしれません。

著書でさまざまな分野の話題を取りあげていらっしゃいますが、そういったことと同じで、発展には長所も短所もあります。マスコミの分裂は、一貫性を失わせ、選択的な認識を助長させる（わが国が二つに割れているのが好例）。でも、力が分散して、完全な事実が……どこかに……断片として存在するようになる」

こうした話を毎日のように耳にする――ヒエラルキーがフラット化し、競技場が平坦に均され、こ

の変容を見抜いている人々がこれまでになく力を発揮できるようになった証左だろう。二〇〇五年六月二五日付の《フィナンシャル・タイムズ》をぱらぱらとめくっていると、こんな見出しが目に留まった。「グーグルが優秀な人材を勧誘」eベイの伝説的テクノロジストであるルイ・モニエをグーグルが雇い、先進テクノロジーの責任者にしたという単純な記事だった。しかし私が注目したのは、記事のなかごろの次のような言葉だった。「モニエ氏はブロガーのジョン・バッテル氏との電子メールのやりとりで、〔eベイを辞める〕動機を明かした。バッテル氏のウェブサイトbattellemedia.comがそのニュースを配信している」つまり、グーグルの専門家であるトップ・ブロガーがニュースをすっぱ抜き、《フィナンシャル・タイムズ》は、正確な情報を伝えるために彼のウェブサイトの記事を引用しなければならなかった。

政治とテクノロジーの相互作用に詳しいマイカ・L・シフリーは、《ネーション》誌二〇〇四年一一月二二日号で、この現象をこうまとめている。「トップダウン政策の時代――社会運動や学会やジャーナリズムが、世間とかけ離れたコミュニティであり、蓄積の困難な資本を原動力としていた時代は終わった。もっと幅が広く、人を惹きつけ、個々の関係者に大きな満足をあたえるようなものが、古い秩序の横で勃興しつつある」

シーファーとアードリノの出会いや《フィナンシャル・タイムズ》の件は、世界がフラット化し、ルールや役割や関係の変化が、想像を絶する速さで起きている好例だろう。手垢のついた表現だというのはわかっているが、こういわざるをえない。「本番はこれからだ」次章で詳しく述べるが、われわれはほとんどすべての物事に関してデジタル化とバーチャル化と自動化が行なわれる段階《フェーズ》に突入し

ようとしている。新しい科学技術の道具《ツール》をものにする国や企業や個人は、めざましい生産性の向上が得られる。さらに、そうしたツールをいまだかつてない数の人間が手に入れられるフェーズに、われわれは達しつつある。革新者《イノベーター》や共同作業者《コラボレーター》はもとより、テロリストですらそれを手に入れることができる。革命を望んでいる？ それなら、正真正銘の情報革命が始まろうとしている。この新フェーズを私がグローバリゼーション3・0と名づけたのは、グローバリゼーション2・0に続くものだからだが、この2・0と3・0はあまりにも違いが激しいので、将来は別のものと見られるだろう。だからこそ私は、世界は丸くなく、フラット化したという発想を持ち出したのだ。どちらを向いてもヒエラルキーは下からの突き上げに遭うか、あるいはトップダウンの構造から水平な共同作業へとみずから変容しつつある。

「〝グローバリゼーション〟という言葉は、政府と大企業の間の関係が変化しつつあることを描写する表現として、われわれが思いついた」クリントン政権の商務省高官で、現在は戦略コンサルタントを開業しているデビッド・ロスコフはいう。「しかし、現在進んでいるのは、それよりも幅広く奥深い現象だ」政府や企業や人々のコミュニケーションや、組織間の結びつきに関わる事柄に加え、社会・政治・ビジネスのまったく新しいモデルが生まれようとしている。「社会の奥深く植えつけられた要素の一部を揺るがし、社会契約の本質にまで影響を及ぼすような事柄に関わりがある」ロスコフはさらにこう述べている。「自分の国の政治機構が、サイバースペースで行なわれている仕事に適合できないか、あるいは外国の労働者と協力して働いている労働者を包容できないか、さまざまな地域で同時に生産されている製品を掌握できなくなったとしたら、どういうことが起きるだろう？ 誰が

仕事の規制を行なう？　誰が税を徴収する？　そうした税によって誰が潤うのが正しいのか？」

世界のフラット化がこのまま続くなら、グーテンベルクによる活版印刷の実用化や、近代的主権国家や産業革命の発生と同じような根本的変化として、記憶にとどめられるに違いない。ロスコフによれば、それらは当時、個人の役割、政府の役割と形式、イノベーションの方法、ビジネスの手順、女性の役割、戦争のやり方、教育機構、宗教の対応、芸術の表現方法、科学と研究の手順に変化をもたらした。自分たちの体制や敵方の体制に政治的レッテルが貼られたことはいうまでもない。「歴史には、他の変化よりもずっと重大な転換点、決定的な分かれ目というものがある。そこでもたらされる変化は、さまざまな要素をはらんで全体にひろがってゆくため、変化が起きた時点では予想が困難だ」と、ロスコフは述べている。

このフラット化の先行き――さらに、あらゆるプレッシャー、秩序の崩壊、それによって生まれる機会――に将来への不安を覚えるのは、間違ってはいないし、少数派でもない。文明がこういう大がかりな科学技術革命を経るときには、全世界が揺らぎながら大きく変化する。しかし、いまの世界のフラット化は、従来の大変化とは本質的に違う。速度と範囲が桁外れなのだ。たとえば、グーテンベルクの活版印刷の実用化の場合は、何十年もかけて行なわれ、長いあいだ地球のごく一部にしか影響を及ぼさなかった。産業革命も同じだ。いまのフラット化の過程は、時間がワープしているような速さで進み、直接的もしくは間接的に地球のかなりの範囲の人々に同時に影響をあたえている。新しい時代への移行は速く、そして幅広く、破壊的な力を秘めている。昔とは違って、勝者から新たな勝者へ権力の受け渡しが整然と行なわれることはないのだ。

別のいい方をしよう。たとえば、こうした流れが市場にもたらす急速な変化を乗り切ることができなかったハイテク企業が、ここ数十年のあいだに何社もあった。予測も不可能ではない、避けられない変化に直面しているのに、それに適応するリーダーシップ、柔軟性、想像力を欠いているビジネス、制度、近代国家は、それを警告とすべきだろう。たとえ愚かではなく、意識していても、急激な変化には呑み込まれかねない。

だからこそ、人々が変化に呑み込まれるか、あるいは置き去りにされないように、変化を吸収するのが、われわれの時代に課せられたやりがいのある大仕事なのだ。どれも簡単ではない。だが、われわれはやらねばならない。当然の仕事であり、避けることはできない。それをどう考察すればよいか、最大の利益をどうやって引き出すか、という枠組みを提案するという大それた望みが本書にはある。

この章では、私がじかに目にした世界がフラットであるという現象について述べた。次章では、どういうしだいでそうなったかを詳しく述べていこう。

第2章　世界をフラット化した一〇の力

聖書によれば、神は六日かけて天地を創造し、七日目に休んだという。世界をフラットにするには、もうすこし長くかかった。世界は、一〇の大きな政治的事件、イノベーション、企業といった要素の集束によってフラット化された。それ以来、われわれは一人として休んでいないし、この先二度と休めないかもしれない。本章では世界をフラットにした力と、フラット化によって生まれた共同作業のためのさまざまな新しい形や道具《ツール》について語る。

フラット化の要因　1

ベルリンの壁の崩壊と、創造性の新時代

ベルリンの壁を私が最初に見たときには、もう穴があいていた。

一九九〇年一二月、ジェームズ・A・ベーカー国務長官を取材する報道関係者に混じって、私はベルリンへ行った。ベルリンの壁は一年前の一九八九年一一月九日に破られていた。考えてみれば神秘的な数字の符合だ。ベルリンの壁が崩壊した日付は、11・9である。穴だらけの崩れた壁は、醜い傷痕のようにベルリンに残っていた。ベーカー国務長官は、ソ連型共産主義崩壊の記念碑ともいえる壁を見るために、ベルリンを初めて訪れた。私は記者数人とともに、ベーカー長官のそばに立っていた。「霧の立ちこめたどんよりと曇った日だった」と、ベーカーは回顧録『シャトル外交　激動の四年』に記している。「レインコートを着ていると、ジョン・ル・カレの小説の登場人物になったような気がした。しかし〔国会議事堂近くの〕壁の割れ目を覗き、いかにも東ベルリンらしい単調で暗い風景をまじまじと見ると、東ドイツのふつうの人々が平和的に、そして永続的に、自分たちの手で物事を動かせるようになったことが認識された。これは彼らにとって革命だったのだ」ベーカーが壁の隙間から見るのをやめて歩きだすと、記者たちはコンクリートにあいた同じギザギザの穴から、順ぐりに覗き込んだ。私は娘たちへの土産に壁のかけらを二つ三つ取った。じつに不自然だと思ったのを覚えている。なにしろ向こう側の人間が自由を味わうどころか覗き見ることもできないように、コンクリートの壁が現代的な都市を横切っていたのだ。

一九八九年一一月九日のベルリンの壁崩壊によって解き放たれた力は、やがてソ連帝国にとらわれていた人々をすべて解放した。だが、じつはそれ以上のこともやった。世界の力の均衡を、中央集権の計画経済を行なう独裁政治の支配から、民主主義とコンセンサスを大切にする自由市場指向の統治へと、大きく傾けたのだ。冷戦は、資本主義と共産主義という二大経済制度の争いだった。ベルリン

の壁崩壊により、一方の制度だけが残り、誰もがそれを指向せざるをえなくなった。したがって、経済は少数の支配者集団の利害による上意下達ではなく、人民の利害や需要や願望という下からの求めによって動かされるようになった。それから二年とたたないうちに、アジア、中東、アフリカ、中南米の専制主義国家を支え、後ろ盾となってきたソ連帝国が消滅した。民主主義国もしくは民主化しつつある社会ではなかったり、規制が多いか中央集権的な経済にしがみついたりしている場合には、歴史の敗残者と見なされるようになった。

一部の人間、ことに旧世代に属する者にとっては、ありがたくない変容だった。共産主義は、人を平等に貧乏にするという点では偉大な制度だった。いや、その点に関して、それをしのぐ制度はない。資本主義は人を不平等に金持ちにする。これに対して共産主義は人を平等に貧乏にするから、労苦や制限が多くても安心できる――仕事、住まい、教育、年金がすべて、程度は不満足かもしれないが、保証されている。こうした社会主義の生活様式に慣れた人間は、ベルリンの壁崩壊に戦々兢々となった。だが、そうでない人間にとっては、監獄を脱け出して自由になる切り札だった。だからこそ、ベルリンの壁崩壊の響きは、ベルリンばかりではなく他の多くの場所でも感じられ、世界をフラット化する一大事件となった。

ベルリンの壁崩壊が広範囲に及ぼしたフラット化の影響を正しく評価するには、当然ながらドイツ人やロシア人以外の人間の話を聞くのが一番いい。ベルリンの壁が崩壊したとき、タルン・ダスはインド産業連盟（CII）会長をつとめていて、インドでも小波《さざなみ》のような影響を感じたという。「インドは規制、締めつけ、官僚主義がはなはだしかったのです」当時を思い出して、ダスは語る。「ネー

ルは〔イギリスの植民地統治の終焉とともに〕権力を握ったが、広大な国を動かしてゆかなければならないのに、国家運営の経験がまったくなかった。アメリカは、ヨーロッパと日本と戦後復興プランで手いっぱいだった。そこでネールは、ヒマラヤ山脈の北に目を向け、経済学者のチームをモスクワに派遣した。帰ってきたチームは、あの国〔ソ連〕は素晴らしいと褒《ほ》めちぎった。資源を割り振り、官許を下している。あらゆることを決定する計画委員会があり、それで国が動かされている。そのモデルを採用し、現存の民間セクターは棚上げにしましょう……そんなわけで、民間セクターは規制でがんじがらめになった。一九九一年にも民間セクターが存在していたが、束縛されていたし、ビジネスに対する不信があった。やつらは儲けばかり追っている！　というわけだ。一九四七年から九一年にかけて、インフラはすべて政府が所有していた……〔事実上の経済国有化のコストで〕インドは破産しかけていた。われわれは、自分たちの負債を払いきれなかった……たしかにパキスタンとの戦争には二度ばかり勝ったが、それは国としての自信にはつながらなかった」

一九九一年、ドル建ての外貨準備高が枯渇しかけたときに、当時のインド連邦財務相マンモハン・シン（現首相）が、経済の開放を決断する。「われわれのベルリンの壁崩壊です」とダスはいう。「檻に閉じ込めてあった虎を放ったようなものだった。管理貿易が撤廃された。それまでは、つねに三パーセントの成長率が保たれていた。ヒンドゥー流成長率と呼ばれていたものです――のろくさく、用心深く、保守的。それよりも大きなリターンを得るには、アメリカで投資するしかなかった。それが、〔一九九一年の〕三年後には、成長率が七パーセントになった。貧乏ともお別れだ！　いまではインドにいながらにして、《フォーブス》の〝世界の億万長者〟ランキングに載ることができるようにな

ったんです……社会主義と規制によって、インドは外貨準備高が一〇億ドルというところまで落ちぶれた。いまでは一一八〇億ドルの外貨があります……一〇年のあいだに、ひそかな自信から、ふくれあがる野望へと変わった」

ベルリンの壁崩壊は、自由主義経済へ向かう道をフラットにしただけではなく、インド、ブラジル、中国、旧ソ連の何十億という人々に、それまで抑えられていたエネルギーを放出させた。また、世界を違った目で見られるようになった――これまでとは違って、均等な一つのまとまりだと思えるようになった。なぜなら、ベルリンの壁はわれわれの道を閉ざしていただけではなく、視界をもさえぎっていた――世界を一つの市場、一つのエコシステム、一つのコミュニティと考える能力を奪っていたのだ。一九八九年以前には、西側の政策や東側の政策というものはあっても、「全世界的《グローバル》な」政策というものは考えにくかった。ノーベル賞受賞後、現在ハーバード大学で教鞭をとっているインド生まれの経済学者、アマルティア・センは、かつて私にこういったことがある。「ベルリンの壁は、人々を東ドイツ国内にとどめておく象徴であるばかりか――われわれの未来をグローバルな視野で見るのを妨げる手段でもあった。ベルリンの壁があるかぎり、世界のことをグローバルに考えることができない。世界を全体として見ることができない」アジアには古くからのちょっとおもしろい話がある、とセンは付け加えた。井戸のなかで生まれたカエルが、井戸から出ず、そこで一生を終える（よく知られている「井のなかの蛙」だが、出典は『荘子』）。「井戸のなかだけが世界という世界観を、そのカエルは抱いている。ベルリンの壁が崩壊する前は、地球上の多くの人々にとって世界はそんなふうだった。壁が崩れると、井戸のなかのカエルは、他の井戸のカエルと連絡がとれるようになった……壁の崩壊でよかったのは、人間がお

互いのことをずっとよく知るようになったという点だ。知識というものは、国境の向こうについて知ることから始まる」

そう、11・9以降、世界はずっと住みやすい場所になった。自由の爆発が、次の自由の爆発を招いた。その流れ自体に、下の者を強くし、上の者を弱くすることで、社会をフラットにする効果があった。センは例証する。「女性の解放は、女性の識字率を向上させ、出生数や幼児の死亡率を減少させ、女性の雇用機会を増やす。それが政治にも影響を及ぼし、女性に地方自治で大きな役割を果たすチャンスをあたえる」

最後に、ベルリンの壁崩壊により、他人の知識の宝庫を多くの人間が利用する道が開けた。また、共通の基準を採用する道が整備された――経済運営、会計、金融管理、パソコン製造、経済報告をどう行なうべきかという基準がひろまった。これについては後述するので、ここでは共通の基準がよりフラットで均等な競技場を創りあげたとだけいっておこう。別のいい方をするなら、ベルリンの壁崩壊は、ベストプラクティスの自由な活動を促進した。経済や科学技術の基準が生まれて、世界でその優秀さが実証された場合、壁がなくなってからは、さらに迅速に採用されるようになった。ヨーロッパだけをとってみても、壁の崩壊でEU結成への道が開け、加盟国も一五から二五に増えた。それに加えて共通通貨ユーロが導入され、かつては鉄のカーテンで仕切られていた地域に一大経済圏が誕生した。

壁崩壊のプラス効果はただちに明らかになったが、壁崩壊の原因はそれほどはっきりしていない。原因はたった一つではない。共産主義体制の内部矛盾と非効率のためにかなり揺らいでいたソ連の基

盤を、シロアリが食い荒らしていたこともあるだろう。レーガン政権がヨーロッパで軍備を拡張したためにクレムリンの軍事費がかさんで破産しかかっていたこともある。改革不可能なものを改革しようというゴルバチョフの不運な努力が、共産主義の息の根をとめたということもある。だが、私はさまざまな要素のなかで抜きん出ている一つの理由を挙げたいと思う。それは一九八〇年代の初めから半ばに始まった情報革命だ。全体主義体制は、情報と権力の独占に依存しているが、ファックス、電話、さらにはパソコンの普及によって、鉄のカーテンをすり抜ける情報が飛躍的に増えた。

一九七七年にスティーブ・ジョブズとスティーブ・ウォズニアックが、アップルII家庭用コンピュータを売り出したのがパソコンの嚆矢だが、続いて一九八一年に、IBMがパソコン市場に参入し、マイクロソフト社製のOSを搭載したIBM‐PCを発表した。ウィンドウズの最初のバージョンが、一九八五年に発表され、ユーザーにとってIBMパソコンを使う作業をずっと楽にしたウィンドウズ3・0が、一九九〇年五月二二日に発売された。壁が崩壊した半年後のことだ。ベルリンの壁崩壊は、物理的・地政学的障壁――情報が入るのを妨げ、基準を共有しあうのを邪魔し、世界は一つのコミュニティになりうるという考え方を疎外していた障壁――を取り除いたわけだが、それと時を同じくするウィンドウズ・パソコンの勃興は、別の巨大な障壁を取り除いて、パソコンの使用を一般化した。個人が蓄積し、操作し、ひろめられる情報の量に、制約がなくなったのだ。

「ウィンドウズ・パソコンは、無数の一般市民が自分のコンテンツをデジタル化して作家になることを、人類史上初めて可能にした。デジタル化されたコンテンツは、広い範囲へ配布できる」マイクロソフトのクレイグ・J・マンディCTO（最高技術責任者）は説明する。アップル‐IBM‐ウィン

ドウズ革命を通じて、文字、音楽、数字データ、地図、写真、さらには音声や映像など、重要な表現形式がすべてデジタル表示できるようになった。「それによって、従来よりもずっと簡単に、費用もかからずに、デジタル・コンテンツを作り出す人々が生み出された。そうした作業をするのは、書斎、キッチン、寝室、地下室――どこでもいい。ビジネスに目的が限られている大型のメインフレーム・コンピュータにアクセスする必要はまったくない」ごくふつうの人々が、プログラマーの世話にならずに、コンピュータの恩恵をこうむるようになった。

これが世界のフラット化にどれほど寄与したかは、いくら強調しても足りないだろう。アップル‐ウィンドウズ・パソコンの勃興にベルリンの壁崩壊が重なると、ありとあらゆるフラット化のプロセスが起動した。そもそも人類が出現してから、男も女も自分のコンテンツを作って、他人に伝えてきた。洞窟の壁画も、グーテンベルクの印刷機も、タイプライターも、自分の表現《コンテンツ》をひろめるためのものだ。しかし、アップル‐ウィンドウズ・パソコンは、そういったコンテンツを誰でもデスクにいながらにしてデジタル形式で作れるようにした。デジタル形式で、というのが重要なのだ。デジタル化されたコンピュータのファイル形式でコンテンツを作れば、画面上で個人がかなり生産性の高いやり方でいじれる。それに、電気通信技術の絶え間ない進歩によって、個人はデジタル化されたコンテンツを、じきにさまざまな手段でより多くの人々にひろめられるようになった。

マイクロソフトの共同創設者だったビル・ゲイツの最初の頃の口癖は、すべての個人に〝IAYF〟（指先で操れる情報）をあたえるのが会社の目標だというものだった。前にも述べたが、このグローバリゼーション3・0の時代は、個人がグローバル化する時代で、それを可能にしたのは、アッ

プルや、ウィンドウズをインストールしたＩＢＭその他のパソコンだった。それらが、個人が作者になり、指先で情報をまとめ、ひろめるツールになった。

人々はいう。「わーお、こいつは便利な資産だ。せいぜい利用させてもらおう」マンディはいう。ウィンドウズがＯＳとしての地位を確立するにつれて、「プログラマーたちは、裕福なビジネス世界向けのアプリケーションをどんどん作成してコンピュータにインストールさせ、これまでとはまったく違う新しいビジネス・タスクができるようにした。世界各国の何千万もの人間がプログラマーを目指し、それぞれの言語でパソコンが動くようにした。ウィンドウズはやがて三八カ国の版が出た（その後も絶え間なく増えている）。どこの国でも、自分の国の言葉でパソコンになじむことができるようになった」

ちょうどその頃、パソコンとモデムを買って電話に接続し、コンピュサーブやＡＯＬのようなインターネット・サービス・プロバイダーを利用すれば、電子メールを送れるということに、科学者ではない一般市民も気がつきはじめていた。「パソコン、ファックス、ウィンドウズ、グローバルな電話網に接続されたモデムの普及が、すべて一九八〇年代末から一九九〇年代初めに集中し、グローバルな情報革命を引き起こすプラットホーム（ハードウェアなどの基礎的環境）ができあがった」と、マイクロソフトのクレイグ・Ｊ・マンディＣＴＯは力説する。そういったすべてを融合させ、相互使用可能な一つのシステムにまとめたのが成功した。コンピュータを中心とする標準化されたプラットホーム——ＩＢＭパソコン——に、グラフィックを必要とするユーザーがワープロやスプレッドシートを使うための標準化されたインターフェイス——ウィンドウズ——と、標準化された通信機器——モデム、それに全世界

を結ぶ電話網――が組み合わさったおおざっぱな枠組みができたことにより、初めてそれが実現した、とマンディはいう。その相互使用可能なプラットホームができあがったところへ、画期的なソフトウエアが出現し、燎原の火のごとくひろまっていった。

ベルリンの壁が崩壊し、中国とインドが世界経済に門戸を開放しはじめていた一九八九年以降、ウインドウズ・コンピュータを使う人々は飛躍的に増大した。文字、音楽、写真、データ、動画など、あらゆるものをデジタルで表現し、全世界でそうしたデジタル情報を交換するのを、誰も阻止できなくなった。個人への政治規制はベルリンの壁崩壊によって崩れ（むろん、ひどい弾圧はいまも存在するが）、個人への実業上の制約はモデム付きのアップル－ウインドウズ・パソコンによって崩れた。こうした革新的な進歩が重なって、このフラットな世界で、個人にできることの範囲と規模が突然ひろがった。コンテンツ創造に、従来とは違うさまざまな新しい手法が使えるので、範囲がひろがり、コンテンツを多くの人々と分かち合えるので、規模がひろがった。

この革新的な進歩は、従来の進歩に比べれば新鮮で刺激的だが、その後の革新的な進歩と比べると、たいしたことはない。「この〔最初の〕プラットホームには、さまざまな面で構造上の限界があり、制約が大きかった」とマンディはいう。「まずインフラが欠けていた」現在われわれが知っているようなインターネット――誰とでも、何とでも接続できる魔法の通信プロトコル――は、まだ登場していなかった。当時のネットワークには、ファイルや電子メールのメッセージを交換できる基本的なプロトコルしかなかった。ＡＯＬのユーザーがコンピュサーブのユーザーと通信するのは不可能ではないにせよ、簡単ではないし、信頼性も低かった。選択したシステムに共同作業をやらせるような新し

いソフトウェアを作ることはできても、だいたいにおいて一社のネットワーク内のパソコン同士の予定されたやりとりに作業の枠が限られていた。マンディはいう。「だから、膨大な量のデータや想像力が、そういったコンピュータに蓄積されていても、共有してまとめあげるのに、簡単な相互使用可能な方法がなかった」

しかしながら、11・9から一九九〇年代半ばまでのこの時期、個人に力や権限をあたえるという点では、とてつもない進展があった。「私は私のマシーンと前よりも速く手際よく話ができる」時代から、「私と私のマシーンは、友人や会社の同僚と前よりも速く手際よく話ができるから、生産性を向上できる」時代へと移り変わったのだ。

前にも触れたが、この段階の通信接続が完全に共産主義の息の根をとめたのは、西側の生産性向上に使われたツール（パソコン、ファックス、モデム）が、トップダウンの共産主義体制に仇をなし、そういった資源がとぼしい東側諸国ですら、個人と個人の水平なコミュニケーションを改善したからだ。

われわれは気づいていないが、この素晴らしい新時代には、一つの不協和音がある。旧ソ連帝国の大衆に加わって、壁の崩壊を享受し、その手柄をわが物にしようとしているのは、アメリカやヨーロッパ諸国の人間だけではない。シャンパンならぬ濃いトルコ・コーヒーで乾杯している人物がいる。その人物の名はウサマ・ビン・ラディン。ビン・ラディンの胸には、まったく違う物語がある。アフガニスタンから（アメリカとパキスタン軍の多少の支援を受けて）ソ連軍を追い出したことにより、自分も含めたアフガニスタンの聖戦士がソ連を崩壊させた、そうビン・ラディンは思っている。その

使命を果たし、一九八九年二月一五日——ベルリンの壁崩壊のわずか九カ月前——にソ連がアフガニスタンからの撤兵を完了したとき、ビン・ラディンはあたりを見まわし、もう一つの超大国アメリカが、故国サウジアラビアで巨大な軍事的存在《プレゼンス》となっていることに気づいた。イスラムの聖地が二カ所あるサウジアラビアに米軍が駐留していることが、ビン・ラディンには許せなかった。

そんなわけで、われわれが壁の上で踊り、ウィンドウズを駆使し、アップルを楽しみ、自由市場の資本主義に代わる理想はないと誉めそやしているあいだに、ビン・ラディンはアメリカに照準を合わせた。ビン・ラディンもレーガン大統領も、ソ連を悪の帝国と見なしていたが、ビン・ラディンはアメリカもまた邪悪であると考えるようになっていた。政治色の強いイスラム教が、自由市場の資本主義に代わる理想だとした。ビン・ラディンは、ソ連崩壊によって敗北感を覚えはしなかった。むしろそれに勇気づけられた。競技場がひろがったことにも、興味を覚えなかった。のけ者になったと感じた。異論があるのはビン・ラディンばかりではない。レーガンが軍備競争でソ連を破産させたからベルリンの壁は崩壊した、と考えている者もいる。ＩＢＭ、スティーブ・ジョブズ、ビル・ゲイツが未来をダウンロードする力を個人にあたえたからだ、と考えている者もいる。だが、地球の反対側のイスラム諸国では、ビン・ラディンとその同志が、熱狂的な信仰によってソ連帝国を滅ぼし、壁を打ち崩したと考え、何百万人もが過去をアップロードするようそそのかされている。

要するに、われわれが11・9を祝っているあいだに、もう一つの記憶に残る日——9・11——の種が蒔かれていたのだ。しかし、これについては後述する。いまは地球がフラット化した話を続けよう。

フラット化の要因　2

インターネットの普及と、接続の新時代

一九九〇年代半ば、パソコンとウィンドウズによるネットワーク革命は中だるみ状態だった。世界中の人々が、急に自分のコンテンツをデジタル形式で創れるようになったのは素晴らしい。しかし、この一大進歩を精いっぱい利用するには、接続のほうでも飛躍的な進歩が必要だった——他人がそれを共有して、一緒に作業ができるように、われわれのデジタル・コンテンツを、どこへでも安い費用で送信できなければならない。それを実現した「出来事」は、一九九〇年代の数年間にいくつかの出来事が偶然に重なったことだった。まず、低コストのグローバル接続ツールであるインターネットが出現した。インターネットにアクセスできる人間なら誰でも、個人が投函したデジタル・コンテンツを受け取れる魔法のバーチャル世界、ワールド・ワイド・ウェブが次に登場した。そして最後に、ウェブサイトに保存されているドキュメントやページを取り出して、コンピュータのスクリーンに表示する作業を単純化した市販ブラウザが登場し、誰もが待ち望んでいたウェブページの利用が可能になった。この接続における大革新が、大きなフラット化の力となった。

ドキュメントを書き、編集し、つなげて、インターネット上で簡単に閲覧《ブラウズ》できるようにするシステム——ワールド・ワイド・ウェブの基本的概念は、ティム・バーナーズ・リーというイギリス人が開発した。バーナーズ・リーは、間違いなく世界のフラット化に寄与したといえる。スイスのＣＥＲＮ

（欧州合同原子核研究機関）の顧問をつとめていたバーナーズ・リーは、ワールド・ワイド・ウェブを創りあげ、一九九一年に初のウェブサイトをアップした。科学者が自分たちの研究を簡単に共有できるように、コンピュータ・ネットワークをひろげるのが目的だった。当時も電話とモデムを使えば、世界中のパソコンを物理的に接続することは可能だったが、モデムと電話には、インターネットに接続するだけの機能しかない。マニュアルでインターネットをあちこち動きまわって物事を探すやり方を知らなければ、あまり役には立たなかった。電子メールやインターネットでコミュニケートするネットワークはたしかにあったが、データ共有はまだ未発達だった。ウェブサイト、ウェブページ、ウェブ・ブラウザがまだ存在しなかったから、他のコンピュータのデータを活用することはできず、ましてそういったデータを探し当てるのは容易ではなかった。

インターネットを接続と共同作業のツール――コンピュータおたくだけではなく、誰にでも使えるツール――として活用した最初の飛躍的な進歩が、バーナーズ・リーのワールド・ワイド・ウェブだった。ワールド・ワイド・ウェブとインターネットという二つの言葉は、同じように使われているが、じつはまったく違うものだ。バーナーズ・リーが、自分のウェブサイトで、それを説明している。「インターネット（ネット）は、ネットワークのネットワークにすぎない。簡単にいうと、コンピュータとケーブルでできている。〔インターネットの発明者〕ビントン・サーフとボブ・カーンがやったのは、ちいさな〝パケット〟情報をあちこちに送るのに、こうしたハードを利用する方法を編み出すことだった……インターネットの役目はそこにある。パケットを配達する――通常、一秒以下で、世界のどこへでも。インターネットを使うプログラムは多い。たとえば電子メールは、私がハイパー

テキスト・システムを創造して、ワールド・ワイド・ウェブ（ウェブ）と呼ぶずっと前からひろまっていた」

では、ワールド・ワイド・ウェブとは何か？　パラレル宇宙のようになったこの素晴らしいサイバースペースとは何か？　バーナーズ・リーは説明する。「ウェブは観念的な（想像上の）情報スペースだ。ネット上で出遭うのはコンピューター――ウェブ上で出遭うのはドキュメント、音声、映像……といった情報だ。ネットでは、コンピュータとコンピュータはケーブルを通じて結びつく。ウェブは、ネット上でコンピュータ同士がコミュニケートできるようにするプログラムがあるから存在する。ネットなしではウェブは存在しない。ウェブのおかげでネットが役立つのは、人々がほんとうに情報に（それに、いうまでもなく知識と知恵に！）興味を持っていて、それでいてコンピュータやケーブルのことなど知りたくもないと思っているからだ」

バーナーズ・リーが創った最初のウェブサイト（つまり世界初のウェブサイト）のアドレスはhttp://info.cern.chで、一九九一年八月六日にアップされた。ワールド・ワイド・ウェブの仕組み、ブラウザを手に入れる方法、ウェブサーバーを設定する方法が、そこで説明されていた。《タイム》一九九九年六月一四日号は、バーナーズ・リーは間違いなく二一世紀の偉人一〇〇人に挙げられるだろうと適切な評価を下し、ワールド・ワイド・ウェブを創りあげたことについて、次のように要約している。「トーマス・エジソンは電球を発明した手柄をものにしたが、研究所で何十人も使っていた。ウィリアム・ショックリーはトランジスターの父かもしれないが、じっさいに製作したのは部下の科学者二人だった。委員会が創造したものがあるとすれば、プロトコルやパケット・スイッチングが必

要なインターネットがそうだろう。しかし、ワールド・ワイド・ウェブは、バーナーズ・リー一人のものだ。彼が設計した……さらに……開放し、独占権を行使せず、自由に使えるようにした」バーナーズ・リーは、「比較的理解しやすいコーディング・システム――HTML（ハイパーテキスト記述言語）を一般にひろめ、それがウェブの共通言語になった。ウェブのコンテンツを作成する者は、この色分けされてアンダーラインが引かれたリンクをテキストに挿入し、画像その他を組み込む。バーナーズ・リーは、ウェブページそれぞれに独特の位置――URL（統一型情報探索子）をあたえるというアドレス指定の仕組みも設計した。さらに、こうしたドキュメントをインターネット上のコンピュータを通じてリンクさせるのを可能にするルールを考案した。このルールをHTTP（ハイパーテキスト転送プロトコル）と名づけた。そして七日目に、創造主バーナーズ・リーは、ワールド・ワイド・ウェブの最初の（だが最後ではない）ブラウザをこしらえた。これによってユーザーは、どこにいても自分の創造物をコンピュータの画面で見ることができる。一九九一年にワールド・ワイド・ウェブがデビューすると、それまで混沌そのものだったサイバースペースに、たちまち秩序と明瞭さがもたらされた。その瞬間から、ウェブとインターネットは一体となって、ほとんど幾何級数的に成長した。五年とたたないうちに、インターネット・ユーザーの数は六〇万人から四〇〇〇万人へと急増した。五三日ごとに倍増したこともある。

バーナーズ・リーの発明は、非常に重要だったが、インターネットとウェブが接続と商用のツールとして一般化したのは、インストールが簡単で使いやすい市販のブラウザが誕生したからだ。この初

期のウェブをあちこち見るためのブラウザを、科学者や学者が多数製作したが、一般大衆がウェブを閲覧するという文化を築いた最初の名高いブラウザ――広く普及した最初の市販ブラウザ――は、カリフォルニア州マウンテンビューにある小さな新会社ネットスケープ・コミュニケーションズによって作られた。ネットスケープが一九九五年八月九日にＩＰＯ（新規株式公開）すると、世界は一変した。

クライナー・パーキンス・コーフィールド＆バイヤーズを経営する伝説的ベンチャー投資家《キャピタリスト》ジョン・ドーアは、当時ネットスケープを支援していたが、こう述べている。「ネットスケープのＩＰＯは、インターネットに目醒めよという高らかなラッパの音だった。それまでのインターネットは、最初から育ててきた連中やおたくだけの領域だった」

ネットスケープが大きなフラット化の力になったのには、いくつか理由がある。第一に、インターネットを活発にしたうえに、五歳の幼児から九五歳のお年寄りまで、誰でもインターネットにアクセスできるようにした。インターネットが活発になればなるほど、消費者はウェブにいろいろなことを要求するようになった。そのため、文章や音楽やデータや写真をデジタル化し、インターネットを通じて他のコンピュータに送れるように、コンピュータ、ソフトウェア、通信網の改善が要求された。もう一つのきっかけとなる出来事によって、この要求はかなえられた。ネットスケープの製品発表の一週間後に売り出されたウィンドウズ95の登場である。ウィンドウズ95は、たちまち世界中のほとんどの人々が使うＯＳになった。そして、前のバージョンとは違い、最初からインターネット使用のためのツールを内蔵しており、ブラウザだけではなくすべてのアプリケーションソフトが「インターネ

ットのことを知り」、相互にやりとりができる機能を持っていた。

いま思うと、ネットスケープが最初のフェーズから飛躍できたのは、パソコンが何百万台もあって、そのほとんどがモデムを備えていたからだ。ネットスケープは、この肩車に乗った。新しいキラー・アプリケーション（発展に寄与した画期的なソフトフェア）――ブラウザ――をこうしたハードウェアに乗せて、数百万人のためのコンピュータとその連結性を向上させ、本来の働きができるようにしたのが、ネットスケープの功績だった。これが引き金になって、あらゆるもののデジタル化が求められ、インターネット・ブームに火がついた。インターネットに目を向けた発明家たちが、あらゆるもの――データ、目録、商取引、本、音楽、写真、娯楽――をデジタル化して送り、インターネットで売ることができれば、インターネットを拠点とする製品やサービスの需要は天井知らずだと悟ったからだ。これによってITバブルが起き、新たなデジタル情報を送るのに必要な光ファイバーに過剰な投資が行なわれた。この発展によって全世界がつながり、誰も計画したわけではないのに、バンガロールがボストンの郊外と化した。

こうした発展を一つずつ見ていこう。


本書のためにネットスケープの元CEOジム・バークスデールをインタビューしたとき、世界をフラット化した一〇のイノベーション、出来事、トレンドを取りあげる、と私は説明した。最初の出来事は11・9で、この日付にはこういう深い意味がある、と話し、「次の日付、8・9にどんな深い意味があるか、当ててみてください」といった。日付しか教えなかった。バークスデールは一瞬考えた

だけで、即座に正しい答をいった。「ネットスケープが上場した日だ！」

バークスデールが偉大なアメリカの企業家であることに異論を唱える者は、まずいないだろう。フェデラル・エクスプレスのトラッキング＆トレーシング（荷物追跡・所在探知）システムを開発し、次はマッコー・セルラーに移って成長させ、一九九四年のAT＆Tとの合併を仕切った。買収の話がまとまる直前にヘッドハンターに誘われて、モザイク・コミュニケーションズという新会社のCEOになった。いまや伝説的起業家のジム・クラークとマーク・アンドリーセンが、重役陣に名を連ねていた。一九九四年半ば、シリコングラフィクスの創設者であるクラークが、アンドリーセンと組んで立ち上げたモザイクは、ほどなくネットスケープ・コミュニケーションズと社名を変えた。優秀な若手コンピュータ科学者のアンドリーセンは、それより前に、イリノイ大学スーパーコンピュータ・センター（NCSA）で小規模なソフトウェア開発計画を率先して進めていた。NCSAは最初の実用的なウェブ・ブラウザを開発していて、それがモザイクと呼ばれていた。クラークとアンドリーセンは、ウェブ閲覧ソフトウェアにとてつもない将来性があるのをたちどころに見抜き、二人で組んで商品化することにした。ネットスケープが育ちはじめたところで、公開するにはどういうやり方が最善であるかを指導してもらうために、バークスデールの知恵を借りようとした。

いまわれわれは、このブラウザの技術をあたりまえのことのように軽く考えているが、これは現代史上で最も重要な発明の一つなのだ。アンドリーセンがイリノイ大学のNCSAにいた頃、コンピュータやワークステーションがあり、インターネットを使ってファイルを移動できる基本的なネットワーク接続もあったが、あまり感心するようなものではなかった——他人のウェブサイトに接続してコ

ンテンツを表示するのに、簡単で誰でも使いたがるようなユーザー向けインターフェイスがなかった。ネット上の百科事典ウィキペディアによると、アンドリーセンと常勤の同僚エリック・ビナが、ユーザーの使いやすいブラウザを開発しようとした。「さまざまな種類のコンピュータで使える改良されたグラフィックを備えているもので、できあがったコードがモザイク・ウェブ・ブラウザだった。アンドリーセンは、提案や改善を求めるユーザーの声をたえず取り入れて対応したので、使い勝手がよくなり、人気が出た」要するに、モザイクがあれば、頭の悪い人間でも、科学者でも、学生でも、幼稚園児でも、おばあちゃんでも、おじいちゃんでも、ウェブサイトが見られるようになった。アンドリーセンは、インターネットやワールド・ワイド・ウェブを発明したわけではないが、それを活発にし、簡単に使えるツールにするという歴史的役割を果たしたことは間違いない。

「モザイク・ブラウザは、一九九三年にユーザー一二人から始まり、一二人とも知り合いだった」と、アンドリーセンはいう。当時はウェブサイトが一五前後あって、ほとんどは一ページだけだった。「モザイクはＮＳＦ（全米科学財団）の資金援助を受けていた。じっさいはモザイクを創るための予算というわけではなかった。われわれのグループは、遠くにあるスーパーコンピュータを科学者が利用できるようにし、なおかつそういった科学者をＮＳＦネットワークで連結するためのソフトウェアを開発するのが仕事だった。だから、われわれは〔最初のブラウザを〕研究者が互いの研究を『閲覧』できるソフトウェア・ツールとしてこしらえた。つまり、実際的な閉鎖的伝達経路《フィードバック・ループ》と考えていた。ブラウザの使用者が増えれば増えるほど、相互に連結されるのを望む人間が増えて、それがコンテンツやアプリケーションソフトやツールを作る刺激剤になる。そんなふうに勢いがつくと、飛躍的な進

歩が始まってとまらなくなる。開発中は、こんなものを誰が使うのだろうと、誰だって迷う。しかし、やりはじめたとたんに、これは誰かが使いはじめたら、みんなが使うに違いないと思ったね。問題は、どれほど早くひろまるか、何がその障害になるかということだけだった」

当然のことだが、バークスデールも含めてこのブラウザを使った人間の最初の反応は、まったく同じだった。すげえ！　「毎年夏の号で、《フォーチュン》誌は一番ノッてる二五社を取りあげる」バークスデールは当時を思い出していう。「その年〔一九九四年〕はモザイクが取りあげられた。クラークとアンドリーセンの記事をただ読んだだけではなく、私は女房に向かって、『これはすごいアイデアだよ』といった。それから数週間たって、ヘッドハンターから連絡があった。それでドーアやジム・クラークの話を聞き、モザイクのベータ版を使いはじめた。使えば使うほど興味が湧いてきた」一九八〇年代末から、インターネットでアクセスできるデータベースがあちこちにできはじめていた。ドーアとクラークと話をしたあと、バークスデールは家に帰って、コンピュータの前に子供三人を集め、インターネットで何を閲覧したいかとたずねた。それぞれの希望するものを見せると、子供たちは歓声をあげた。「それで確信した」という。「だから、ヘッドハンターに電話して、『この身を任せるよ』といった」

ネットスケープの最初の市販品――IBMパソコンでもアップルのマッキントッシュでもUNIXコンピュータでも使用できる――は、一九九四年一二月に発売され、一年とたたないうちに、完全に市場を占有した。教育関係や非営利事業であれば、無料でダウンロードできた。個人であれば、満足がいくまで無料で使用でき、ほしければディスクを買い求めればよかった。企業は、九〇日間試用し

て評価することができた。アンドリーセンはいう。「お金を払えるのなら買い、払えないのならそのまま使いつづければいい、というのが基本原理だった」なぜそうしたのか？　無料で使うことによって、ネットワークが飛躍的に膨張し、金を払ったユーザーにも大きな利益があるからだ。それが功を奏した。

バークスデールはいう。「われわれがアップしたネットスケープのブラウザを、みんながダウンロードし、三カ月試用する。これほど大量に使われるのは見たことがない。大企業や政府は、情報を接続したり公開したりできるようになった。マーク・アンドリーセンが考案したポイント&クリック方式のおかげで、科学者ではないふつうの人間でも使えるようになった。それでほんとうの革命になった。われわれはこういったものだ。『こいつはどこまで成長するかわからないぞ』と」

何物もそれをとめることはできなかった。だからこそ、ネットスケープはフラット化に大きな役割を果たしたのだ。ネットスケープのおかげで、インターネットはほんとうに相互使用可能になった。ベルリンの壁崩壊－パソコン－ウィンドウズ・フェーズでは、電子メールを使う個人や社内メールを使う企業は、さほど大幅に連結されてはいなかった。それどころか、電子メールのやりとりをするためにスタンフォード大学の研究者夫婦が開発した最初のシスコ・インターネット・ルーターは、メインフレームとパソコン用のそれぞれの機種同士を接続することができなかった。「当時の企業ネットワークは、それぞれが独自で、互いに接続できなかった」と、アンドリーセンはいう。「それぞれフォーマットやデータ・プロトコルが違い、コンテンツの処理方法も異なっていた。つまり、孤立した

情報の島がいくつもあって、互いにつながってはいなかった。インターネットが商業ベースで一般にひろめられた場合にも、同じように接続されていない状態で登場する危険性があった」

経理部のジョーが、オフィスのパソコンで、一九九五年の最新販売実績を調べようとするが、営業部が違うシステムを使っているために、データが得られない。ドイツ語とフランス語でやりとりしているようなものだ。ジョーはさらにこういう。「わが社にどういうタイヤを送っているのか、グッドイヤーから最新の出荷明細をもらってくれ」ところが、グッドイヤーはまったく違うシステムを使っていて、カンザス州トペイカのディーラーも違うシステムを運用していると判明する。ジョーが帰宅すると、七年生の子供がレポートを書くために、オープン・プロトコルを使ってワールド・ワイド・ウェブを閲覧し、フランスの美術館の収蔵品を見ている。ジョーは思わずこういう。「ばかげている。完全に相互利用可能な一つのネットワークがなければだめだ」

インターネットが商業利用される何年も前に、バーナーズ・リー、ビントン・サーフ、ボブ・カーン、その他の科学者が、個人の電子メール・システムや大学のコンピュータ・ネットワークをすべて均等に接続するために――特定の事柄で優位になる人間をなくすために――一連の「オープン・プロトコル」を開発したという。数学を基本とするこのプロトコルは、デジタル機器同士のやりとりを可能にする魔法のパイプで、これをネットワークに採用すれば、どんな種類のコンピュータを使っていても他者との互換性を保てる。これらのプロトコルは、アルファベットの拡張子で呼ばれた。（いまもおおむねそちらで知られている。）主なものは、ＦＴＰ、ＨＴＴＰ、ＨＴＭＬ、ＳＳＬ、ＳＭＴＰ、ＰＯＰ、ＴＣＰ／ＩＰなどだ。こうしたプロトコルを組み合わせると、会社や家庭のネットワークが

どういうふうだろうと、コンピュータや携帯電話や携帯用端末がどんな機種であろうと、比較的安全にインターネットやワールド・ワイド・ウェブでデータを転送できる。それぞれのプロトコルには、異なった機能がある。ＴＣＰ／ＩＰは、インターネットの基本的な下水道管、もしくは基本的な線路で、これを基本にすべてを組み立てたり移動したりする。ＦＴＰはファイル移動に用いる。ＳＭＴＰとＰＯＰは電子メールの移動に用いる。この二つは標準化されていて、さまざまなメール・システムで読み書きができる。ＨＴＭＬという言語は、前にも説明したように、ふつうの人々でもウェブページをこしらえ、ブラウザを使えばそれを表示できるようにした。ＨＴＴＰは、ワールド・ワイド・ウェブ上でＨＴＭＬドキュメントに接続することを可能にした。そして最後に、ウェブページが電子商取引に使われはじめるようになると、ウェブを基本とするトランザクションにセキュリティを提供するために、ＳＳＬが創られた。

インターネットとその閲覧が大幅に拡大すると、ネットスケープは、市場をほとんど独占しているマイクロソフトが、これらのウェブ・プロトコルをオープンなものからマイクロソフトのサーバーしか処理できない一社占有《プロプライエタリ》の基準に変更しないように、手を打った。「ネットスケープは、こうしたオープン・プロトコルが商品化されて非オープンなプログラムになってしまわないように尽力しました」と、アンドリーセンはいう。「ネットスケープはただブラウザを提供しただけではありません。どんなシステムを使っていようが――クレイのスーパーコンピュータでも、マッキントッシュでも、ＩＢＭパソコンでも――科学者が互いにコミュニュケートできるように、こうしたオープンな基準を守っているソフトウェア一式を持って現われたのです。ネットスケープのおかげで、誰もが『自分の

やることや自分の手がけているシステムすべてに、オープンな基準を適用したい』と主張することができたのです。われわれがインターネットを閲覧する方法を創りあげると、人々はそこにアクセスする万国共通の方法を要求しました。それで、オープンな基準でやりたいものはみな、サポートを受けられるネットスケープを使うようになった。あるいはオープンな情報源の世界でも、無料で同じ水準のソフトウェアが手に入るが、サポートはないものを選んだ。あるいは個人の有料ソフトウェアを購入し、『二度と独占的なソフトウェアは買わない……あんたたちの壁で囲まれた世界にはもうサインアップしない。あんたたちがオープン・プロトコルでインターネットと相互接続するようになるまでは』というわけです」

ネットスケープは、このオープンな基準をブラウザ販売にまでひろげはじめ、大衆はそれに熱烈に応えた。サンもサーバーで同じことをやりはじめ、マイクロソフトもウィンドウズ95では同様にした。インターネット閲覧は重要だと考え、ウィンドウズにブラウザのインターネット・エクスプローラを添付した。大衆が急に電子メールやインターネット閲覧がまだまだ不充分だと思いはじめ、インターネット関連企業が協力して一つの相互使用可能なネットワークを創りあげるよう求めていることを、誰もが認識していた。消費者が企業に求めているのは、インターネットに接続する手段ではなかった。接続後に何ができるかという面で、さまざまなソフトウェアの開発競争をしてほしいと考えていた。そんなわけで、大企業間の「フォーマット戦争」がさかんに行なわれたあと、一九九〇年代末にインターネットのコンピュータ・プラットホームは、均等に統合された。じきに、誰がどんなマシーンを使っても、好きな相手と接続できるようになった。壁に囲まれた小さなネットワークを維持するより

も、互換性があるほうがずっと有用だということがわかったのだ。この統合はたいへんなフラット化で、これによっていまだかつてなかったほどおおぜいの人間が、さらにおおぜいの人間と結ばれた。

複雑すぎるからうまくいくはずがないと疑う人間がそこいらじゅうにいた、と当時をふりかえってアンドリーセンは語っている。「当時は、まずパソコンとモデムを買いにいかなければならなかった。懐疑論者はみんなこういった。『人間は習慣を変えて新しいテクノロジーを覚えるのに長い時間がかかる』〔ところが〕みんな迅速にそれをやってのけ、一〇年後には八億人がインターネットを利用するようになった」なぜか？「人間は習慣を変えたい理由があれば、すぐに習慣を変えるものだし、そもそも他人と結びつきたいという本能に近い気持ちがある。他人と結びつく新しい方法をあたえると、技術的に難しかろうが克服し、新たな言語を習得するものだ——それぐらい他人と結びつきたい気持ちは強く、できないはずはないと考える。ネットスケープが解き放ったのはそういうものだった」IBMの企業戦略担当副社長ジョエル・コーリーはこう述べている。「ネットスケープは、データを転送したり画面に表示したりするのが容易で、なおかつ誰でも納得のいく基準を創りあげた。だから、誰もがそれに乗っかって新しい工夫をした。たちまち世界基準となり、子供から企業に至るまでひろまった」

一九九五年夏、バークスデールとネットスケープの社員たちは、株を公開したときに国中の投資家が買い気を誘われるように、モルガン・スタンレーの投資銀行家たちとともに、昔ながらの地方巡回宣伝を行なった。バークスデールはいう。「出発したときには、モルガン・スタンレー側は最高で一四ドルだろうといっていた。ところが、地方まわりを始めると、需要が非常に多かったので、初値を

倍の二八ドルにすることにした。公開前日の午後、われわれはみんなメリーランド州にいた。そこが最後にまわる場所だったんだ。黒いリムジンでキャラバンを組んでいたから、マフィアの一団にでも見えたことだろう。モルガン・スタンレー〔本社〕に連絡をとる必要があったが、携帯電話の通じない地域だった。そこで道路を挟んで向き合っているガソリンスタンド二軒に車を入れて、公衆電話を使った。モルガン・スタンレーにかけると、『三一ドルに上げようかと思っている』といわれた。『だめだ』と私はいった。その後順調でなかった場合のために、三〇ドルではなく二〇ドル台の株だという印象が残ったほうがいいからだ。それで、翌朝電話会議をすると、寄り付きは七一ドルだった。終わり値は五六ドルだ。こちらの付け値のちょうど倍にあたる」

ネットスケープは、やがてマイクロソフトの圧倒的な（裁判所は独占的と裁定した）競争力の犠牲になった。マイクロソフトが自社製のブラウザ、インターネット・エクスプローラを、市場を支配するOSであるウィンドウズの一部として無料で添付し、ネットスケープよりもずっと大量の優れた資源をウェブ閲覧に投資し、それに加えて、ネットスケープが戦力の集中を欠いたため、ネットスケープのシェアは急減した。結局、急成長したネットスケープはAOLに一〇〇億ドルで売却された。AOLはその後ネットスケープを活用したとはいえない。しかし、ネットスケープは商業的に見れば流れ星のように一瞬輝いただけかもしれないが、じつにすごい星だったし、長く大きな尾をたなびかせていた。

「われわれは最初から利益をあげていた」バークスデールはいう。「ネットスケープはIT企業ではなかった。ITバブルには加わっていない。われわれがITバブルを始めたのだ」

じつにすごいバブルだった。
「ネットスケープのＩＰＯが刺激となってさまざまな物事が起きた」と、バークスデールはいう。「科学技術にたずさわる者は、それが可能にした新テクノロジーに魅了され、ビジネスにたずさわる者や一般大衆は、それでどれだけ儲けられるだろうと興奮した。おおぜいの若者がそれで金を稼いでいるのを見て、人はこういう。『若いやつらにやれて、金を儲けることができるんだから、おれにもできるはずだ』欲深はよくない方向に向かいやすい——たいして働かなくても大金を稼げると人々が思いはじめる。それが控え目にいっても過剰投資を招いた。おろかな着想にどんどん資金が注ぎ込まれた」

刺激を受けた投資家たちが、インターネットの使用とインターネット関連製品の需要は天井知らずだと思い込んだ理由は何か？　簡単にいえば、デジタル化ということに尽きる。情報をデジタル化してパソコンやワープロで操るのがいかに便利かということを、パソコン-ウィンドウズ革命が実証した。さらに、ブラウザがインターネットに息を吹き込み、ウェブページが歌ったり踊ったりディスプレイしたりできるようになると、インターネットというパイプを通じて他人に送れるように、なんでもできるだけデジタル化しようとする傾向が生まれた。かくしてデジタル化革命が始まった。デジタル化は魔法の手順で、文章、音楽、データ、フィルム、ファイル、画像をビットとバイト——二進法の数字——に変える。それにより、コンピュータの画面上で操作したり、マイクロチップに保存したり、衛星や光ファイバーを使って送ったりできる。かつては手紙《メール》を送るには郵便局に行かなければな

らなかったが、インターネットが活発化してからは、デジタル化して電子メールで送ればいいようになった。写真術はかつては大きな器材を必要とし、地球の裏側で採掘されている銀の感光板を使っていた。私の時代でも、カメラで写真を撮り、フィルムをドラッグストアに持っていって、どこかの大きな現像所で現像してもらう必要があった。しかし、インターネットによって画像を電子メールに添付して世界中に送るのが可能になったいま、銀板フィルムの必要性は薄れた。いまではデジタル・カメラで撮影し、現像せずにアップロードすればいいだけだ。（それに、カメラばかりを使うとは限らない。携帯電話でも写真が撮れる。）かつては本を買ったり眺めたりするのにはバーンズ&ノーブル書店へ行ったが、インターネットが活発になってからは、アマゾンでもデジタル的に本をあれこれ眺めることができる。調べ物のためには図書館へ行かなければならなかったが、いまはグーグルやヤフーでデジタル的に調べられる！　書棚のあいだを渉猟しなくてもよくなった。かつてはサイモン&ガーファンクルのCDを買って聞かなければならなかった――CDそのものが、アナログLPに取って代わったデジタル化された音楽形式である――が、インターネットが活発になってからは、もっと適応性が幅広く、携帯しやすいものがほしいと思うようになる。サイモン&ガーファンクルをiPodにダウンロードできるようにしたい、と。近年のデジタル化のテクノロジーの進歩によって、それが可能になった。

すべてをデジタル化するというこの猪突猛進の動きを眺めて、投資家たちはつぶやいた。「なんとまあ、誰もがこういうものをデジタル化して、ビットに変え、インターネットで送信したいと思っているとすると、世界中にデジタル製品を配信するウェブサービス会社や光ファイバーの需要は天井知

らずだ！　これに投資すれば、勝利は間違いない！」

かくしてバブルが生まれた。

過剰投資それ自体は、けっして悪いことではない――ただしそれは、やがて修正されるならばの話だ。ＩＴバブルが最高潮に達していた時期、ダボスの一九九九年世界経済フォーラムでビル・ゲイツが行なった記者会見のことは、今後もずっと記憶に残るだろう。ビル・ゲイツは、「ゲイツさん、このインターネット関連株の高値はバブルですね？　たしかにバブルでしょう？　バブルに違いないですね？」といった趣旨の質問攻めに遭っていた。とうとう腹を立てたゲイツが、レポーターたちに次のような意味合いのことをいった。「いいか、あんたたち、バブルに決まっているじゃないか。だが、みんな肝心な点を見過ごしている。このバブルは、インターネット産業に新たな資本を惹きつけていて、イノベーションをどんどん加速させているんだ」ゲイツは、インターネットをゴールドラッシュになぞらえた。地中から金を掘ること自体よりも、リーバイスのジーンズやツルハシやシャベルを売ったりホテルに客を泊めたりするほうが、ずっと金になったというのを説明するためだ。ゲイツのいうとおりだ。にわか景気やバブルは、経済的には危険をはらんでいる。おおぜいの人間が損をし、多くの企業が破綻するおそれがある。しかし、イノベーションの速度を速める場合が多い。また、それによって煽られたすさまじい過剰生産――鉄道の路線や自動車など――が、思いもよらないプラスの結果を生み出すことがある。

インターネット関連株の急騰でも、そういう現象が起きた。光ファイバー関連企業に莫大な過剰投資が行なわれ、地上と海底におびただしい本数の光ファイバーが敷設された。そのため、電話やデー

タ送信のコストが激減した。

初の商業ベースの光ファイバー・システムが設置されたのは一九七七年で、その後ゆるやかに銅の電話線に取って代わった。データやデジタル化した音声を、大量かつ迅速に送ることができるからだ。Howstufworks.comによれば、光ファイバーは「人間の毛髪ほどの太さの」光学的に不純物のないガラスの紐だという。それを束ねて被覆した「光ファイバー・ケーブル」により、デジタル化された情報のパケットがはるか彼方まで送られる。光ファイバーは銅線よりも細いので、ケーブルの太さが一定だとすると、銅線よりも多く束ねることができるから、同じ太さのケーブルで、銅線の場合よりもずっと大量のデータや声をより安いコストで送れる。だが、光ファイバーの最も重要な利点は、きわめて高い周波数域の信号を長距離送信できることにある。銅線でも超短波を送ることは可能だが、寄生震動のためにわずか数メートル進んだところで出力が劣化する。光ファイバーは逆に、一本のファイバーで、超短波の光パルスをほとんど劣化させることなく、とてつもなく遠くまで送信できる。

ARCエレクトロニクスという光ファイバー・メーカーが、ウェブサイトでの光ファイバーの仕組みを説明してくれたところによると、データや音声は光パルスに変換され、光ファイバーを通して送信されるのだという。銅線の場合は、電磁パルスに変換されて送られていた。光ファイバーの一方の端には送信機がある。この送信機が、家庭の電話機やオフィスのコンピュータから銅線を通じて送られてきた暗号化された電磁パルス情報――言葉やデータ――を受け取る。それから、このデジタル化され、電子的に暗号化された言葉やデータを処理し、翻訳し、同じように暗号化された光パルスに変換する。LED（発光ダイオード）もしくはILD（注入型発光ダイオード）を使って光パルスを発

生させ、絞り込んで光ファイバー・ケーブルに送り込む。ケーブルはいわば光の道案内の役割を果たし、一方から送り込まれた光パルスを向こう側まで送り届ける。向こう側には光を感知する受信機があって、パルスをもとの二進法の電子的信号に戻す。コンピュータの画面に電子メールの文字が表示され、携帯電話から声が聞こえる。光ファイバーは盗聴がきわめて難しいので、秘話通信にも適している。

ＩＴ関連株のにわか景気と一九九六年の電気通信法改正が重なったことが、光ファイバー・バブルを引き起こした。地方通信会社と長距離通信会社が相互の事業に参入するのを認めるこの法律により、地方のあらゆる業態の新規通信キャリアが、電話サービスやインフラの供給において、各地のベビー・ベル（ＡＴ＆Ｔの分割により生まれた地域電話会社）やＡＴ＆Ｔと対等に競争できるようになった。こういう新手の電話会社は、開業すると独自の地域内・長距離・国際電話、データ通信、インターネット・サービスを打ち出し、それぞれがインフラを所有しようとした。それも不思議はない。インターネットにわか景気により、インターネット通信に使用される回線容量は三カ月ごとに倍増する――それが永遠に続く――と、誰もが予想していた。約二年は、たしかにそういう状態が続いた。だが、やがてそれが例外的な状況にすぎなかったことが明らかになり、倍増の加速が鈍った。不幸なことに、通信会社《テレコム》は、需要と現実の落差がひろがっているのに注意を払っていなかった。市場はインターネット熱に取り憑かれ、各社は通信能力の増強にいそしんでいた。しかも、株式市場の急騰により、資金は自由に使える！　楽しく明るく騒ごう！　そんなわけで、新規通信会社の描く信じられないくらい楽観的な筋書きのすべてに資金が集まった。五、六年のあいだに、こうした通信会社は世界中をつなぐ事業に一兆ドルの投資

を行なった。そして、この需要の見通しに、誰も疑問を投げかけなかった。新規通信会社の下請けとして世界中に光ファイバーを敷設したグローバル・クロッシングの狂乱ぶりは、通信関連会社のなかでも飛び抜けていた。グローバル・クロッシングは一九九七年にゲーリー・ウィニックにより創設され、翌年に株式を公開した。たった一年だけCEOをつとめたロバート・アヌンジアータは、コーポレート・ガバナンス研究集団コーポレート・ライブラリーのネル・ミノウが全米で最悪（株主の見地からして）と非難する下請け契約を結んだ。あろうことか、その契約には、母親がアヌンジアータにひと月に一度会いにくるためのファーストクラスの航空券の料金まで含まれていた。さらに、相場より低い一株一〇ドルの計算で二〇〇万株の契約ボーナスを得ることになっていた。

現在ウォーバーグ・ピンカス社に勤務する老練な企業家ヘンリー・シャクトは、ウェスタン・エレクトリックの後身であるルーセント・テクノロジーズに乞われて、この狂乱の時期に経営支援に乗り出した。当時の雰囲気を、シャクトはこう述懐する。「一九九六年の電気通信規制緩和は、きわめて重要だった。競争力のある地方の通信キャリアが、能力を高め、同等の会社やベビー・ベルと張り合って営業にはげんだ。こうした新規通信会社は、グローバル・クロッシングのような企業に頼り、海外通信の分野でAT&TやMCIと通信容量で競えるように光ファイバー網の敷設を依頼した……これは新たな世界で、この勢いはとまらないと、誰もが思っていた。自由資本を使える競争力のある会社を〔自分は〕所有しているし、パイはどこまでも大きくなっていくはずだ。それで〔各社は〕こう思った。『他社よりも先に光ファイバーを敷けば、他社をしのぐシェアを奪える』成長率はうなぎの

ぼりの曲線を描いているはずだったから、誰もがシェアをとれると考えた。それで、めいっぱいの計画を立て、それでもシェアを奪えると判断した」

ところが蓋をあけてみると、B2B市場や電子商取引は計画どおりに伸び、予想もしていなかったようなウェブサイト多数——eベイ、アマゾン、グーグル——が爆発的に成長したものの、それでも使用可能な通信能力のほんの一部が消費されているにすぎなかった。したがって、ITバブルの崩壊が起きると、光ファイバーは完全な飽和状態になった。長距離電話料金は一分二ドルから一〇セントへと急落した。データ通信の場合は、ほとんどただに等しい。「通信産業は自己投資が過ぎて店をたたむはめになった」インターネット音声ポータル・サービスのテルミー・ネットワークス社業務部長マイク・マッキューは、二〇〇一年六月にCNETニュース・コムで述べている。「光ファイバーを大量に敷設してしまったために、みずからコモディティ化してしまった。あらゆる会社と大規模な価格戦争に陥って、悲惨な事態を招くに違いない」

多数の会社と投資家が悲惨な事態に陥った。(グローバル・クロッシングは二〇〇二年一月に負債一二四億ドルで破産申請を行なった。) しかし、消費者には大きな恩恵になった。一九五〇年代に全米の道路網が整備されて、アメリカがフラット化され、地域格差がなくなったのと似ている。ハイウェイの発達により、人間や商品を遠距離まで運ぶのが容易になり、企業が南部のような低賃金の地域へ移転しやすくなった。いままた全世界に光ファイバーというハイウェイがのびて、先進世界はいっそうフラット化した。地域主義を打破するのにそれが役立ち、さらに均等なグローバル商業ネットワークができ、デジタル化された労働——サービス、知識労働——を低コストの国にわずかな費用で簡

単に移転できるようになった。

（とはいえ、このアメリカの光ファイバー・ハイウェイが終点の手前で途切れ、一般家庭を結ぶには至らなかったことは、明記しなければならない。インドとアメリカを結ぶ長距離光ファイバーが大量に敷設された一方で、アメリカの新規通信会社はほとんどといっていいくらい、ローカル・ループ（地方の電話局と家庭を結ぶ回線）のインフラを整備しなかった。一九九六年の電気通信法改正が、ケーブル会社と電話会社のローカル・ループでの完全な競争を容認するものではなかったからである。旧来の電話会社が充分に保守点検を行なってきたオフィス・ビルには、ブロードバンドが設置された。それにより、ビジネス向け――およびに企業とビジネスをするためにバンガロールから接続することを望んでいるインド人向け――の価格は下がったが、アメリカの大衆が安い費用で家庭にブロードバンド環境を導入できるような価格競争は起こらなかった。そういう競争が起きたのは、ごく最近のことだ。）

光ファイバー・ケーブルへの大幅な過剰投資は、無尽蔵の宝物のようなものだった。これは光ファイバーの物理的な特徴のおかげだ。他のインターネット関連の過剰投資とは違って、光ファイバーは恒久的に残る。敷設された光ファイバーを掘り起こして過剰な通信能力を減らそうなどとする者は、どこにもいない。だから、通信会社が破綻したとき、銀行は光ファイバーを差し押さえて、捨て値で新会社に売った。処分価格で買った新会社は、それを使いつづけて利益をあげることができた。光ファイバー・ケーブルは、何本もの光ファイバーを束ねたもので、その一本一本が毎秒テラビット級のデータを送信できる。敷設された当初は、「光交換機《スイッチ》」――送信機と受信機――に光ファイバーの容量すべてを利用できるだけの能力がなかった。しかし、それから年を経るごとに、このスイッチの性

能は格段に改善され、音声やデータを光ファイバーを通じて送ることのできる量がぐんぐん増えていった。つまり、スイッチの性能が上がるだけで、敷設済みの光ファイバーの送信容量は増えつづけた。年々歳々、音声やデータを世界各地に送るのが容易になり、コストが下がった。いってみれば、全米にハイウェイ網が敷かれ、最初は時速八〇キロメートルで走っていたのが、やがて時速一〇〇キロメートルに、さらに時速一三〇キロメートルで走れるようになり、ついに同じハイウェイで事故の危険性もなく時速二四〇キロメートルで走れるようになったようなものだった。ただ、このハイウェイは全米ではなく全世界に及んでいる。

「新機軸の新しい層の上に、次の新しい層が重なる」ネットスケープを離れてオプスウェアという会社を立ち上げたアンドリーセンはいう。「最近、もっと意味深いと思うのは、ルーマニアやバンガロールやロシアやベトナムの一四歳の少年少女が、情報もツールもソフトウェアもすべて簡単に手に入れて、知識を好きなように応用できることだ。だから、次のナップスターは、左翼——つまり中央から離れた場所で生まれるに違いない。生命科学では、海中実験室ではなくコンピュータを使うことが増えるだろうし、ゲノム情報はインターネットで簡単に手に入る。いずれノート・パソコンでワクチンを設計できるようになるだろう」

アンドリーセンのこの言葉は、フラットな世界とグローバリゼーション3・0の特徴をいい表わしていると思う。グローバリゼーション3・0は集団と個人が推進することになるだろうが、モザイクを作ったときのアンドリーセンの世界が一二人から成り立っていた頃とは、状況がまったく違う。われわれは今後、正真正銘の人間モザイクが——世界中で、左翼や右翼で、東西南北で——次世代のイ

ノベーションを推し進めるのを目の当たりにするはずだ。果たせるかな、アンドリーセンと話をした数日後、二〇〇四年七月一五日付の《ニューヨーク・タイムズ》第一面に、次のような見出しの記事が載った。「アメリカはキューバ製の癌治療薬三種類を認可した」記事にはこうあった。「アメリカ連邦政府は、キューバとの貿易を固く禁じる政策の例外として、キューバから輸入された実験的な癌治療薬をカリフォルニアのバイオテクノロジー研究会社が使用することを認めた」このキャンサーベックス社の重役は、「キューバの薬品を使用する許可をアメリカのバイオテクノロジー企業が得るのは初めてのことだ。産業界や科学者たちによれば、発展途上国向けのバイオテクノロジーに関して、キューバは驚くほど優れているという……ハバナ西部の研究施設の建設と運営に年間一〇億ドル以上が注ぎ込まれているし、そこに勤務するキューバ人研究者の多くはヨーロッパで教育を受けている」

もう一度まとめてみよう。アップル－パソコン－ウィンドウズによるフラット化の第一フェーズでは、私は自分のコンピュータと交流し、社内の限られた範囲のネットワークで交流していた。そこへインターネット－電子メール－ブラウザによる第二フェーズが訪れ、世界はもうちょっとフラット化した。私とコンピュータはよそのどのコンピュータとも交流できるようになった。それが電子メールの意義だ。次に、私とコンピュータは誰のウェブサイトとでもインターネットで交流できるようになった。これがブラウザの意義だ。簡単にいえば、アップル－パソコン－ウィンドウズ・フェーズがネットスケープによるインターネット閲覧－電子メール・フェーズを生み、その両方によって、地球上の別の場所のより多くの人間と連絡し合い、交流する人間の数が格段に増えた。

だが、楽しみはこれからだ。このフェーズは、フラットな世界をフラット化する第三のフェーズの

基盤にすぎない。

フラット化の要因 3
共同作業を可能にした新しいソフトウェア

二〇〇四年冬、私は、ディズニーなどの大手映画会社のために映画・TVアニメを制作しているサンフランシスコの最先端アニメーション・スタジオ、ワイルド・ブレーンのCEOスコット・ハイテンと、シリコンバレーの会合で会った。ベンチャー投資家ジョン・ドーアに招待されたのだが、ドーアの支援する企業に本書の理論をぶつけて是非を問うのが目的だった。ハイテンとは意気投合した。私の意見を聞いたあと、ハイテンはこんな電子メールを送ってきた。「まさに神学者や地理学者や識者が世界をふたたび平《フラット》らにしようとしているマゼランの時代にいるようだ。世界はフラットだと私は思う。応援ありがとう」

私の心にかなう人物だ。

さらに詳しく聞くと、ハイテンは現在のアニメーション映画が、グローバルなサプライチェーンを通じて制作されていることを説明した。ハイテンが世界はフラットだと考えている理由が、たちどころにわかった。ハイテンはいう。「ワイルド・ブレーンでは、無から重要なものを作る。フラットな世界を利用するすべをわれわれは学ぶ。それに抗わない。うまく利用する」

世界がいかにフラットであるかをじっさいに確かめるために、アニメーションの一部を制作している現場を見に来ないかとハイテンに誘われ、私は見に行った。そのときに制作されていたのは、ディズニー・チャンネルの〈みんなヒーロー！　ヒグリータウンのなかまたち〉という番組だった。9・11同時多発テロの苦難に立ち向かう平凡な市民の姿に触発された作品だ。ヒグリータウンは「一九五〇年代のありふれた小さな町」だとハイテンはいう。「大都市の郊外の住宅地だ。われわれはそんなアメリカの小さな町をこしらえて、世界中に輸出する――比喩的にも、文字どおりの意味でも。物語の根幹は、この小さな町で暮らしを営んでいる平凡な人々はすべて英雄だということだ――学校の先生もピザの配達人も」

この全米ネットの番組は、全世界のサプライチェーンによって制作されている。「録音はアーティストの多いニューヨークやロサンジェルスの近くでやる。デザインと監督はサンフランシスコ、ライターは自宅（フロリダ、ロンドン、ニューヨーク、シカゴ、ロサンジェルス、サンフランシスコ）からネットを使って仕事をする。キャラクターのアニメを描くのは、バンガロールでやっていて、サンフランシスコで編集する。この番組のために、われわれはバンガロールに八チームを置き、それぞれに一人ずつライターをつけて、並行作業を進めている。こういう効率のいいやり方をしているから、二六話で五〇人ものスターと契約できる。この双方向《インタラクティブ》の吹き替え・脚本・アニメ制作過程のおかげで、アーティスト一人の全シリーズ分の録音には半日もかからない。録音取《テイク》りもリライトもいくらでもできる。われわれは一週間にアーティスト二人分を録音する。たとえば、先週はアン・ヘッシュとスモーキー・ロビンソンだった。技術的には、インターネットを使ってやることも可能だ。われわれ

にはオフィスのコンピュータや、われわれが『フットボール』と呼んでいるライター用の特別なノート・パソコンとシステムを連動させたVPN（バーチャル専用ネットワーク）があり、Cat5のLAN規格もしくはワイヤレス・ブロードバンドで『現場《フィールド》』と接続できる。このVPNのおかげで、すべての現場の音声、各撮影部分の画像、リアルタイム脚本、アニメーション・デザインを、簡単なログインだけで共有できる。だから、われわれの作業を見てもらうのに、『フットボール』を一台そちらに届けるという方法もある。自宅やオフィスや設備のあるホテルの部屋で接続するか、近くのスターバックス〔ワイヤレス・ブロードバンドでインターネットにアクセスする設備がある〕に持っていって、ログインし、ノイズ・リダクション機能のある〈ボーズ〉のヘッドホンをかけて、聞き、眺め、読み、意見をいうことができる。『シャロン、その台詞はもっと強調して』といった具合に。そして、一週間という番組制作日程が終わると、二四時間いつでもログインして、世界各地でいろいろな時間に放送されている番組の進展を追うことができる。厳密にいうと、『フットボール』が必要なのは制作の共同作業だけだ。きみのふつうのノート・パソコンでも、毎日の制作や編集を見守ることはできる」

ハイテンはその後ワイルド・ブレーンを辞めたが、その日の見学はじつに有益だった。ワイルド・ブレーンは、次のフェーズのイノベーション――ベルリンの壁‐ウィンドウズ‐ネットスケープによるフェーズに続く広範囲にわたるフラット化の要因――の如実な例だったからだ。ベルリンの壁崩壊は、誰も見落とすはずがない派手な歴史的事件だ。ネットスケープの新規株式公開もやかましく喧伝された。しかし、ワークフロー・ソフトウェアの勃興と統合は、静かな革命だったので、起きている

のに気づかなかった者が多い。一九九〇年代半ばから末にかけて結晶し、それとともに、前に述べたフラット化の要因二つと同じくらい大きな影響を世界に及ぼした。ワークフロー・ソフトウェアは、これまでマニュアルで処理していたビジネスデータの設計、表示、管理、共同作業を、さまざまな場所にいるさまざまな人間が行なうことを可能にした。それによって、会社と会社、いや大陸と大陸のあいだを、いまだかつてない速さで作業が流れるようになった。

ここまで行き着くには、それまでのイノベーションに新しいソフトウェアのイノベーションが積み重なる必要があった。壁が崩壊し、パソコン、ウィンドウズ、ネットスケープが、いまだかつてなかったほどに人々を結びつけたあと、こうした人々はただインターネットを閲覧し、電子メールを送り、チャットし、画像や音楽をやりとりするといったことだけでは満足しなくなった。物事を形作り、デザインし、創造し、売り、買い、在庫を知り、人の税務を引き受け、あるいは地球の反対側にいてレントゲン写真を見て診断するといったことをやろうとした。また、そうした事柄を、どこからどこへでも、どのコンピュータからどのコンピュータにでも、むらなくできるようにしたいと考えた。

ワークフローの最初の大きな革新的進歩は、パソコンと電子メールの組み合わせだった。コンピュータやインターネットが普及する前は、販売課の人間が注文を紙に書き、製品を配達する配送課の人間に渡すと、配送課の人間がその注文書をこんどは経理課に持っていって、得意先への送り状を書いてもらう——というのが作業の流れ《ワークフロー》だった。だが、ベルリンの壁崩壊からネットスケープへと続くイノベーションによって、ワークフローは大きく飛躍した。いまでは販売課が電話か電子メールで注文を受け、社内コンピュータ・システムに入力し、電子メールで配送課に知らせる。配送課が製品を得

意先に送れば、自動的にコンピュータ化された請求書が作成される。

つまり、ウィンドウズ・パソコンによって、オフィスにいる人間は誰でもデジタル・コンテンツ——文書、データ、画像——をデスクトップで指先で操作できる。紙とタイプライターを使っていた頃に比べると、格段の進歩だ。それに、そのオフィスで同一のハードウェア、ソフトウェア、電子メール・システムを使っていれば、社内の部課のあいだでデジタル・コンテンツをとどこおりなく迅速にやりとりでき、生産性も上がる。だが、一九八〇年代から一九九〇年代初めにかけては、そうでない場合が多く、ソフトウェアもハードウェアも部門ごとに違っていた。企業がシステムをばらばらに導入する場合もあり、ソフトウェア・システムも、一つは経理課向け、一つは在庫管理課向け、もう一つは電子メール用という具合に違っていた。したがって、販売部門がマイクロソフトで在庫管理部門がノベルということが往々にしてあり、デジタルの共同作業ができなかった——互いのデジタル・コンテンツについて協力することができないか、あるいはできても非常に難しかった。そうなると、個々の部門はコンピュータやソフトウェアや電子メールのおかげで部門内の生産性を高めることはできても、部門間で解決しなければならない問題が起きたときには、これまでと同じように販売課から書類を持って在庫管理課へ歩いていかなければならないということが起きる。作業がデジタル的には流れておらず、デジタル的な共同作業も行なわれていない。いずれももっと楽になるはずなのに。ソフトウェア産業が、当初はできの悪い消防隊みたいだったことを、われわれはつい忘れがちだ。消火栓にホースをつなごうとしたとき、地区によって消火栓の直径が違っていたらどうなるか、想像してみるといい。消防隊が自分の地区の火事を消せるときは、なんの支障もない。ところが、火事が大き

くなって、近隣の消防車を呼ばなければならなくなると、ホースの直径が違うからよその消防車では消火作業ができないことが判明する。

つまり文字、音声、画像、データをパソコンでデジタル化してインターネットで送る方法を標準化したのは、たいへんな革新的進歩ではあったが、企業内で作業がほんとうにスムーズに流れるようにしたうえで、他社ともそのデジタル・エコシステムをつなぐには、必要なことが二つある。魔法のパイプ――社内と社外を問わず、相手がどんなコンピュータやソフトウェアを使っていても、自分の電子メールやソフトウェアがとどこおりなく接続できる通信プロトコルや言語――がもっと必要だ。コンピュータの機能を最大限に発揮してデジタル・データ、文字、音声、画像を処理することができるような、まったく新しいソフトウェアを、プログラマーに書いてもらわなければならない。

ソフトウェア産業はまず、SMTP（単純メール転送プロトコル）と呼ばれるプロトコルを創りあげて一般にひろめた。これによって、種類の違うコンピュータ同士でも、電子メールのやりとりができる。相手のハードウェアや電子メール・サービスがどういうものかを気にしないで、電子メールを送れるわけだ。雨でも霙《みぞれ》でも雪でも、安い費用でどこへでも手紙を届けてくれる電子郵便配達人が、突然世界に出現した。

しかし、企業がほんとうにフラット化するには、それでは不足だった。社内の各部門――販売、マーケティング、生産、経理、在庫管理――が、どんなコンピュータやソフトウェアを使っていようが、書類やデータのやりとりや共同作業ができる、相互利用が可能な態勢になる必要がある。つまり、販売課が電子メールだけではなく、経理課には他の文書を、仕入先の在庫管理課にはスプレッドシート

を送ることができるようにしなければならない。仕入先の在庫管理課が、そこの仕入先――すなわち中国の工場――と、支障なく接続できるようにしなければならない。

しかしながら、バベルの塔が神の怒りに触れたあとみたいにソフトウェアとハードウェアが違う言語を使っていた一九八〇年代から一九九〇年代を打破するには、もう一つの大きな革新的進歩が必要だった。みんなのハードウェアのあいだを走る線路と、ドキュメントやデータを誰のソフトウェアでも読めるように運ぶ貨車が不可欠だった。この線路が、前にも触れたプロトコル――インターネットやワールド・ワイド・ウェブの言語――に当たる。HTMLは、どこのどんなコンピュータでも、ドキュメントやデータを作成し、送信し、読めるようにするための言語だ。HTTPは、インターネットの鉄道でこのコンテンツを運ぶ――どこへでも行くことのできる貨車に載せる――方法を、コンピュータの言葉で書き表わしている。そして、TCP／IP（送信制御プロトコル／インターネット・プロトコル）は、この鉄道の線路の役目を果たす。自分のウェブページから、インターネット中のコンピュータやウェブサイトへ、データを運んでくれる輸送システムだ。（テクノロジー・ウェブサイトのstepforth.comに説明されているように、「TCP／IPは大きなデータの塊をバイト単位のパケットに切り分け、拡張性の高いネットワークでコンピュータからコンピュータへと送る。そして、パケットをまとめて、もとのドキュメントに組み立てなおす」）

「これらのプロトコルによって、標準的なワードの書類や電子メール以外のものもやりとりできるようになった」と、マイクロソフトのクレイグ・マンディCTOは説明する。「どんなドキュメントでも書いて――アマゾン・ドット・コムのページでも、クレジットカードを使う注文書でも――コンピ

ユータ同士でやりとりできるようになった。送り手と受け手のあいだに準備や了解がなくても、さっと渡すことができる」これでほんとうに作業が流れはじめたのは、一九九〇年半ばのことだった。

たしかに潤滑に流れはじめた。ワイルド・ブレーンは、世界各地にちらばるアニメ映画制作チームを使うために、とどこおりなく相互使用を可能にするワークフロー・ソフトウェアを必要とした。ボーイングは、世界のどこから注文が入っても、アメリカの工場から得意先の各航空会社にパーツをたえず供給できるコンピュータ注文システム用のプログラムを求めた。ロシア、インド、日本の航空工学専門家を使って航空機を設計できるようにもしたい。医師はバンゴーで撮影したレントゲン写真をバンガロールの病院で診断してもらうためにそういうプログラムを欲した。それも、インドの病院でどんなコンピュータが使われているかをメーン州の医師が心配せずにすむようなものでなければならない。ママとパパは、電子バンキング、電子株取引、オフィスの電子メールやスプレッドシートをすべて自宅のノート・パソコンでやることができ、なおかつオフィスのデスクトップ・パソコンやブラックベリーのＰＤＡにも接続できるようなプログラムをほしがった。そうやって、すべての人間のソフトウェアが他人のソフトウェアと連携するようになると、ワークフローはこれまでになく円滑に進むようになったばかりではなく、これまでとは違って、細かく切り分け、分解して、世界のどこへでも送れるようになった。

「しかし、そこで」マンディは付け加える。「われわれは自問したんだ。何もかもをほんとうに自動化するには、人間同士が簡単に話をできるだけではだめだ。機械同士が簡単に話ができなければならない――人間がまったく関わらなくても、機械同士がコミュニケートしている複数の企業間に既存の

関係がなくても、機械同士がどんな問題でも相互に作用しあう。それが次の大革命だった」

技術的にいうと、それを可能にしたのは、ＸＭＬという新しいデータ記述言語とそれに付随するＳＯＡＰという通信プロトコルの開発だった。この二つによって、どんな形で情報が含まれていても、フォーマットされたデータやドキュメントを、二台のコンピュータのそれぞれのプログラムによってやりとりできるようになった。請求書、金融取引、医療記録、音楽、画像、銀行の記録、ウェブページ、広告、書籍の抜粋、ワード・ドキュメント、株の売買など、なんでもかまわない。ＸＭＬとＳＯＡＰの開発には、ＩＢＭ、マイクロソフト、その他多くの企業が貢献し、どちらもインターネットの標準規格として認められ、普及した。これによって、ワークフローはまったく新しい段階に入った。ＸＭＬとＳＯＡＰを使って送り状を書けば、人間が指示しなくても、企業間に既存の了解がなくても、コンピュータが送り状を送信してくれる。マンディはいう。「要するに、ソフトウェア産業は、人間とコンピュータのグローバルな労働力が使えるグローバルなプラットホームを創りあげたんだ」

おおざっぱにまとめよう。一九八〇年代にパソコンを使ってコンテンツをデジタル化することができるようになった頃には、プリントアウトを手渡ししたり、郵送したりしていた。それがやがて電子メールを送れるようになった。さらに、プロトコルが標準化したおかげで、パソコンでデジタル・コンテンツを大量にこしらえ、インターネットであちこちに送れるようになった。相手がどこにいても、共同作業ができるようになった。そして、今日ではついに、人の手を借りずにコンピュータ同士が標準化されたプロトコルを使ってインターネットで話をするところまで、ワークフローは進化した。

標準（スタンダード）の積み重ね

こうしたことはすべて、どこへ向かって進むのだろう。HTML、HTTP、TCP／IP、XML、SOAPが偉大なのは、スタンダードとして採用されると――それによって、相互使用可能・相互接続可能になると――ソフトウェア会社が、消火栓の奪い合いをするのをやめて、効率的に放水できるホースや消防車を作るのに専念しはじめたことだった。スタンダードが決まると、人間はやり方ではなく、それでできることの品質を高めるほうに注意を集中する。いい換えるなら、他人とちゃんと接続できるようになると、みんながなんとかして付加価値を上げようとした。その結果、使いやすくて見栄えのいいソフトウェアが登場して、共同作業やイノベーションや創造性を高めるのに役立った。

その間も、スタンダードはどんどん改正された。ドキュメント、画像、データを、違うソフトウェアを備えた違うコンピュータに送る基本的なパイプに加えて、そのパイプを通るドキュメントやビジネスプロセスが標準化されるようになると、ほんとうにワークフローが潤滑になった。現在では、ドキュメントやソフトウェアを標準の手順でコーディングする――ワード・ドキュメントやウェブページのように――だけではなく、他人が自分のコンピュータや別の人間のコンピュータでそれを読むことができるようになっている。そういったドキュメントに代表されるビジネスプロセスも標準化しているわけだ。IBMの企業戦略担当副社長ジョエル・コーリーはいう。「たとえば、銀行から金を借りて、不動産売買の最終決済手続きをし、家を買うときには、文字どおり何十ものプロセスがあって、

いろいろな企業のあいだでデータがやりとりされる。ローンの保証、信用調査、利率の決定、最終決済手続きを一つの銀行がやると――その後すぐに他行にその債券が売却される」こうした不動産取引すべてでスタンダードが確立すれば、不動産業者は書類仕事に追われることなく、客のニーズにもっと集中できる。給料支払い、電子商取引の支払い、リスク・プロファイリング、音楽や写真をデジタル化して送信し、編集するといったことに関しては、すでにスタンダードが浸透しはじめている。その一例がＪＰＥＧだ。それにサプライチェーンがどう結びついているかが、一番重要だろう。

たとえば、どんなコンピュータとブラウザを使っていても、ｅベイで売り手にも買い手にもなれるのは素晴らしいことだが、ｅベイ市場が爆発的にひろがったのは、買い手が売り手に支払う手順をしごく簡単にしたスタンダード――ペイパルを採用したからだった。ペイパルは、ｅベイによってもたらされた買い手イコール売り手のＣ２Ｃ（消費者対消費者）取引に便宜をはかるために、一九九八年に発足した電子送金システムだ。ペイパルを使っているecommerce-guide.comによれば、電子メールのアドレスさえあれば、相手がペイパル口座を持っていなくても、互いに送金することができるという。商取引が行なわれるかどうかに、ペイパルは関知しない。オフィスの誰かが誰かのためにパーティを企画し、金を集める必要があるようなときに、ペイパルを使う。企画した人間が、全員に支払い方法も明記して金を催促する電子メールを送る。ペイパルでは、支払いを次の三つの方法で受け取る。取引（もしくは支払い）の金額をクレジットカードに請求する。当座預金から引き落とす。個人の小切手が入金されたペイパル口座から差し引く。支払いを受ける者は、オンラインでの買い物や支払いの分の金を、自分の口座に入金してもらうか、ペイパルの小切手を受け取るか、あるいは当座預

金口座に送金してもらう。ペイパル口座を作るのが一番簡単だ。支払いをするときは名前と電子メールのアドレスをいい、クレジットカードの情報や請求先の住所を伝えればいい。

こうした相互利用可能なバンキングと電子商取引機能は、ｅベイすら驚愕するほどにインターネット市場を急激にフラット化した。ｅベイのＣＥＯメグ・ホイットマンの説明によると、ペイパルがなかった頃は、「一九九九年にｅベイで取引をするときには、買い手は小切手か郵便為替で支払うしかなかったんです。つまり紙を使うシステムですね。電子的に送金する手段はなかったし、取引が少額なので、クレジットカードの口座を開設する資格もなかった。ペイパルの登場によって、『個人』がクレジットカードを介した支払いを受け取れるようになったんです。われわれはｅベイの『個人』の売り手に、クレジットカードで支払いができる。これで競技場はほんとうに平坦になり、商取引の摩擦が減りました」それどころか、あまりにも便利なので、ｅベイはペイパルを買収した――それもウォール街の投資銀行家の勧めではなく、利用者《ユーザー》の勧めに従って。

ホイットマンはいう。「ある朝目が覚めると、ｅベイ利用者の二〇パーセントがこういうんです。『ペイパルを使います。それで支払ってください』われわれはそのときには、『この人たちは何？　何をしようというの？』最初は抵抗して、ビルポイントという自分たちのサービスを立ち上げました。そして、二〇〇二年七月にｅベイ・ライブ〔コンベンション〕をやったときに、たいへんな議論になったんです。ユーザーたちは、こういいました。『あんたたち、争うのはやめてくれないか。われわれは一つの標準規格《スタンダード》が必要なんだ――ところで、われわれはペイパルというスタンダードを選んだ。あんたたちｅベイが自分たちの〔スタンダード〕にしたいのはわかるが、向こうが標準になっている

んだよ』そこでわれわれは、ペイパルを買収しなければならないと悟ったんです。向こうが標準であり、われわれはそうではなかったから……最高に素晴らしい買い物になりましたよ」

ウェブサービスとワークフローが進化していくと、歯科医の予約をこんなふうにとることになるだろう。まず、どこの歯医者でも予約がとれる共通のスタンダードがなければならない。自分のコンピュータに音声で指示する。コンピュータが音声を自動的にデジタル指示に変換する。自分の予定表と歯科医の予約可能な日時が照合され、三つの選択肢が示される。そこで都合のいい日時をクリックする。予約日の一週間前に、念を押すために歯科医の予定表が電子メールで自動的に送られてくる。前夜にはコンピュータの音声メッセージによる電話で、予約の確認が行なわれる。

しかし、このフェーズに達するワークフローと、われわれが望むような生産性向上のためには、「共通のスタンダードがもっともっと必要だ」とIBMのコーリーはいう。「ビジネスの作業のやり方に関するスタンダードが。XMLのような通信スタンダードでの接続が進めば進むほど、標準化したビジネスプロセスが使われるようになる。作業を切り分けて、世界のどこかでやらせるために断片を送るのが容易になる。それによって生産性が上がれば、それにつれてデジタルのエコシステムの共同作業が、よりよく、より安く、より早くできる。雇用者は、人間的触れ合い、高付加価値、カスタマイズされたイノベーション、他社との差別化を進めるサービスに、神経を集中できる。スタンダードはけっしてイノベーションをとめない。本来は余分のものをかなり取り除くことができ、ほんとうに重要な物事に集中できるようになる」

最新の超スタンダード

こんなふうに、ワークフローはさらに新たな段階へ進もうとしている。コンピュータと人間向けに、ドキュメントや作業を表示して共有する標準化された方法がどんどん創り出されたことにより、ローンやクレジットカードの支払いなど、特定の商取引では、作業手順のスタンダードができあがっている。こうした革命が進んでいるのは、ＡＪＡＸ（非同期ジャバスクリプト＆ＸＭＬ）という新しいコーディングの手法が出現したからだ。ＡＪＡＸは、機能の豊富な最新のウェブベース・ビジネスツールを簡単に駆使できるので、オンラインで会社をきわめてローコストで運営できる。会社の運営とは、在庫管理、顧客との密接な結びつき、社員募集、プロジェクト管理、生産管理、スケジューリング、予算策定、人的資源などを把握することだ。ビジネスウェブと呼ばれはじめているこのサービスでは、こうしたツールにウェブ上でアクセスし、ウェブ上で使い、ビジネスデータも自分のコンピュータではなくウェブ上に保存する。いずれはこうしたウェブ配信サービスが、購入してインストールし、アップデートし、アップグレードし、他のシステムと統合するという既存のビジネス・アプリケーションの一部に、取って代わることになるだろう。

そうなると、ワークフローは飛躍的に前進する。マイクロソフトのもう一人のＣＴＯレイ・オジーは、これを〝インターネット・サービスの普及〟と呼んでいる。仕組みを説明しよう。ウェブのあちこちに、インターネットをベースとするサービス企業が出現している。こうした企業――たとえばセールスフォース・ドットコムは、一定の料金で、ウェブ上のビジネス・アプリケーション・ライブラ

リにアクセスできるようにしている。オンラインで接続すれば、ビジネスを運営できる。こうしたアプリケーションは、従来のソフトウェアと同じように動かすことができ、幅広いビジネス作業を処理できる。大きな違いは、こうした管理ツール、データ、写真が、自社のコンピュータに保存されるのではなく、はるか離れたセールスフォース・コムのプラットホームに保存されるということだ。こうしたツールは、インターネット上で配信されるし、標準のウェブ・フォーマットで書かれているので、インターネットに接続できる環境であれば誰でもアクセスできるし、どんなビジネスとでも相互利用が可能だ。ワークフローをこの段階に引き上げたのは、AJAXである。このウェブ開発手段によって、インターネットの複雑なビジネス・ソフトウェアをウェブページに貼り付け、単純なブラウザでも、アマゾン・ドット・コムのページを見るのと同じくらい簡単にアクセスできるようになった。AJAXの登場によって、ありきたりのソフトウェアを使ってパソコンで処理するように、インターネット上であらゆる文章やデータやビジネスを処理できるようになった。セールスフォース・コムにユーザー一人当たり月六五ドルを支払えば、ウェブ上のプラットホームを使用できる（五人以下の会社ではユーザー一人当たり一七ドル）。ソフトウェアは所有するのではなく、レンタルするものになった。アップグレードやメンテナンスを自分でやらなくていいわけだ。

「われわれのサービスのアップグレードは、毎日やっているし、ウェブ・スタンダードを使ってサービスを構築し、配信しているので、アップグレードは瞬時にできるし、世界中のどんな顧客でも即座にアクセスできる」セールスフォース・コムの副社長兼法務・政策・企業戦略担当役員のケン・ジャスターはいう。「われわれは情報とデータを移動しようとしているだけではなく、仕事を進めるうえ

でのビジネス・ソリューションやベストプラクティスを共有しようとしているんです——企業内と企業間の両方で」

ワークフローを潤滑にやるために、企業がセールスフォース・コムのオンライン・ビジネスツールを使い、ビジネスプロセス・チームは会社と得意先の両方に有益なカスタマイズされたソリューションをまとめあげたとしよう。それを今度は他者が使えるツールとして、セールスフォース・コムのプラットホームに戻す——無償でもいいし、そのビジネスプロセスのイノベーションについて料金をとってもいい。原則的にセールスフォース・コムはそんなふうに顧客やパートナーを利用してプラットホームを拡張し、多種多様なビジネスにいっそう食い込んでゆく。顧客は実質的にセールスフォース・コムの販売・研究開発チームになるわけだ。

「顧客が自分用のアプリケーションをこしらえるほうが、われわれがやるよりもずっと速く、なおかつ簡単です」二〇〇五年四月一二日のinternetnews.comで、セールスフォース・コムCEOのマーク・ベニオフが述べている。セールスフォース・コムには膨大なビジネスプロセス・アプリケーションのライブラリがあるので、ワンマン会社からIBMに至るまで、どんな企業でも利用できる。セールスフォース・コムを利用する顧客で自分が気に入っているのは、上海の三〇歳前後のビジネスマン、ジャスティン・リウとその会社プロタイム・コンサルティングだと、ケン・ジャスターはいう。リウの会社は、中国に直販店があるソニー、ハイアット、エスティローダーなどの世界的企業の電子市場やウェブサイトでの事業を手伝っている。社員はいまや三〇人で、年商は一〇〇万ドルである。「ビジネスはすべてセールスフォース・コムを使い、ウェブでバーチャル的にやっています」とリウはい

う。「ウェブ配信のサービスのおかげで、コストを抑えながら、重要なことに集中でき、売上を増やして、急成長できたんです」

例を挙げよう。セールスフォース・コムのオンライン電子メール・マーケティング・システムを使い、大量の電子メールを送る。SFA（セールス・フォース・オートメーション）システムで、これまでの販売データを処理する。CRM（カスタマー・リレーションシップ・マネジメント）システムによって、全顧客との相互関係の記録を整理する。これらの三つのアプリケーションからリウは知的財産を得ている、とジャスターはいう。だから、ごく小さな資金で会社を興すことができる。

私は、ビジネスウェブを使ってオーガニック・ビタミンを販売している新規企業のことを知った。この企業は、ヤフーに毎月料金を払い、誰かが〝オーガニック・ビタミン〟という言葉を検索すると、自分の会社のバナーがポップアップするようにした。さらに、管理部門の運営にはセールスフォース・コムを使う。そして、プライベート・ブランドのオーガニック・ビタミンを製造してくれるメーカーを見つけた。大当たり！　資金はほとんど使わず、自宅にいながらにして――ただしヤフーの検索の力と、セールスフォース・コムの後方業務の処理能力を借りて――大手ドラッグストア・チェーンと競い合っている。

ビジネスウェブは、ジャスティン・リウのような中小ビジネスにたずさわる者が、数年前だったら大企業しか手に入れられなかったようなビジネスツールを手に入れるのを簡単にした。また、ビジネス用ソフトウェアの供給者の力の均衡に、過激な変化を引き起こすような環境をこしらえた。当然、次の段階では、ビジネスウェブはビジネスサービスの場でｅベイに似た存在に発展するに違いない。

ソフトウェア開発者や企業家は、どこにいようと——上海だろうとバンガロールだろうとシリコンバレーだろうと——アプリケーションを作成し、セールスフォース・コムのようなウェブ・プラットホームに自分たちの革新的発想をつなぎ、マーケティングや情報発信のためにそうしたプラットホームの力を借りればいい。そうすれば、ソフトウェアの商品化に必要とされる莫大な投資をしなくても、世界中に販売できる。

「ビジネスウェブは、まだ始まったばかりだ」二〇〇五年一一月の幹部社員への覚書で、ベニオフはいましめている。「ソフトウェア産業は、この二〇年のあいだに起きたどんなことをもしのぐ変化を経ているところだ。まさにパソコンの登場とも比較されるような変化を……インターネットの世界では、サービスが消費者向けと企業向けのソフトウェアを駆逐しつつあることは明らかだ」ベニオフのお気に入りの表現を使えば、「マイクロソフトはもっとソフトウェアを買わせたい。われわれはソフトウェアの終焉を見届けたい」

マイクロソフトもこれに気づいた。二〇〇五年一一月九日の《ニューヨーク・タイムズ》が報じたところによると、レイ・オジーCTOが幹部社員向けの社内回覧文書で警告したという。マイクロソフトは基本的な方針変更を行なわないかぎり、「インターネット・サービスを提供する多数の企業に対して競争力の面でかなり不利な立場に追い込まれる」。その数日後、マイクロソフトは二つの新しいサービスを提供すると発表した——ウィンドウズ・ライブとオフィス・ライブの二つで、最も人気のある製品二つを実質的にビジネスウェブ・バージョンにするというものだった。数週間後、今度はグーグルが、マイクロソフト製ではないダウンロード可能な無料ソフトウェア一式を提供すると発表

した。これはおもしろいことになってきた！

ビジネスウェブがマイクロソフトにとって大きな難問になることは間違いない。しかし、私はマイクロソフトを空売りしないし、ソフトウェアをすべてゴミ箱に捨てることもしない。企業が個別のシステムを使う時代が終わり、相互に連結し、依存するシステムに移行しつつあるのは確かだ。企業は大小を問わず、ビジネスウェブを使うだけで、複数のシステムから成る相互利用可能なシステムを、自社のシステムに積み重ねられる。どの個別のプログラムも、貸し出しや積み重ねを随意にできる。バーチャル・カンパニーのできあがりだ——どんどん普及するに違いない。なにしろ、数年前には大企業しか所有できなかったような強力なワークフローのツールを、中小のビジネスが利用できるのだ。

しかし、忘れてはならない。自分がこうした標準化されたワークフロー・ツールを持てるということは、ほかの誰でも持てるということなのだ。それに加えて、独自の製品やサービスが必要になる。また、どんなものであれ、中心となる事業にITを導入するには、独自の手法が必要な場合が多い。ウェブを使って安価にCRMを利用できるのはありがたいことだし、効率的なワークフローがあれば助かる。しかし、その前に自分たちの顧客がいなければならない——会社に競争力を持たせる持ち味がなければならない。つまり、経営者としての先見の明、イノベーションに加え、独自の製品やサービスを創りあげるために、独自のソフトウェアのツールとシステムが必要になる。競争力となる持ち味——敵を撃退する城壁のようなもの——をつねに創造し、強化し、具体化する。それには独自のソフトウェアや製造プロセスや市販アプリケーションが必要だろう。すべてをウェブの在庫でまかなうことはできない——できたとしても、競合他社にも同じことができる。たとえば、債券ファンドを運

営するとして、債券取引をとどこおりなくできる現存のスタンダードやワークフローは、たいへんありがたい。しかしながら、儲かるか損するかを決定する債券の売買は、自分だけの必勝法に従って行なうことになる。だから、顧客に既製のソリューションを提供するマイクロソフトやＳＡＰのような抜け目ない旧来の大手ソフトウェア会社にも、まだ存続の余地はある。それに、マイクロソフトがじっさいにやったように、プログラムの一部をビジネスウェブで公開することもあるだろう。

しかし、われわれが目の当たりにしているこのワークフローにおける革命――通信プロトコル、ウェブでレンタルできるビジネスプロセスのスタンダードなど――が、実験とイノベーションを爆発的に推し進めることは間違いない。この旋風からたくさんの新製品や新サービスが生まれるだろうし、既製の商用ソフトウェアやＩＴシステムの進歩も促すだろう。そして、爆発の煙が晴れたときには、仕事に対する考え方、ワークフローの発想、起業のやり方までもが、急激に変わっているに違いない。「ワークフロー・プラットホームは、ヘンリー・フォードが製造業にあたえたのと同等の影響を、われわれがサービス業に及ぼすのを可能にしている」インドにいてアメリカ企業の会計を請け負っている企業家ジェリー・ラオはいう。「われわれは作業をパーツに分解して〈標準化し〉、それが最も得意な人間に割り振る。それをバーチャルな環境でやっているので、同じオフィスに隣り合って座っている必要はない。あとでパーツをまた本社〈もしくは別の遠隔地〉で組み立てる。これはけっして小さな革命ではない。大々的な革命だ。ボスと部下がまったく別の場所にいてもかまわない」こうしたワークフロー・ソフトウェア・プラットホームは、「バーチャル・グローバル・オフィスを実現し、オフィスや国の境界線に制限されず他国の優秀な人間にアクセスして、やってもらいたい仕事をリアル

タイムでやらせることができる。だから、三六五日、週七日、一日二四時間、われわれは働いている。こうしたことは、またたくまに起きた――この二年か三年のあいだに」

創世記：フラットな世界のプラットホーム現わる

ここでひと息入れて、状況をとっくり検討しなければならない。なぜならこの時点で、世界フラット化のプラットホームが現われはじめたからだ。まずベルリンの壁が崩壊し、ウィンドウズが開き、パソコンが普及した。それらが重なって、個人が自分のコンテンツを作りあげてデジタル化することが、これまでになく簡単になった。インターネットがひろまって、ウェブの時代が始まり、ブラウザや光ファイバーのおかげで、人間同士の結びつきがいまだかつてなかったほどひろがった。従来では考えられなかったようなわずかな費用で、デジタル・コンテンツを互いに楽しめるようになった。最後に、標準化された送信パイプとプロトコルの登場により、だれでもコンピュータやソフトウェアを互いに接続できるようになった。また、ビジネスプロセスの標準化の発展を促し、特定の商取引や作業手順のスタンダードができあがった。つまり、さらにより多くの人々が切れ目なく結びつき、よそのデジタル・コンテンツについてむらなく共同作業を行なうのが、これまでになく楽になった。

こうしたことが組み合わさって、共同作業のためのまったく新しいグローバル・プラットホームのおおざっぱな基礎ができあがった。こうした世界フラット化の創世記は、一九九〇年代半ばから末にかけて形を成していった。この新しいプラットホーム（たとえばビジネスウェブ）が完全に姿を現わして集束するまでには、さらに時間を要した。それが実現するのは二〇〇〇年代の話だ。しかし、こ

の一九九〇年代半ばから末にかけて、人々は大きな変化を感じはじめていた。共同作業のためのプラットホームが突然使えるようになり、世界のどこからでもプラグ&プレイができ、競争に参加し、接続できるようになった——作業をシェアし、知識を分かち合い、会社を立ち上げ、商品やサービスを創造したり売ったりできるようになった。「特異な性質を備えたこのプラットホームの創造は、きみがいう世界のフラット化を可能にする、永続的な一大飛躍となったんだ」と、マイクロソフトのクレイグ・マンディは断言する。その理由について、ＩＢＭのジョエル・コーリーはこういっている。「お互いのコミュニケーションが増えただけではなく、共同作業もできるようになった——連合、プロジェクト、製造をともに行なえるようになった——従来とはまったく違う水準で」

まだ初期段階のこのプラットホームは、このあとに登場する六つのフラット化の要因を生み出す役割を果たした。もっと正確にいえば、共同作業の六つの形である。〝アップローディング〟〝アウトソーシング〟〝オフショアリング〟〝サプライチェーン〟〝インソーシング〟〝インフォーミング〟と、私は呼んでいる。これらの新しい形の共同作業は、フラットな世界のプラットホームの出現と、その大幅な強化によって可能になった。従来なかったこうした手法で共同作業を行なうありさまを身につけてゆくにつれて、われわれはいっそう世界のフラット化を着実に進めることになる。

歴史の転換点はここだと宣言するのには、いつでも危険がともなう。人間は、自分の生きている時代に起きていることこそ重要だと思い込みがちだからだ。しかし、このフラットな世界のプラットホームの創世記と、そこから誕生した六つの新しい形の共同作業は、後世に人類史上最も重要な転換点——印刷機や電気の発明にひけをとらない重大事——と見なされるものと、私は確信している。それ

まで誰かが生き延びて見届けなければならない——ひょっとして読者諸氏か私が。

フラット化の要因 4

アップローディング：コミュニティの力を利用する

アラン・コーエンは、大人になって初めて「アパッチ」という言葉を聞いたときのことをいまだに覚えている。西部劇を見ていたわけではなかった。IT関連市場がにわか景気だった一九九〇年代、コーエンはIBMの幹部社員で、始まったばかりの電子商取引を担当していた。「チームと八〇〇万ドルの予算を任されていた」とコーエンは当時のことを語っている。「マイクロソフトやネットスケープやオラクルやサンとまっこうから勝負していた——どこも大物だ。われわれは電子商取引という莫大な金が賭けられた勝負を闘っていた。IBMは電子商取引でのソフトウェア販売にかなりの実績があった。ある日、私は部下の開発主任にたずねた。『ジェフ、この電子商取引システムの発展過程を教えてくれないか。基本のウェブサーバーはなんだ?』すると、『アパッチの上に作られています』という返事があった。最初に頭に浮かんだのはジョン・ウェインだった。『アパッチとはなんだ?』ときくと、ウェブサーバー・テクノロジーのフリーウェアだという。オープンソースのチャットルームのようなものをオンラインでやっているコンピュータおたくの集団が無料で提供しているというのだ。私は唖然とした。『どうやって買えばいい?』ときくと、こういわれた。『ウェブサイトから無料

でダウンロードできますよ』私はきいた。『具合が悪くなったときは、誰がサポートするんだ？』すると、『わかりません——ちゃんと動きますよ！』という答が返ってきた。それが私のアパッチ初体験だ……。

念のためいうが、当時、マイクロソフト、ＩＢＭ、オラクル、ネットスケープは、こぞって商用サーバー・ソフトウェアを作ろうとしていた。いずれも大手だ。ところが、開発主任は、そんなものはインターネットから無料でダウンロードできるという！　大手企業の経営陣が戦略を練っているあいだに、チャットルームの連中が突然事態を牛耳ってしまった——という感じだった。私はしつこくきいた。『誰がアパッチを管理している？　要するにその連中は何者なんだ？』」

そう、チャットルームのコンピュータおたくが、自分たちの使うソフトウェアを決めると、みんなが使うソフトウェアがそれに決まってしまう。おたくのコミュニティが、共同で新しいソフトウェアを設計し、それをアップロードして世界中に配っているからだ。これをコミュニティ開発ソフトウェアという。フラットな世界のプラットホームのおかげで、おたくたちはウェブ上でニュースやオピニオンまで提供して、ニュース配信の仲介者は締め出されている。いわゆるブログと呼ばれるものだ。文献の世界のおたくのコミュニティでは、自分たちの百科事典の項目まで書き、それも全世界にアップロードしている。昔ながらの大部な紙の百科事典はもとより、エンカルタのような電子百科事典すら押しのけられようとしている。これはウィキペディアと呼ばれている。学生寮《ポッド》にいるおたくたちは、自作の歌、ビデオ、詩、ラップ、評論を、私やあなたや世界中に向けて発表し、ミュージック・ストアや伝統的なコンテンツの供給者を締め出している。これはポッドキャスティングと呼ばれている。

アマゾン・ドット・コムに書評を寄せるおたくたちもいて、書評の世界でかなり重要な位置を占め、《ニューヨーク・レビュー・オブ・ブックス》や《ニューヨーク・タイムズ・ブックレビュー》のような昔ながらの権威ある書評媒体の独占性は薄れてしまった。いずれアマゾンは書物をすべてオンラインで出版するようになるのではないかと思う。また、eベイのおたくたちは、早くもバーチャル商取引コミュニティを創りあげ、星で点数をつけて、売り手と買い手の信頼性を厳しく管理している。テロリストおたくのアルカイダは、BBCやCBSの取材など待たずに、自分たちのニュース報道、脅迫、演説をどんどんアップロードし、AOLやMSNを通じて、個人のコンピュータにテロ・メッセージを送りつける。

アップローディングには、こんなふうにさまざまな形態がある。フラットな世界プラットホームの創世記は、コンテンツを作成できる人間を増やしただけではなく、コンテンツに関して共同作業ができるようにもした。従来のヒエラルキー的な組織や機構を経なくても、個人もしくは自己発生的なコミュニティが、ファイルをアップロードし、コンテンツをグローバル化できるようにもなった。

個人やコミュニティが、営利企業や旧来のヒエラルキーから受け身にダウンロードするのではなく、自分たちの製品をアップロードして、それもしばしば無料でひろめるというこの新たに見出された力は、想像力、イノベーション、政治勢力の結集、情報の収集と流布の流れを、根本的に作り変えた。そうした事柄を、独占的なトップダウンからボトムアップに変え、グローバルには横並びの現象にした。従来の企業や機構の内部だけではなく、その外でもそれが起きている。アップローディングがフラットな世界で最大の革命的な共同作業の形態になりつつあることは間違いない。いまやわれわれは、

ただの消費者ではなく生産者にもなれるのだ。

四番目のフラット化要因に〝アップローディング〟という概念を（こういった背景のもとで）当てはめたきっかけは、《ワイヤード》誌の共同創刊者で〝一匹狼経営者〟のケビン・ケリーの素晴らしい論文（二〇〇五年八月）だった。ネットスケープ後にインターネットが大幅に拡大した頃には、「光ファイバーでも電話回線でも、使用回線容量が非対称的だった。つまり、ダウンロードの割合が、アップロードをはるかにしのいでいた」と、ケリーは指摘する。「その時代には、ふつうの人々は生産者ではなく消費者だからアップロードなど必要ない、という独断的な考えが大勢を占めていた。ところが現在、新インターネット政権ではビットトレントがおおいに売り出している。〔ビットトレントはユーザーが自分のオンライン音楽ライブラリをアップロードし、それを他の人々がダウンロードできるウェブサイト〕……われわれの通信インフラは、聴衆から当事者へと大きく移り変わった第一歩を踏み出したにすぎないが、二〇一〇年代はそれが中心になるだろう」ケリーはなおもいう。「将来、誰もが（平均的に）歌を作り、本を書き、ビデオを撮り、ウェブログを作成し、プログラムを書くようになる……データの流れが対称的になったらどうなる――いや、クリエーターのほうが多くなったら？　ダウンロードよりもアップロードのほうが多くなったら、どうなるのだろう？」

きちんとした製品や複雑な物を製造するには、ヒエラルキー的な組織や機構が必要だから、まだだいぶ先のことだろう。そうした作業を行なって世界に乗り出すには、トップダウンの垂直統合が不可欠だ、というのが従来の発想だ。しかし、新たに見出されたアップロード能力――フラットな世界のプラットホームがじかに生み出した――のおかげで、個人であろうとコミュニティの一部であろうと、

かなり複雑な物を製造できるようになった。ヒエラルキーも資金も、以前ほどには必要とされない。アップローディングの三つの形態――コミュニティ開発ソフトウェア、ウィキペディア、ブログとポッドキャスティング――について、これから詳しく述べていきたい。

コミュニティ開発ソフトウェア

コミュニティ開発ソフトウェア運動は、オープンソーシング・コミュニティとも呼ばれる。もともとは、企業や急ごしらえのコミュニティが、ソースコード――プログラムの設計図として人間がプログラミング言語で書いたもの――をオンラインで公表すべきだという考え方から生まれた。そうすれば、みんなで改良できるし、何百万人もがダウンロードして利用できる。フリーランスのエンジニアのチャットルームのようなコミュニティだと思えばいい。みんなで協力して、ソフトウェアをこしらえ、それがうまく歌ったり踊ったりできるように、みんなでソースコードを改善する。そのオープンソーシング・コミュニティのライセンス・ルールに従うかぎり、それを使うこともできる。こうしたコミュニティは、同じ基準に従っているようでいて、一つの大きな問題では、二つの派閥に分かれている。一派をかりに〝知的財産共有コミュニティ〟と呼ぶことにしよう。こちらは、コミュニティの一員が市販のソフトウェアの基礎にソースコードを使うことも、基本的に許可している――どの集団が最初にそれをこしらえたかを認めさえすればいい。したがって、そのソフトウェアが下流に流れ、徐々に改善され、改訂され、補われても、最初にこしらえたコミュニティに著作権があることを認めなければならない。別の一派をかりに〝フリーウェア運動〟と名づけよう。こちらは、コミュニティ

が開発した無料のソースコードをもとに、派生的な製品を作った場合、自分のイノベーションの源がもとのコミュニティにあることを認め、そのイノベーションの内容をコミュニティ全体にフィードバックしなければならない。だから当然、製品は無料でなければならない。

私はコンピュータおたくではないので、これまではオープンソースの動きにあまり注意を向けていなかったが、よく見ると、気さくで鷹揚なボランティア連中が集まっているこの自己発生的なオンライン・コミュニティ自体が、驚異的な宇宙だとわかった。成功を収めた最初のコミュニティ開発ソフトウェア運動は、知的財産共有の手法を使った。出現した場所は、学術・科学のコミュニティだった。科学者の共同作業コミュニティは、従来は自立性が高かったが、私的なネットワークを（その後はインターネットを）通じて、知能を集め、知恵を出し合い、科学や数学の問題に取り組んでいた。アパッチ・ウェブサーバーのルーツは、こうした形のオープンソーシングだった。友人でITシステム・アーキテクトのマイク・アーゲローに、どうしてこうしたやり方で知識を分かち合い、作業を分担するのかとたずねると、こういう答が返ってきた。「IT関係の連中はみんなずば抜けて頭がよくて、頭のよさをみんなに知ってもらいたいんだ」世界初のウェブ・ブラウザを創りあげたマーク・アンドリーセンも、同じことをいっている。「オープンソーシングとは、要するにピアレビュー（研究者同士の相互技術評価）による科学なんだ。科学を学んだ人間が、こうした機会に貢献できる。いろいろな新発見をして、見返りに評判を得る。ビジネスを立ち上げられる場合もある。世界の知識の宝庫をもっと豊かにしたいと思っているだけのこともある。このピアレビューが肝心なんだ――いや、オープンソーシングはピアレビューそのものだといっていい。バグやセキュリティ・ホールや標準からの

逸脱がないかと、厳しく吟味される」市販品よりもすぐれた無料ソフトウェアを提供し、マイクロソフトやIBMのような大企業の鼻を明かすのが痛快だという人間もいる。

ソフトウェア開発の一形態であるこの知的財産共有について知った私は、チャットルームにはどういう男女がいるのだろうと調べた。そのうちに、先駆者の一人であるブライアン・ベーレンドルフを探し当てた。オープンソースのウェブサーバー・コミュニティであるアパッチを、アメリカ先住民の一族と見なすなら、ベーレンドルフは部族の長老に当たるだろう。サンフランシスコ空港に近いガラスと鋼鉄のオフィスで、私はベーレンドルフと会った。業務革新のためにオープンソーシングの利用を望む企業向けのソフトウェア開発に焦点を絞った新規企業コラブ・ネットがそこに置かれ、創始者のベーレンドルフはCTO（最高技術責任者）も兼任している。私はまず二つの簡単な質問をした。出身地はどこですか？　オンラインおたくのオープンソース・コミュニティをどうやってまとめて、IBMに匹敵できるものにしたのですか？

「両親は南カリフォルニアのIBMで出会い、僕はパサディナの北のラ・カナダという町で育った」ベーレンドルフはその頃のことを話した。「そこの公立学校は、学業の面では競争がものすごく激しかった。カルテック（カリフォルニア工科大学）が運営するジェット推進研究所で働いている親が多かったんだ。だから、僕も小さい頃から科学をかじっていた。あそこではガリ勉でもぜんぜんへいちゃらなんだ。家にはずっと昔からコンピュータがあった。買い物のリストは、昔のIBMのメインフレームで使っていたパンチカードにメモしていた。小中学校で基礎的なプログラミングを覚え、高校のときにはコンピュータにのめり込んでいた……一九九一年に卒業したんだけど、インターネットが

始まった一九八九年に、友だちがフロッピー・ディスクにダウンロードした『フラクティント』というプログラムのコピーをくれた。違法コピーではなくて、プログラマー集団が公表しているフリーウエアで、次元分裂図形《フラクタル》を描くためのプログラムだった。〔フラクタルとは、美術と数学の交錯したような美しい図形だ（図形の一部をどこまで拡大してもその内部に同種の複雑な構造が埋め込まれているような幾何学的図形）〕プログラムを起動すると、それの製作に貢献した科学者や数学者すべての電子メールアドレス一覧が画面を流れた。それがオープンソーシングの概念の初体験だった。無料でダウンロードできるプログラムがある。しかも、ソースコードまで公表されている。それに、一つのコミュニティによって作られている。頭のなかで、これまでとはまったく違うプログラミングの構図が描かれはじめた。ある種のソフトウェアを書くのに、興味をそそられる社会的原動力が働いていて、そうやってソフトウェアを書くことも可能なのだと気づきはじめた――それまで頭にあったのは、奥のオフィスの職業的プログラマーが、メインフレームを操って、情報を入力しては取り出し、作業を進めているといったイメージだった。そういう仕事では会計士とたいして変わらないし、あまりおもしろくない」

一九九一年に高校を卒業すると、ベーレンドルフはカリフォルニア大学バークレー校で物理学を学んだが、教室で学ぶ抽象的概念と、インターネットで見られるようになったスリリングな物事の落差に、たちまち欲求不満に陥った。

「その頃、大学に入学すると、学生一人一人にメールアドレスがあたえられた。それを使って学生同士でメールをやりとりしたり、出はじめていた音楽関係の掲示板をあれこれ見たりした」ベーレンドルフはいう。「一九九二年には地元のベイエリアの電子音楽を中心にしたメーリング・リストを持っ

ていた。誰かが掲示板やメーリング・リストをこしらえると、それがたちまち膨張する。僕たちは別のジャンルの音楽やDJのことを話し合うようになっていた。そのうちに、『どうせなら自分たちでDJを招いて、自分たちのイベントをやろうじゃないか』という話になった。共同のイベントになった。誰かがいう。『レコードならいっぱいあるよ』すると、別の誰かがいう。『音響システムを持ってる』別の誰かがいう。『格好のビーチを知ってる。真夜中に行けばパーティができる』一九九三年のインターネットは、まだメーリング・リストや電子メールやFTPサイト〔ファイル転送プロトコルを使って保存に使う置き場所〕ぐらいしかなかった。そこで、電子音楽のアーカイブを集めると、それをオンライン化しておおぜいの視聴者が利用するようにできたので、おもしろくなった。モザイク〔マーク・アンドリーセンの開発したウェブ・ブラウザ〕のことを知ったのはその頃だ。僕はバークレー・ビジネススクールのコンピュータ研究所に就職して、ひまな時間にモザイクその他のウェブ・テクノロジーを研究した。それがきっかけで、第一世代のウェブ・ブラウザやウェブサーバーを書いた連中と議論する掲示板ができあがった」

（ウェブサーバーは、家庭やオフィスのコンピュータをワールド・ワイド・ウェブのウェブサイトのホスト・コンピュータとして使うためのソフトウェア。たとえば、アマゾンはかなり以前からアパッチでウェブサイトを運営している。ブラウザでアマゾンにアクセスすると、ブラウザが最初に話をする相手はアパッチなのだ。ブラウザがアパッチにアマゾンのウェブページを要求すると、アパッチがウェブページのコンテンツをブラウザに送信する。インターネット・サーフィンとは、具体的にいうとブラウザがさまざまなウェブサーバーと交流することなのだ。）

「このフォーラムでティム・バーナーズ・リーとマーク・アンドリーセンが、こうした仕組みのあり方を討論しているのを見守ったものだった」ベーレンドルフはいう。「すごくおもしろかったし、過激なくらい、どんな方面の人間でも取り込んだ。博士号なんかほしくなかったし、自分の音楽好きのグループと、初のウェブソフトウェアを作ろうという共通の興味を持っているこういう科学者たちには、相似点がいろいろあると気づいた。しばらくそれ〔討論〕の推移を追ってから、友だちにその話をした。その友だちは《ワイヤード》誌の初期の社員で、社のウェブサイトを立ち上げてくれないかといった。それで、時給一〇ドルで雇ってもらい、電子メールと《ホットワイヤード》というウェブサイトを立ち上げた……広告収入で運営する初のオンライン・マガジンの一つだ」

《ホットワイヤード》は、パスワードを必要とする登録システム付きのサイトにしたいと考えていた――これが当時は問題だった。一九九七年にサロン・コムのためにアパッチの歴史を書いたアンドルー・レナードはいう。「当時はウェブマスター（ウェブサイトの情報管理者）の大半が、NCSA（イリノイ大学スーパーコンピュータ・センター。ここで画期的なブラウザのモザイクが誕生した）の開発したウェブサーバー・プログラムに頼っていた。だが、NCSAのウェブサーバーには、《ホットワイヤード》が必要とするような規模のパスワード認証機能がなかった。さいわいNCSAのサーバーは無料公開されていたので、ソースコードを自由に手に入れることができた。そこで、ベーレンドルフはハッカーの特権を行使した。新しいコード、つまりNCSAのサーバーのパッチをこしらえることで、問題を解決した」レナードはなおもいう。「その年の冬、NCSAのコードをいじくった頭のいいプログラマーは、ベーレンドルフだけではなかった。爆発的に拡大するウェブのあちこちで、いろいろなウェ

ブマスターが、自分のキーボードを叩いて物事を処理する必要に迫られていた。もとのソースコードは、主力プログラマーだったイリノイ大学の学生ロブ・マックールが（マーク・アンドリーセンやLynxの作者エリック・ビナとともに）、ネットスケープというあまり知られていないシリコンバレーの会社にひっさらわれて以来、仮想上《バーチャル》の埃をかぶったままになっていた。その間も、ウェブは拡張の一途をたどり――ウェブサーバーが対処しなければならない難問が続々と生まれた」そこで、ありとあらゆる種類のパッチが、バンドエイドよろしく次々と作られ、こちらの穴をふさぐ一方で、あちらに突破口をこしらえた。

やがて、こうしたパッチが、オープンソーシング方式でじわじわと新鋭のウェブサーバーをこしらえていった。しかし、NCSAがまったくそれに追いつかなかったので、さまざまなバージョンが使われ、パッチを交換するという方法がとられていた。

「僕はほとんどドロップアウトしかかっていた」ベーレンドルフは語る。「《ワイヤード》のウェブサイトを作るのがおもしろくてたまらなかったし、バークレーにいるよりも学ぶことが多かった。そのうちに、僕らの小さな作業グループのあいだで、NCSAが電子メールにぜんぜん返事をよこさないことが話題になった。向こうのシステムのためのパッチを作って送っているのに、何も反応がないんだ。それで僕らはいいはじめた。『僕たちのパッチにNCSAが反応しなかったら、この先、どういうことになるだろう？』改良を続けるのはいっこうにかまわないが、フィードバックがなく、われわれのパッチが統合される様子もないのが心配だった。そこで、パッチを交換しているのがわかっている人たちに連絡をとった……たいがい標準化作業グループ〔インターネット技術タスク・フォース〕

で、インターネット上でマシーンとアプリケーションが互いに結ばれるようにする最初の標準規格を定めようとしていた……それで、僕らはいった。『未来を僕たちで掌握し、パッチをすべて統合した自分たちの〔ウェブサーバー・ソフトウェアの〕バージョンを公表したらどうですか？』ＮＣＳＡのソースコードの著作権を調べたところ、改良されたものをこしらえた場合にはその成果を認めるというようなことが書いてあった――そして、それで支障が生じた場合には責任を持たない、と」ベーレンドルフはいう。「そんなわけで、あらゆるパッチを利用して、自分たちのバージョンを作りはじめた。フルタイムでウェブサーバーを作っている余裕のあるものは一人もいなかったけど、それぞれが時間をかけ、公開しながらやれば、既製品よりもずっとましなものができるはずだと思った――どのみち、そのときはそういう製品はなかったし。ネットスケープが初の市販ブラウザを発表するよりもずっと前の話だ。それがアパッチ・プロジェクトのはしりだった」

一九九九年には、もとのＮＣＳＡプログラムを完全に書き換えて、「アパッチ」という名前で共同作業をわかりやすい形にしていた。

「決定的で強い意味を持たせたかったから、この名前にした」と、ベーレンドルフはいう。「アパッチ族は押し寄せる合衆国軍に抵抗し、最後まで降伏しなかった部族だ。その頃僕らは、大企業が乗り出してきて、初期のインターネット・エンジニアが築いた土地を『文明化』するのではないかと怖れていた。だから、アパッチという愛称は納得のいくものだった。みんなもうまい語呂合わせだといった」つぎはぎ《パッチ》をはぎ合わせたつぎはぎ《ア・パッチィ》のサーバーというわけだ。

そんなわけで、ベーレンドルフとオープンソーシングの仲間たち――たいがいは顔を合わせたこと

もなく、オープンソース・チャットルームでメールをやりとりするだけ——は、いろいろな面において、バーチャルで、オンラインで、ボトムアップの、所有者も管理者もいないソフトウェア工場を創りあげたといえる。「ソフトウェア開発計画が一つあっただけで、調整や方向づけは、現われてコードを書きたいという人間のその場その場の姿勢によって決まった」と、べーレンドルフはいう。

しかし、現実にどういう仕組みで機能していたのか？　私はべーレンドルフにきいた。ただおおぜいで、監督する人間もなしで、コードをつなぎ合わせるなどということができるのか？

「ソフトウェア開発というのは、ソースコードを情報格納庫《レポジトリー》に入れるようなもので、CVS（バージョン管理システム）のようなツールによって管理される」べーレンドルフは説明する。「CVSサーバーが向こうにあり、僕のコンピュータにはCVSプログラムがある。それでサーバーに接続し、コードをコピーして、それを改良する作業に取りかかれる。自分のパッチを他人にも使ってもらいたい場合は、『パッチ』と呼ばれるプログラムを起動して、変えた部分を圧縮してまとめた新規ファイルを作成する。これがパッチ・ファイルと呼ばれるもので、もらった人間はそれを自分のコードのコピーに適用してみて、そのパッチの影響を確かめる。サーバー（管理の厳しい監視委員会によって書き換えを制限されている）に正しく貢献できるとわかったら、そのパッチをレポジトリーに入れ、ソースコードの一部とする。CVSサーバーは、あらゆるものを追跡しつづけ、誰が何を送ってきたかを掌握する……つまり、レポジトリーに『読み取り専用アクセス』することはできても、変更を加える『実行アクセス』はできない。レポジトリーに誰かが手を加えたときには、そのパッチ・ファイルが他の開発者全員に電子メールで送られ、事後のピアレビューが行なわれる。具合の悪いところがあれ

ば、バグを修正する」

それで、信頼できるメンバーかどうかをコミュニティが判断する方法は？

「アパッチの場合、最初は心底信頼しあっている八人から始まった。新人が討論のフォーラムに加わって、パッチ・ファイルをそこで公表するようになると、お互いのあいだに信頼が生まれ、八人が一〇〇〇人に増える。われわれのは、ビジネス界から注目され、ＩＢＭの支援を受けた最初のオープンソース・プロジェクトだった」

サーバー一台で数千のウェブサイト――音楽、データ、テキスト、ポルノ――のホストをまかなえる実力を持つアパッチは、「インターネット・サービス・プロバイダーのあいだで圧倒的なシェアを持ちはじめた」と、サロン・コムのレナードはいう。ＩＢＭはＧＯという市販品のウェブサーバーを売ろうとしたが、市場のほんの一部しか取れなかった。アパッチのほうが技術が上だったし、しかも無料だった。だから、ＩＢＭはじきにアパッチを打ち負かすのは無理だと判断して、その陣営に加わろうとした。ここでちょっと考えてもらいたい。世界一のコンピュータ会社が、自社のエンジニアでは雑多なコンピュータおたくの寄せ集めのオープンソーシング作業に勝てないと判断し、自分たちのテクノロジーを投げ捨てて、おたくの群れに加わろうとしたのだ！

「僕はアパッチのスポークスマンみたいな立場だったから、ＩＢＭは最初、僕に連絡してきた」と、ベーレンドルフはいう。「ＩＢＭのいい分はこうだった。『〔アパッチを〕インターネット・コミュニティの枠にとらわれずにどう利用できるかを見極めたい。これを〔どうやれば〕継続させられるか、儲けを掠め取ることなく開発に貢献できるかを追求したい……』この新しいソフトウェア開発のモデ

ルは信頼でき、貴重だから、投資する。自社で開発しているものはよくないから捨てる、そうＩＢＭはいった」

アパッチに接近したチームを率いていたＩＢＭ幹部社員（現在はＣＡ〔コンピュータ・アソシエイツ〕ＣＥＯ）のジョン・スウェインソンが、そのあたりの事情を語ってくれた。「当時、オープンソーシングについてあらゆる論議がなされたが、収拾がつかなかった。アパッチの連中と組んだのは、われわれの疑問に答えてくれたからだ。有意義な話し合いが持たれ、〔非営利事業の〕アパッチ・ソフトウェア財団を作って、いろいろな問題を解決できるようになった」

ＩＢＭが費用を出し、ＩＢＭの弁護士がアパッチ・グループと協力して、著作権問題や企業への責任問題が生じない法的枠組みをこしらえ、そうした企業がアパッチを応用したアプリケーションソフトを作って有償で配布することのないようにした。標準の基本的ウェブサーバー設計思想《アーキテクチャー》の存在価値を、ＩＢＭは見抜いていた。それがあれば異種のコンピュータ・システムや機器が、標準化されたフォーマットで電子メールやウェブページを表示し、互いに話し合うことができる。しかも、それをオープンソース・コミュニティが無料でたえず改善するのだ。アパッチの協力者たちは、そもそも無料《フリー》ウェアを作ろうとしたのではなかった。ウェブ・サービングという共通の問題を解決しようとして、オープンソースを使ってただで協力するのが、やらなければならない仕事をやるのに最高の頭脳を集める最善の方策だと気づいたのだ。

「アパッチに取り組みはじめた頃、apache.orgというウェブサイトはあったが、法的な枠組みはなかった。だいたいビジネスと非公式な枠組みは、共存しづらい」とスウェインソンはいう。「コード

を吟味し、同意書にサインし、責任問題に対処しなければならない。〔いまでは〕誰でもアパッチのコードをダウンロードできる。契約事項はただ一つ、そのサイトのものだと認め、変更を加えるときにはその情報を伝えるということだけだ」情報の流れを管理するアパッチ開発プロジェクトがあり、実績を認められればそのプロジェクトに参加できる、とスウェインソンはいう。一種の能力主義だ。

ＩＢＭは、アパッチを使いはじめた時点で、コミュニティの仲間となり、貢献するようになった。当然ながら、ＩＢＭとの協力の見返りにアパッチ・グループが要求したのは、オープンソーシングにＩＢＭの最高のエンジニアを割り振り、他の連中と同じようにただで役に立つ作業をするようにということだった。「アパッチの連中は、金をもらうことには興味を示さなかった」スウェインソンはいう。「基礎《ベース》に貢献することを求めてきた。うちのエンジニアたちは、こういったよ。『アパッチを作っている連中は優秀です。こちらからも優秀な人間を出すようにといってます』最初、われわれの提案の一部は拒否された。自分たちの水準よりも低すぎるというんだ！　コミュニティが見返りに求めたのは、われわれの最善の貢献だった」

一九九八年六月二二日、ＩＢＭは自社のウェブサーバー新製品、ウェブスフィアにアパッチを組み込む計画を発表した。アパッチの共同作業コミュニティの流儀では、アパッチのコードを使って改良した場合、コミュニティ全体にその情報をフィードバックしなければならない。ただし、ＩＢＭのようにアパッチのコードを使って、特許権を有する市販品を製造することは許される。その場合、著作権がアパッチにあることを特許に明記すればよい。いい換えれば、一般庶民の知的集団によるオープンソーシングは、自分たちの作ったものをもとに市販品を製造することを奨励しているともいえる。

基礎を無料で公開するという方針の裏には、営利・非営利両方のエンジニアの参加を促せば、ソフトウェアがいつまでも強力で新鮮な状態を保てるという認識がある。

アパッチは現在では最も成功を収めたオープンソーシングによるツールで、世界中のウェブサイトの三分の二が使っている。世界中どこからでも無料ダウンロードできるので、ロシア、南アフリカ、ベトナムといった国でもウェブサイトの作成に使われている。ウェブサーバーにもっと機能がほしい個人は、アパッチをもとに作られたウェブスフィアのような市販品を買えばいい。

発売当時としては、オープンソース・プログラムを基本にした製品を販売するのは、IBMにとっては危険が大きかった。アパッチのベーシックなソフトウェアをもとに差別化をした一連のアプリケーションソフトをIBMが正々堂々と製造したことは、賞賛されるべきだろう。ウェブサーバー部門でIBMが業績を躍進させ、その分野でのリーダーシップを握って大きな利益をあげたことにより、このモデルは広い分野で採用された。

本書で何度もくりかえしているように、フラットな世界では、企業の立場からすると、ベーシックなもの――アイスクリームでいえばバニラ――には未来がない。ソフトウェアでもその他の分野でも、バニラ製造はオープンソース・コミュニティにシフトしてしまった。どんな企業でも将来的に利益をあげられるのは、こってりしたチョコレート・ソース、とろけるように甘いふんわりしたホイップ・クリーム、ジューシーなチェリーから、すてきなサンデーをこしらえる技術なのだ。オープンソースOSであるリナックスに企業向けのさまざまな機能を付け加えて販売し、いまではリナックス普及の主力となっているソフトウェア会社ノベル会長のジャック・メスマンが、うまいことをいっている。

「ソフトウェア会社は、大量にあるの〔ソフトウェア〕を改良して差別化する事業に乗り出しはじめた。オープンソース・コミュニティは、だいたいにおいてインフラに焦点を絞っている」(《フィナンシャル・タイムズ》二〇〇四年六月一四日号)

ＩＢＭのとった方策は重大な分岐点となった。なにしろあの「ビッグ・ブルー」(ＩＢＭの通称)が、オープンソーシングのモデルを推奨し、アパッチ・ウェブサーバーについて、オープンソース・コミュニティはただ役に立つ貴重なものではなく「その分野で最高の」ものを創りあげたと褒めそやしているのだ。だからこそ、オープンソーシングの動きは強力なフラット化の要因になり、その効果をわれわれはいま目の当たりにしている。ブライアン・ベーレンドルフはいう。「それによって個人の力がとてつもなく強まった。出身地も住んでいる場所も関係ない――インドや南アフリカにいても、シリコンバレーにいるのと同じように、こうしたソフトウェアを有効に使い、それに貢献できる」それ以前のビジネスモデルには勝者は一人しかいなかった――プログラムを書き、コードを独占し、ライセンス料を徴収する。「それに対抗するには、全員が勝者になるしかない」と、ベーレンドルフは結論を述べている。

もう一つのコミュニティ開発ソフトウェアの重要な手法は、フリーウェア運動だろう。openknowledge.orgのウェブサイトによれば、「フリーウェア運動は、一九六〇年代から七〇年代にかけてのアメリカのコンピュータ科学研究所(スタンフォード、バークレー、カーネギー・メロン、ＭＩＴ)の〝ハッカー〟カルチャーから生まれた。プログラマーのコミュニティは小さくて、関係が濃密だ。コミュニティのメンバーのあいだでコードが行き来する――改良点を見つけた場合には、そのコードを

開発者のコミュニティに教えなければならないとされていた。コードを独り占めするのはしきたりに反すると見られる——友人の作業の恩恵をこうむっているのだから、借りは返すのが当然というわけだ」。とはいえ、フリーウェア運動は以前もいまも、ソフトウェアは無料で誰でも手に入れられるべきだという崇高な理想に触発されたものであることに変わりはない。また、最高のソフトウェアをこしらえて無料で配布するには、オープンソーシングによる共同作業が欠かせない。フリーウェア運動の第一目標は、できるだけ多くの人間が製作や改良に参加し、無料で配布することにある。それによって、グローバルな企業の支配を脱する力をすべての自由な個人にあたえられるという確信が根底にある。

ウィキペディアによれば、一九八四年、あるＭＩＴの研究者と元ハッカーのリチャード・ストールマンが、ＧＮＵという無料ＯＳ製作とともに「フリーウェア運動」を始めたのだという。ストールマンは、フリー・ソフトウェア財団を設立し、ＧＮＵ一般公的使用許諾（ＧＰＬ）というライセンス方式を定めた。ＧＰＬは、変更をオリジナルのコードの著作権で管理することをユーザーが認めれば、コードをコピーし、書き換え、アップグレードするのを許可する仕組みになっていた。一九九一年、リーナス・トーバルズというヘルシンキ大学の学生が、ストールマンの発案した方式に従い、マイクロソフトのウィンドウズと対抗するＯＳのリナックスを開発して公表し、エンジニアやおたくにオンラインでの改良を——無料で——行なうよう呼びかけた。トーバルズが最初に公表して以来、世界中のプログラマーがそれを操作し、加筆し、拡張し、パッチを加えて、ＧＮＵ／ＬｉｎｕｘというＯＳを改良していった。その使用権許諾書には、誰でもソースコードをダウンロードして改善できるが、ＯＳ

アップグレードされたバージョンは誰でも無料で入手できるようにしなければならないと明記されている。リナックスはつねに無料でなければならないという方針をトーバルズは固守している。したがって、リナックスの性能を高めたり機能を付け加えたりした改良品のソフトウェアを販売するソフトウェア会社は、そういった市販品が、リナックスに著作権が属するコードを結合・分配したものではないようにするために、かなり神経を使わなければならない。リナックスのコードその他のフリーウェアは、ＧＰＬに則って製造・配布されている。したがって、リナックスのコードに新しいコードを結合して再配布した場合には、その改良もしくは結合の成果を、コミュニティが無料で使えるようにしなければならない。

　リナックスは、ウィンドウズと同じように、小型デスクトップ、ノート・パソコン、ＰＤＡ、腕時計型から、超大型のスーパーコンピュータやメインフレームに至るあらゆるコンピュータを動かす、同系列のＯＳ多数を提供している。つまり、安物のコンピュータを持っているインドの若者が、アメリカ企業の大規模なデータ・センターで使われているのと同じＯＳの構造を知ることも可能なわけだ。

　本書のこの章を書いているとき、私はある午後に、教育ＮＧＯワールド・ラーニングの委員同士のつきあいで妻が知り合ったパメラとマルコム・ボールドウィン夫妻が、バージニア州の田舎の大邸宅で開いたピクニックに参加した。世界がどれだけフラット化したかを地の涯で見届けるために、マリのティンブクトゥに行こうかと思っていると、私はランチの席で打ち明けた。すると、たまたまボールドウィンの息子のピーターが、おたく部隊《ギーク・コー》と呼ばれる団体に属して、マリで働いているという。この団体は、発展途上国に科学技術を導入する手伝いをしている。ピクニック・ランチの数日後、パメラ

から電子メールが届いた。ティンブクトゥに同行できないかと息子のピーターと相談してくれたという。ところが、さらにそのあとにパメラが書いていることを読んで、現地で知りたいと思っていた事柄がすべてわかってしまった。「ピーターは衛星を使う通信ネットワークを作るプロジェクトをやっているんですって。アンテナはソフトドリンクのペットボトルと車の窓ガラス保護用の金網だそうよ！　マリではみんなリナックスを使っているみたいで……」

フラットな世界でなければ聞かれない言葉だろう。

フリーウェア運動は、マイクロソフトその他のグローバルなソフトウェア企業にとって、深刻な問題になった。《フォーチュン》二〇〇四年二月二三日号はこう報じている。「どこにでもあるインテルのCPUを動かせるこうした強力な基本ソフトウェアの普及は、インターネットの爆発的成長と同時に起きた。リナックスは、プログラマーやビジネスユーザーのあいだでたちまち世界中にひろまった……革命は小さなリナックスのみにとどまらなかった……〔いまでは〕どんな種類のソフトウェアでもオープンソーシングの形で存在する。プログラマーの集うウェブサイトSourceForge.netは、開発されて改良中のプログラム八万六〇〇〇本という驚異的な数を掲載している。ほとんどはコンピュータおたく向けの小規模なプロジェクトだが、数百本はかなりの実用価値がある……三五〇ドルのマイクロソフト・オフィスや、六〇〇ドルのアドビ・フォトショップを金を出して買いたくないときには、OpenOffice.orgやGimpで驚くほど高品質の無料ソフトウェアが手に入る」グーグル、Eトレード、アマゾンといった大手企業は、インテルのCPUを使う汎用サーバーの組み合わせにリナックスをOSとして使うことで、技術的な経費を大幅に削減し――しかも、自分たちの使うソフトウェアをより

いっそうコントロールできるようになった。

しかし、たしかにリナックスやアパッチは、コミュニティ開発ソフトウェアの純粋な形で、自発的に協力するコミュニティによってアップロードされたものだが、ＩＢＭの協力のおかげで〝ブレンデッド・モデル〟のたぐいとなったのは、つい最近のことだ。無償でそれに貢献した人間もいれば、ＩＢＭに給料をもらって協力した人間もいた。ＩＢＭはそれによって自社のベーシックなソフトウェアにまつわるサービス、アップグレード、付属品を売ることができた。また、現在では、ベンチャーキャピタルがオープンソーシングの起業に出資するようになっているのを目にする。ソフトウェア会社に、プログラムを無償で公表させて、それをコミュニティに開発してもらう。新規企業は、ソフトウェアの付属品をコミュニティに販売して、利益を得る。たとえば、レッド・ハットは、リナックスその他のオープンソーシング・ソリューションの開発を支援し、それによってビジネスを築いた。レッド・ハットは、リナックス自体は販売しない――それは禁止されている――が、有償サポートを提供し、リナックスをそれぞれのビジネス向けにカスタマイズすることで収入を得ている。

将来は、こうしたブレンデッド・モデルが多くなるだろう。なぜか？　まず、複雑なソフトウェア・プラットホームを持続させる――つまり、たえず陳腐化しないようにし、バグを取り除き、改良する――には、それをめぐる経済が成り立つ必要がある。才能あるオープンソーシング・コミュニティのソフトウェア開発者は、無料のコードの開発に、大量の時間、注意、エネルギー、資源を注ぎ込む。コミュニティの誰かに経済的なインセンティブがあたえられなければ、最高の仕事をするのは難しいだろう。

リナックスの場合、マリの人々がそれを無料でダウンロードできるのは素晴らしいことだが、リナックスはもはや無償ソフトウェアの開発を行なっていない。これについては、現実を見つめなければならないだろう。ＩＢＭは、リナックスと競合するＯＳは販売していない。だが、マイクロソフトと競合するソフトウェアは販売している。そこでＩＢＭは、優秀なソフトウェア・エンジニアを雇ってリナックスを改良し、拡張版をウィンドウズと競合するＯＳに育てるにやぶさかでない――そしてマイクロソフトの利益を切り崩し、自社の得意分野におけるマイクロソフトの競争力を殺《そ》ぐというわけだ。サン・マイクロシステムズが、まさに同じ理由で、OpenOffice.orgを立ち上げた。サンのウェブサイトによれば、「OpenOffice.orgコミュニティは、二〇〇〇年にサン・マイクロシステムズによって創設された。これはサンを主要メンバーとする活発なコミュニティで、OpenOffice.orgのオフィス・スイートの機能拡張とサポートを行なっている」なんだ、儲け商売かよ。だが、ビジネスとはそんなものだ。消費者の目から見て重要なのは、こうしたコミュニティ開発ソフトウェアのブレンデッド・モデルが、競争を促して、無料とはいわないまでも安価なソフトウェアを大衆に提供することだろう。

いうまでもないが、コミュニティ開発ソフトウェアという途方もない考え方は、マイクロソフト周辺でも熱い議論になっている。ソフトウェア事業の中核である同社のいい分を聞く必要があるだろう。レッドモンドのマイクロソフト本社で話し合ったことの骨子は、次のようなものだ。コミュニティ開発ソフトウェア運動から生まれたブレンデッド・モデルは、商業的な競争のたんなる新しい形だから、けっしてごまかされてはいけない、というのが、マイクロソフト側の意見である。コミュニティ開発

ソフトウェア運動を始めた人間が——営利目的でないコミュニティ開発ソフトウェアという言葉の範囲内で——どう考えていたにせよ、何を望んでいたにせよ、現実の開発現場はそれとは違っている。コミュニティを基本とするソフトウェア開発は、いまやビジネスであり、他社同様、マイクロソフトにとっても将来性がある、というのだ。

私が話を聞いたマイクロソフトの幹部社員は、いまでもこう思っている。この形のソフトウェア開発には限界があるから、従来の営利的なソフトウェア産業が取り残されることはないし、またそうってはならない——それには理由がいくつかある。まず、イノベーションを行なった人間に、それに対する金銭的見返りがないとなると、画期的なイノベーションのインセンティブがなくなり、複雑になる一方のこの分野で進化を促進するのに必要な本格的研究開発のための費用が不足する。マイクロソフトは市場で圧倒的勝利を収めた標準的なOSを作ったことにより、マイクロソフト・オフィスの研究開発に数十億ドルの費用をかけ、それを一式二〇〇ドル足らずで売ることができた、というのがマイクロソフト側のいい分だった。マイクロソフトのクレイグ・マンディCTOは、こういういい方をしている。「イノベーション、報酬、再投資、さらなるイノベーションという素晴らしい美点を持つサイクルが、これまでずっとわれわれの産業の大きな原動力となってきた。われわれの知っているソフトウェア・ビジネスは、〝規模の経済〟が働くビジネスなんだ。ソフトウェアの開発には巨額の資金が必要だが、製造そのものにはほとんど費用がかからない。そして、大量に販売できれば、投資を回収できたうえに、次世代のソフトウェアの開発に資金を投入できる。しかし、ソフトウェアの代金を請求できず、ただ投げあたえるのに固執したら、ソフトウェア・ビジネスは規模による経済効果

という恩恵を受けられない。科学研究はこれからもコミュニティの努力に頼ることが多くなるだろうが、それは問題が複雑化していて、専門分野を横断して総合的に協力する必要があるからであって、個人よりも集団のほうがほんとうのイノベーションが生まれるという考え方が根底にあるからではないと思う。オープンソーシングはこれからも強力なトレンドでありつづけるだろうが、金銭的なインセンティブを排除したソフトウェア製作ではなく、学問の世界に昔からある知的財産共有モデルにもっぱら逆戻りするだろうね」マイクロソフト創始者のビル・ゲイツも、将来のソフトウェアは無償ではないと確信しているようだ。「〔イノベーションを推し進めるのに〕資本主義は必要だ。イノベーションは経済的報酬を受けるに値しないという運動を受け入れるのは、世界の進む方向に逆行する。中国人と話をすると、会社を興したいという夢を聞かされる。『昼間は理髪店をやっていて、夜はフリーウェアを作る』などという考えは彼らにはない……〔ソフトウェア〕システムにセキュリティ上の危機が発生したときに、『あの理髪店の主人はどこだ?』などというのはごめんだろう」マンディはさらに指摘する。「どんなビジネスを営んでいても、独自のソフトウェアやITシステムがないと、中核となる事業――その会社独自の存在価値――の競争力を具体的な形にして推し進めることはできないと、いずれは気がつくはずだ。誰もが無償ソフトウェアを手に入れられる世界で、競争力を身につけ、優位を保ちつづけるのは、容易なことではない」企業は、自分たちだけのために設計され、誰も所有していないシステムがほしい。自分たちのために設計され、誰も持っていないITツールがほしい。だから、まだ商用ソフトウェア・システムの活躍の場は膨大だ、とマイクロソフトでは考えている。最終的には規模と範囲がものをいう。現在では、学生やビジネスマンが世界のどこへ行っても、

コンピュータを起動すると標準となっているマイクロソフト・ワードがインストールされていて、それでビジネス報告書や論文を書けるのだから、これほどありがたいことはないだろう。私だって、どこかへ行ったときに、別のワープロ・ソフトを苦労して使おうとは思わない。それではワークフローが潤滑に流れない。

それでも、コミュニティ開発ソフトウェアが残るだろうと私が考えた理由を説明しよう。たしかに、経済的インセンティブがないと、どこかの時点で続かなくなるかもしれない。しかし、革新的進歩をもたらし、その進歩をウイルス並みの勢いでひろめたことで、コミュニティ開発ソフトウェアは、純粋なツールとしてきわめて強力であることを実証している。リナックスは二〇〇四年まで、マイクロソフトと正面きって戦える唯一のオープンソーシングOSとして名声を馳せてきた。しかし、二〇〇四年一一月、オープンソーシング・ソフトウェアを支援するNGOのモジラ財団が、マイクロソフトのインターネット・エクスプローラにはない特徴がいくつもあり、動作も早く、インストールも楽な無料ウェブ・ブラウザ、ファイヤーフォックスを公表した。科学技術ライターのランドール・ストロスが、二〇〇四年一二月一九日付《ニューヨーク・タイムズ》に書いている。「一カ月後に、モジラ財団は驚くべき記録を打ち立てた。なんとダウンロードが一〇〇〇万件に及んだのだ」ファイヤーフォックス愛好家の寄付により、《ニューヨーク・タイムズ》には二ページの広告が掲載された。ストロスはさらにいう。「ファイヤーフォックスの登場によって、オープンソーシング・ソフトウェアは、企業の非営利部門で人知れず使われるものではなく、家庭で、年配の両親までもが使うものになった。（子供たちは大学ですでに使っている。）洗練され、〔しかも〕インターネット・エクスプローラと同

じぐらい使いやすい」二〇〇五年一一月、発表から丸一年たったファイヤーフォックスは、世界のブラウザ市場のほぼ一〇パーセントを得ていた。ほとんどがマイクロソフトのインターネット・エクスプローラから奪ったものだ。ファイヤーフォックスがこれほど早くひろまったのは、コミュニティ開発という側面があったからだ。ユーザーが開発に貢献し、ブラウザに新しい特定のアプリケーションを付け加える拡張機能の多くは、ユーザーが作成した。二〇〇五年一一月には、機能を強化した新バージョンのファイヤーフォックス1・5が堂々発表された。

ファイヤーフォックスの出自を考えると、この爆発的な成長はじつに驚くべきだろう。ファイヤーフォックスは、じつはモザイクと、一九九八年にインターネット・エクスプローラによって打ち負かされた初期のネットスケープの末裔なのだ。ファイヤーフォックスは、オープンソース・ソフトウェアの例に漏れず、数多くのプログラマーが知恵を集めて改善した製品である、と《ワイヤード》二〇〇五年二月号は説明する。「このブラウザの成功にことに寄与した二人の人物がいる。黒い髪を突っ立て、痩せこけて、めちゃくちゃ活動的な、一九歳のスタンフォード大学二年生ブレーク・ロスと、がっしりした体格でおだやかな話し方をする、二四歳のニュージーランド人ベン・グッジャーである。ロスは一四歳のときに家族のAOLにログインして、ネットスケープのソースコードの管理を行なっていたプログラマー集団モジラ・グループのためにバグの修正を始めた。ネットスケープが重たすぎる〔よけいな機能が多い〕のがすぐに嫌になり、二〇〇二年には痺れを切らして、袂《たもと》をわかち、よけいなものをそぎ落とした、速く、使いやすいブラウザを開発しようと考えた。グッジャーは……ロスが二〇〇三年に大学に入学した時点で、その立場を引き継いだ。プロジェクトの問題点を処理して、

形を整え、昨年〔二〇〇四年〕末にファイヤーフォックス１・０として発表した。

つまり、一九歳のスタンフォード大学の学生と、二四歳のニュージーランド人が、それぞれはるかに離れた場所から、無報酬でオープンソーシング・コミュニティのために働き、インターネット・エクスプローラの市場の五パーセントを半年で奪うことになるブラウザを創りあげた。最初にアップローディングしはじめた――九年生のときにモジラのために働きはじめた――頃のことを、ロスは《ワイヤード》に次のように語っている。私の大好きな言葉だ。「信じられなかった――おおぜいが使うものをいじれるなんて。コードをちょっと書き換えると、有名な製品のウィンドウの変化をこの目で見ることができるんだ。世界中で使われているアプリケーションを変えることができるんだ」

ダウンローディングと対極にあるアップローディングの魅力を、これほどうまく表現した言葉は、ほかにはないだろう。

ずばりいおう。世界をフラット化すると、ソフトウェア産業に激しい淘汰が起きる。マイクロソフトやＳＡＰの旧来の商用ソフトウェア、セールスフォース・コムに代表されるビジネスウェブ・モデルのレンタル・ソフトウェア、投資されたコミュニティや才能ある個人が作るフリーウェアなど、さまざまな形式のソフトウェアがすべて足場を確保する新たな均衡状態が、いずれ生まれるだろう。

コミュニティ開発の問題解決

ブライアン・ベーレンドルフは、これからは個人も企業も、フラットな世界のプラットホームをど

んどん利用して、あらゆる製品についてコミュニティ開発イノベーションを行なうだろう、と断言している。二〇〇四年にコラブ・ネットという新会社を立ち上げたベーレンドルフは、企業内のソフトウェア・イノベーションを促進するツールとして、コミュニティ開発を使うことを奨励している。コラブ・ネットは、まずセキュリティのしっかりしたウェブサイトを作る。パスワードを知っている人間は、ソフトウェアのソースコードを見ることができる。欠陥を見つけるには、それが不可欠だからだ。そして、エンジニア、製品管理者、カスタマー・サポートの会議に参加し、ソフトウェアの改善を支援する。共同作業を促進して障害を乗り越えるための、完全にフラットで摩擦の少ない仕組みができる。「コラブ・ネットは、世界をフラット化する勢力に武器を供給している」と、ベーレンドルフはいう。「インド、中国、どこでもいい——コンサルタント、従業員、ただ家庭にいる人間などの個人が、共同作業をやれるようなツールとインフラを作るのが、この世界でのわれわれの役割だ。切り分けられた共同作業による開発のためのツール・キットを、われわれは提供する。サイバースペースでだけではなく、ボトムアップの開発を可能にする」コラブ・ネットは、企業が社内で共同作業を行ない、オープンソース・ソフトウェアを製造して陳腐化しないようにするのを支援するのが主な業務だが、コミュニティのイノベーションの力を引き出す効果に気づいているのは、ソフトウェア産業ばかりではない。二年前にこのオープンソーシングの手法を独創的に用いた企業がある。カナダの金鉱山会社ゴールドコープは、金鉱を見つけるのに〝われわれみんな〟の力を借りようとした。《ファスト・カンパニー》二〇〇二年六月号の記事は次のようなものだ。

一八四八年一月、カリフォルニア州サクラメント近くのジョン・サッターの製粉所で働いていた男が、質のいい塊金《ナゲット》をいくつか見つけた。たちまち五〇万人の炭鉱者が、にわか成金になろうとして、そこに殺到した。ゴールドラッシュの始まりである。それから一五三年たち、オンタリオ州北西部のレッド・レイクと呼ばれる古い鉱山で、新たなゴールドラッシュが勃発した。ただし今回は、宝探しをする人々は、探鉱の道具《ツール》に、つるはしとシャベルではなく、地理モデリング・ソフトウェアとデータベースを使っている。大当たりをとったのはオーストラリア人チームだった。しかも、このチームは鉱山にも行っていない。

トロントに本社のある産金会社ゴールドコープのロブ・マキューアンCEOが、世界の地質学者にきわめてとっぴな難題を叩きつけ、このゴールドラッシュを引き起こした。レッド・レイク鉱山に関する社のデータをすべてオンラインで発表するから、今後六〇〇万オンスの金を採掘できると思われる場所を突き止めてほしい、と告げたのだ。賞金総額は五七万五〇〇〇ドルで、最高賞金は一〇万五〇〇〇ドルだった。

鉱業界は度肝を抜かれた。「それまでも、オンラインの政府地質調査から膨大なデータを手に入れることはできた」オーストラリアのウェスト・パースに本拠を置くフラクタル・グラフィックスのマネジング・ディレクター、ニック・アーチボルドはいう。最高賞金を勝ち取ったチームである。「しかし、企業がそういう情報を公開して、〝これで一切合財だ〟というのは、前代未聞なんだ」

ゴールドコープ・チャレンジと呼ばれるこのコンテストのリスクを、マキューアンは充分認識

していた。まず、敵対的買収にさらされるおそれがある。しかし、古いやり方を続けていくほうが、もっと危険が大きい。「鉱業は、人間の最古の産業の一つだ」とマキューアンはいう。「ものすごく古い経済だ。しかし、鉱物の発見は、テクノロジーの発見に似ている。富を早く築くことで、期待を高め、収益性が改善される。金を早く発見できれば、企業価値がものすごく上がる」

おだやかな話し方をして、小柄で、きちんと刈り込んだ口髭をたくわえ、服装に乱れ一つないマキューアンには、動きの鈍い競合他社の経営者にはない大きな長所があった。マキューアンは鉱山が専門ではない。従来の鉱山会社の経営者のような考え方はしないし、鉱山会社で常識となっていることにもとらわれていない。若い頃は、投資関係の仕事をしていた父親に倣い、メリルリンチに勤めていた。だが、父親は金鉱の魅力に取り憑かれていたし、マキューアンも夕食のときに鉱夫や山師や、鉱脈を発見した場合の分け前の話を聞いたものだった。そのうちに、マキューアンも金の虫に取り憑かれ、二一世紀の金鉱山会社はこうあるべきだという好例を創りあげた。一九八九年、好機がめぐってきた。〝白馬の騎士《ホワイトナイト》〟として会社乗っ取りの戦いに加わり、伸び悩んでいるオンタリオの古い鉱山会社の多数株を保有する経営者になった。

夢がかなったとは、とてもいえなかった。金市場は低迷していた。鉱山の運営コストは高い。鉱山労働者はストを打つ。マキューアンは殺すという脅しまで受けた。しかし、その鉱山に将来性があることはわかっていた。「レッド・レイク金鉱区には、稼動中の鉱山が二カ所と古い鉱山が一三カ所あり、かつては合わせて一八〇〇万オンスを産出していた」マキューアンはいう。「その隣の鉱区は一〇〇〇万オンス。いっぽう、われわれの鉱区は三〇〇〇万たらずだ」

隣の鉱区を通っている豊富な鉱脈が、レッド・レイクの二万二〇〇〇ヘクタールのどこかにも通っているはずだと、マキューアンは考えた。問題はそれを見つけなければならないことだ。一九九九年にMITのセミナーを受けたことで、マキューアンの戦略は形をなしていった。世界中の企業経営者が集まり、ITの進歩について学んだ。やがて、リナックスOSとオープンソーシング革命に話題の焦点が移った。「オープンソース・コード！　私が求めていたのはそれだ！」といったのを覚えている」マキューアンはそのときのことを回想する。

マキューアンの論理はこうだ。リナックスがよりよいソフトウェアという大義のもとに世界の一流プログラマーを結集したのに倣って、レッド・レイクでもっと金鉱を発見するという問題を解決するのに世界最高のエンジニアをつのることができれば、通常手に入らないような数千人もの知恵を借りることができる。探鉱をスピードアップでき、鉱脈発見の可能性が高くなる。

超極秘データを世界に公表するという思いつきに、当初ゴールドコープの地質学者たちは驚愕した。「鉱業界は非常に保守的でプライベートな産業なんだ」ゴールドコープ・チャレンジの審査員をつとめた元カナダ地質調査所主任研究官の地球科学者ジェームズ・M・フランクリン博士はいう。「埋蔵量や探鉱については秘密厳守、というのが従来からの合言葉だった。だから、きわめて異例のもくろみだった」

だが、二〇〇〇年三月の同業界の会合で、マキューアンはゴールドコープ・チャレンジのことを発表した。たちまち外部からの反応があった。五〇カ国から一四〇〇人以上の科学者、エンジニア、地質学者が、ゴールドコープのデータをダウンロードし、バーチャル探鉱を開始した。エ

ントリーが届きはじめると、五人からなる審査委員会は、創意工夫に富む提案の多さに驚いた。優勝者は、オーストラリアの二組織の共同作業によるものだった。ウェスト・パースのフラクタル・グラフィックスと、クイーンズランドのテイラー・ウォール＆アソシエイツが、鉱脈の強力な三次元立体図を作成した。

マキューアンにとっては、このコンテストそのものが金鉱に等しかった。「入賞者のターゲット上位五位までを試掘したところ、四カ所が的中した。だが、ほんとうに重要なのは、現地にも行かず、離れたところからデータベースを分析して、ターゲットを作成したことだ。将来、これが作業の一部になることを、明確に示している」

品質の高い鉱脈の発見と、鉱山の施設の改善によって、レッド・レイクはついにマキューアンの思い描いたような成績をあげるようになった。一九九六年のレッド・レイクの年間産出量は五万三〇〇〇オンスで、オンス当たりの経費は三六〇ドルだった。二〇〇一年には、五〇万四〇〇〇オンスを産出し、オンス当たりの経費は五九ドルになった。

コンテストに入賞したオープンソーシングの鉱夫たちにとっても、これがまたとない好機であったことを、《ファスト・カンパニー》はこう説明している。

オンタリオのレッド・レイクは、オーストラリアのウェスト・パースからは、地球の反対側に当たる。だが、ニック・アーチボルドが率いる地球科学コンサルティング会社フラクタル・グラ

フィックスの地質学者チームは、それでもカナダの金鉱を見つけることはできるはずだと考えた。

二〇〇一年のゴールドコープ・チャレンジに優勝したアーチボルドのチームは、金が見つかると思われるターゲットを詳細に表わすプレゼンテーションの優勝賞金一〇万五〇〇〇ドルを、獲得して分け合った。「鉱山には行っていない」アーチボルドはいう。「カナダに行ったこともない」

しかし、コンテストのことを知ったアーチボルドは、鉱山の三次元モデルを作成するのを専門としている自分の会社にとって、絶好のビジネスチャンスだと思った……テイラー・ウォール＆アソシエイツとアーチボルドのチームが分け合った賞金では、プロジェクトの費用はとうてい取り戻せなかったのだが、会社が有名になると、ビジネスは一気に活況を呈した。「北米でそれだけ認められるには何年もかかったはずだが、このプロジェクトのおかげで、一夜にして有名になった」とアーチボルドはいう。

さらに重要なのは、ゴールドコープ・チャレンジが、鉱業界が新たな探鉱の手段に目を向けるのに役立ったことだ、とアーチボルドは付け加える。「鉱業にとって大きな転換点になった。暗い海に標識の明かりが見えたようなものだ」

コミュニティ開発イノベーションとアップローディングの新しい開拓領域は、金鉱掘りだけではない。政治もまた、その洗礼を受けようとしている。Mouse.orgの創設者で元音楽プロモーターのアンドルー・ラシエイの例を挙げよう。ラシエイは、ニューヨーク市の学校教育にテクノロジーをもっと

利用することを提唱し、ニューヨーク市政監督官選挙の民主党候補者でもあった。市政監督官は、道の凸凹から市の公共サービスに至るまで、コミュニティ関係について市長に助言する市のオンブズマンの役割を果たしている。私が面会したとき、ラシエイは、市内のどこでも高速インターネットと携帯電話が使えるWi‐Fiインフラをニューヨーク市が提供するようにすべきだと唱えていた。ラシエイはその後落選した。時代に先行しすぎていたのだ。だが、そのうちに時代が追いつくだろう。

「旧来の産業的な政治手法では、一人が何役もこなす」と、ラシエイは説明する。つまり、誰かを選び、自分たちの問題を代わりに解決してもらう。ビジネスにおける新しいモデルでは、製品のアイデアが浮かんだ時点から、設計段階、それを製造するサプライチェーン、配送、顧客のフィードバックを受け取って吸収する方法、すばやく反応してテイストを変える──といったビジネスのあらゆる側面について、コミュニティや顧客と持続的な話し合いを続ける。

「政治にも同じ原則を当てはめる時機が来ている──多数の力を使うんだ──市民生活を作り直し、民主主義をあらためて活気づけるために」ラシエイは、そう唱える。「市の公共サービスを改善し、生活の質を高めるだけではなく、生活に影響を及ぼすような決定に市民が関わりを持つようにする。暮らしやすく、未来が見えるようにするために。市民が政治プロセスに無関心なのは、自分たちの生活とは結びついていないと思っているからだ。道路の凸凹の写真をみんなで撮ってほしいと市長が頼んだら、すごい反応があると思うよ」当然ながらラシエイは、道路の凸凹や、危険な壊れた手すり、あるいは犯罪と思われる物事まで、携帯電話で撮影して市役所か公式ウェブサイトにメールで送れるように、ウェブサイトを立ち上げるよう提案している。そうすれば、市民すべてがオンブズマンにな

れる。

民主党の大統領候補ハワード・ディーンは、選挙で敗れはしたが、立候補後の資金調達の際にネットワークの力を見せつけられた、とラシエイは主張する。ディーンはそれについていけなかった。他の候補者もしかりだった――ほんとうにフラットな選挙運動をやろうとした者はいなかった。「インターネットによって流れ込んできた選挙資金の本質が、ディーンにはわかっていなかった。民主党の活発なコミュニティや怒れる有権者が互いに話し合って、ディーンを候補者に押し立てた。資金はその副次的な産物でしかない」とラシエイはいう。しかし、二〇〇八年の大統領選挙では、候補者か党がそれに気づくはずだ、と私は思う。前回の選挙のテクノロジーを迅速に吸収して路線を修正した党が、政権を握るだろう。フランクリン・デラノ・ルーズベルトは、ラジオと炉辺の雑談によって勝利した。ケネディは討論をテレビ化した。共和党員たちはよくラジオに出演するし、ブッシュ大統領の選挙参謀カール・ローブはダイレクトメールとコンピュータのデータベースを強力な武器にしている。次世代のテクノロジー政治モデルは、コミュニティの力と、個人のアップローディングを中心とするものになるだろう。このモデルでは、官職にある人間は、多数に向けて話をする一人でもなければ、多数に耳を傾ける一人でもない。多数のために働く多数を接続するハブの役割を果たすことになる。市政を監督する人間のネットワークを構築して、問題点を突き止め、解決し、候補者の裏方となって働く。「ニューヨーク市長選挙で選ばれたたった一人の人間が〔独力で〕八〇〇万人の市民の問題を解決するのは、どだい無理な話だ」ラシエイはいう。「しかし、八〇〇万人がネットワークで結ばれれば、市の問題を解決できる。どんな官僚機構よりもすばやく適切な解決策を見つけるはずだ……こ

の新たな領域に地歩を築く党が、二一世紀には多数党になるだろう。民主党は目を覚ますべきだ——自分たちの基盤が、ネットワークから一番遠く離れていることを、早く悟らなければならない」

ブログ：ニュースや評論のアップローディング

コミュニティ開発ソフトウェア運動が勢いづきはじめるとすぐに、それとは別のアップローディングのボトムアップ、自己形成的な形——ブログが生まれた。私の職業であるジャーナリズムに、それが一番如実に見られる。ワンマン・オンライン・コメンテイターであるブロガーは、イデオロギーによっては他のブロガーとリンクし、オープンソースのチャットルームのようなものをこしらえている。ブログはいってみれば個人用のバーチャル石鹸箱（公園などで演説をするときに演壇代わりに使われる木箱）で、毎朝、コラムかニューズレターか長ったらしい論文のような形式で、さまざまな問題に関する自分の意見を書いて、自分のブログにアップする。そして、世間が読んでくれるのを待つ。それを気に入った人間は自分のブログとリンクするか、オンラインニュースの記事・評論など、別のコンテンツとリンクする。いまでは私も毎日の情報収集の一環として、ブロガー（ウェブログという言葉に由来する）の記事を読んでいる。ほとんど無名のニュース・ブロガーの小さなグループが非を鳴らしたことから、CBSニュースのダン・ラザーが偽造書類を根拠にジョージ・W・ブッシュ大統領の州兵航空隊時代の勤務状況を報道したことが暴露された。《ワシントン・ポスト》のハワード・カーツは、これについて二〇〇四年九月二〇日の記事で述べている。「灯油がしみた薪にマッチを投げたようなものだった。燃えあがった炎がマスコミの既存権力機構《エスタブリッシュメント》を引き裂いた。それまで無名だったブロガーたちが、マローとクロンカイ

トのネットワーク（エドワード・マローとウォルター・クロンカイトは、報道は厳正で事実に即しているという象徴だった）を守勢一方に追い込んだのだ」〔ウェブ・デザイナーでブロガーの〕チャールズ・ジョンソンは、強みは〝オープンソース情報収集〟にあると説明している。『われわれにはきわめてモチベーションの高い人材が豊富にいて、現場に出て、自分たちのツールで取材している。市民ジャーナリストの軍勢がいる』というのだ」

　この市民ジャーナリスト軍の武器といえば、せいぜいテープレコーダー、カメラ機能の付いた携帯電話、ウェブサイトぐらいのものだ。しかし、フラットな世界では、それが一つにまとまると、ＣＢＳや《ニューヨーク・タイムズ》までもが耳を傾けなければならないような、遠くまで届く大きな声になる。こうしたブロガーたちは、自分たちのオンライン共有地を創りあげた。そこには入場を阻む柵はない。このオープンな共有地には、風説や、でたらめな主張も多く見られる。采配をふるっている責任者はおらず、実施方法の基準もまちまちだし、無責任きわまりないものもある。しかし、責任者がいないからこそ、情報はまったく自由に流れる。そして、このコミュニティは、ラザーの一件のように真実を突き止めた場合には、全国ネットや大手の新聞と同じように、確かなニュースを力強くひろめることができる。

　アップデートが簡単なウェブ・ジャーナルであるニュース・ブログの推移を追っているTechnorati.comによれば、こうしたブログは七秒ごとに一カ所ずつ増えているという。現存のブログは二四〇〇万で、一日に七万ずつ増えて、五カ月で倍増の勢いだと、Technoratiでは説明している。前線からニュースを伝えるイラクのブロガー、ゴルフコースの作りを調べて批評するブロガー、ポーカーのブロガー、投資ブロガー、あなたや私のような凡人ブロガーなど、じつに多種多様だ。

サンフランシスコのフリーランス・ライター、マーク・グレイザーは、ウェブサイト《エールグローバル・オンライン》に二〇〇五年七月二八日に書いている。同年七月七日、ロンドンの地下鉄爆弾テロ事件があった日に、BBCがウェブサイトを通じて、目撃者や視聴者に画像を送ってほしいと頼んだ。「二四時間以内に、同ウェブサイトは、電子メール二万通を受け取った。画像一〇〇〇点、動画二〇点が届いた。その日のメイン・ページは、爆発する二階建てバスをアマチュア・カメラマンが撮影した映像だった。BBC、《ガーディアン》、MSNBC・コムは、市民ジャーナリズムの側に立つ大手ジャーナリズムだから、ジャーナリズムの訓練を受けていない読者も、即座に貢献することができた」BBCは、アップローディングの力をうまく制御して取り込み、マスコミの有益なコンテンツに変えた。

BBCがブロガーに門戸を開放したことは、ブロガーの強みと弱みの両方に加え、いまもって伝統的なジャーナリズムに影響をあたえられるかどうかが定かでない理由を示している。二四時間以内に二万人のブロガーの情報を吸収できる者がどこにいるだろう？　消火栓から水を飲むようなもので、とうていそんな大量のニュースは消化できない。したがって、ソフトウェアの場合と同じように、ブレンドされた手法のほうが都合がいい。旧来の報道機関が、ブログ半球から最高のものだけを選別し、吸収し、濾過する。そして、それを昔ながらのやり方で編集したニュースとブレンドする。（今日では、GEのような大企業も、ブロガーが自社にどういう意見を持っているかを毎日モニターし、それなりに対応している。）知り合いが全員ブログを持っているかもしれない一〇年後にどうなっているかは想像もできない。しかし、たしかにそういう方向には向かっている。ハイスクールや大学では、

オンライン人名録Facebook.comがウイルス的に流行し、数百万人の若者が自分のことを話すプラットホームにしている。

「次の世代は、オンラインとともに成長する。大人になってから身につけるのではなく」テクノロジーと政治学の中間地点にいる思慮深いアナリストのマイカ・シフリーは、《ネーション》二〇〇四年一一月二二日号に書いている。「二〇〇三年一二月のグリュンウォルド・アソシエイツの調査によれば、六歳から一七歳までの子供二〇〇〇万人以上が、自分のウェブサイトを持っている。幼稚園の年長組の二九パーセントが、自分の電子メールアドレスを持っている。ディーンの選挙運動で経験を積んだ二〇代のジョシュ・コーニグは、ミュージック・フォー・アメリカの共同創業者だが、こう述べている。『われわれがいま目にしているのは、土砂降りの前触れのぱらぱらと降ってくる雨にすぎない』アメリカのほとんどのハイスクールで生徒がウェブサイトを使って教師のランク付けをしていると、コーニグがいったときには、誇張が過ぎると思った。しかし、RateMyTeachers.comの存在を知った。アメリカとカナダのミドルスクールとハイスクール四万校で、教師九〇万人以上が、六〇〇万人以上の投票によってランク付けされている。一年前に比べると、三倍に増え、両国の全校の八五パーセントが含まれている……未来は若者たちものだ、とはいっても、私たちみんなは引きずられている格好だ」

ブログの音楽版はポッドキャスティングと呼ばれ、こちらはまだ始まったばかりだ。あっというまに普及したアップルのｉＰｏｄが、この現象の中心となっている。個人が自分で音声やビデオ・ファイル――音楽、評論、本、詩の朗読、独唱など、とにかく音声もしくはビデオ・ファイル――を作成

し、アップルのｉＴｕｎｅｓのようなインターネット・プラットホームにアップロードする、というのはポッドキャスティングの流れである。それをユーザーもしくは購読者がダウンロードし、自分のコンピュータやｉＰｏｄやＭＰ３プレイヤーや携帯電話その他のポータブル機器で見たり聞いたりする。ポッドキャスティングは、旧来の音楽ビデオ業界やラジオ局に、とてつもない衝撃をあたえている。なぜなら、多くの人間が受け身のリスナーや視聴者ではなく、ビデオや音楽のプロデューサーになる力を持つからだ。

ウィキペディア：アップロードされたコンテンツのコミュニティ

もう一つのアップロードされたコミュニティ開発を、私は本書を著すのにもちょくちょく使った。ユーザーが記事を書くオンライン百科事典のウィキペディアである。〝みんなの百科事典〟とも呼ばれるウィキペディアのwikiは、ハワイ語で「早く」を意味する。ウィキペディアのウェブサイトは、コンピュータでアクセスしたユーザーが自由に書き換えることができる。二〇〇四年五月五日、《エールグローバル・オンライン》の記事で、香港大学ジャーナリズム・メディア研究センターのアンドルー・リー助教授は、ウィキペディアの仕組みと飛躍的な進歩である理由を、次のように説明している。

「ウィキペディア・プロジェクトは、インターネット新進企業Bomis.com代表のジミー・ウェールズが、もともとはボランティアとしてやっていたプロジェクトを母体に始めたものだが、この厳重に管理されていた無料の百科事典は、二年後に資金と資産が尽きた。博士号を持つ編集者たちが、プロ

ジェクトの舵を取っていたが、数百の項目しか書けなかった。コンテンツがそのまま滅びてしまわないようにと、ウェールズは二〇〇一年一月にウィキ（どんなブラウザを使っていてもウェブページを編集できるようにするウェブサーバー）・ウェブサイトに百科事典のページを載せて、ビジターが編集、加筆、修正できるようにした。それが初年度から圧倒的勝利を収め、忠実な信奉者が増えて、二万項目に達し、十数カ国に翻訳された」

寄せ集めのオープンソーシングで、編集も自由な運動なのに、どうして信頼できるバランスのとれた百科事典ができるのか？　という疑問が浮かぶかもしれない。ウィキペディアの項目にはすべて「編集」ボタンがあり、アクセスした人間は誰でもそのページの内容を書き換えたり削除したりできる。まずは事実が成功の端緒となった、とリーは説明する。「ウィキは記事の現況を追跡する能力があり、個々の変更を検討し、問題を話し合う。いわばソシアル・ソフトウェアとして機能している。ウィキ・ウェブサイトは、記事に対してなされた改変を追跡し保存するので、どんな作業をされても恒久的な破壊にはならない。ウィキペディアは、ユーザーが共通の地盤を持ちつつ加筆や改良を加えるという合意のもとに成り立っている。

そうはいっても、そのテクノロジーだけでは不充分だ」と、リーは書いている。「ウェールズは、不偏公正なものの見方（NPOV）を維持するという指針を編集方針として打ち立てた……ウィキペディアのガイドラインによれば、『不偏公正なものの見方によって、支援者と反対者の両方が納得するような観念や事実を提示している……』。その結果、グローバリゼーションのような論議を呼ぶ問題の記事は、ウィキペディアの協同的・世界的な性質の恩恵をこうむっている。この二年のあいだに、この項目はオランダ、ベルギー、スウェーデン、イギリス、オーストラリア、ブラジル、アメリカ、

マレーシア、日本、中国の協力者により九〇回の編集作業が行なわれた。ＷＴＯ（世界貿易機関）や多国籍企業、反グローバリゼーション運動、文化的相違への脅威といった問題に関する多種多様な意見を、ウィキペディアは提供してくれる」ウィキペディアに関する《ニューズウィーク》二〇〇四年一一月一日号の記事は、イギリスのエセックスに住むボランティア協力者アンジェラ・ビーズリーの談話を引用している。ビーズリーはウィキペディアにはまっていることを認め、一〇〇〇以上の項目が正確かどうかを監視しているという。「共同作業の百科事典なんて常軌を逸していると思えるかもしれませんが、自然とみずからをコントロールしているんです」

みずからを売り出していることは確かだ。二〇〇五年末、ウィキペディアはひと月の閲覧が二五億を超え、Dictionary.comと並んでウェブ上で最もビジターの多いレファレンス・サイトになった。大人に近づいた頃、『ブリタニカ百科事典』のセールスマンが家に来て、大部の百科事典を見せられたとき、すごいと思ったことがあるだろう。私もそうだった。そのうちにマイクロソフト・ウィンドウズにエンカルタがついてきて、自分専用の百科事典が持てると、これまたすごいと思った。エンカルタの最新版のオンライン広告には、次のような文章がある。「マイクロソフト・エンカルタ・スタンダード２００６は、百科事典のベストセラーの一つです。興味をそそられるアップ・トゥー・デートな知識を正しく探求するための信頼できる情報源です。項目は三万六〇〇〇、画像・サウンドクリップ・映像・動画・ゲーム・地図その他も一万以上です」アップロードされた百科事典ウィキペディアの項目がどれほどの数か、ご存じだろうか？　二〇〇五年一一月二九日にこれを書いている時点で、Wikipedia.orgサイトはこう報告している。「二〇〇一年に開始された英語版で、現在八四万一一三五

八項目」――それからさらに増えつづけている。ジミー・ウェールズは、本番はまだこれからと考えている。辞書兼シソーラスのウィキショナリ、デジタル教科書およびマニュアルのウィキブック、引用句辞典のウィキクォート、種のサイバー・ディレクトリのウィキスピーシーズまで拡大した。そしてむろん、ユーザーが書いてアップロードできる無料コンテンツ・ニュース情報源、ウィキニュースもある。

だが、ウィキペディアは、すべてが優美と明知に満ちているわけではないし、自分で自分をコントロールしているとも限らない。多くの人間が自分の百科事典に書き込みをする結果、さまざまな事柄が起きるし、なかにはよくないことも起きる。やろうと思えば、名前を汚すために敵がグローバルな掲示板として悪用することもできる。それに、整理には時間がかかる。《USAトゥデイ》の草創期からの編集人であり、バンダービルト大学自由フォーラム憲法修正第一条（言論の自由）センター創設者のジョン・シーゲンソーラー・シニアは、ある朝起きると、ウィキペディアの自分の履歴にこう書かれているのに気づいた。「ジョン・シーゲンソーラーは、一九六〇年代初め、ロバート・ケネディ司法長官の補佐官だった。ジョン・ケネディと弟のロバート・ケネディ暗殺に関与していたと思われていた時期がある。証拠はあがらなかった」

シーゲンソーラーは、これを重く受け止めた。この履歴は、世界中で何度となく読まれたはずだ。二〇〇五年一一月二九日、シーゲンソーラーは《USAトゥデイ》の署名入り記事で、次のように述べている。

これはインターネットによる誹謗《ひぼう》中傷にまつわる私の一身上の話である。あなたがたの身に起きてもおかしくはない。

人気の高いオンライン無料百科事典ウィキペディアに、私は悪意に満ちた誤った履歴を一三二日間掲載されていた。この百科事典は書き手が不明であり、書き手の身許を突き止めることはほとんど不可能である。次のような記述まであった。

「ジョン・シーゲンソーラーは一九七一年にソ連に移住し、一九八四年にアメリカ合衆国に戻った。その直後に、アメリカ最大の広告会社を始めた」

七八歳という齢なので、自分について否定的なことをいわれても、驚いたり傷ついたりすることはないだろうと思っていた。考え違いだった。この履歴で正しい部分は、一つの文だけだ。一九六〇年代初め、私はロバート・ケネディの行政担当次官補だった。棺も担いだ。その後、NBCニュースのジャーナリストである息子のジョンが、Reference.comとAnswers.comで同様の下劣な文章を見つけて電話してきたときには、さすがの私も気が動転した。

教師やジャーナリストや歴史学者から、「ウィキペディアの素晴らしい世界」について何度となく聞かされた。世界中の何百万人もが、毎日訪れて、すばやく「事実」を調べる。そこに投稿し、編集しているのは、特別な技術や知識がない人々で――ときには悪意を持った人間も、そこに含まれている。

私の要請によって、これら三カ所のウェブサイトの責任者たちは、誤った部分を削除してくれた。しかし、誰が悪意ある文章を書いたのか、彼らにはわからないし、突き止めるすべもない。

私はウィキペディアの創始者ジミー・ウェールズに電話してたずねた。「きみたちには……誰が書いたかを突き止める手段がないのか？」

「ありません」というのが答だった。他のウェブサイト二カ所の幹部は、自分たちのコンピュータはウィキペディアの記述を、そっくりそのままコピーするようになっている、と説明した。正誤の確認は行なわないままで……。

われわれはいま、新たなメディアの世界によって、世界規模でコミュニケーションとリサーチを行なえるという驚異的なチャンスのある世界に生きている。しかし、そこには、文章によって中傷を行なう知識人を含めた、闘志満々の蛮人が生息している。議会が彼らに力をあたえ、庇護している。

私が子供の頃、母親は「噂」の害悪について、口を酸っぱくしてお説教をした。羽根枕を持って、こういうのだ。「これを引き裂いたら、羽根が四方八方に飛んでいくでしょう。二度と枕のなかには戻せないのよ。人の悪口をいうというのは、そういうことなのよ」

私にとって、その枕とはウィキペディアのメタファーである。

私はウィキペディアが気に入っているし、本書の執筆にもだいぶ利用した。しかし、そのコミュニティがかならずしも正しいとは限らないという前提のうえで使っている。ネットワークはいつも自分を正すとは限らない。正すよりも間違いがひろまるほうが早いことは確かだ。ＩＢＭが、ウィキペディアを監視して自社についての記述がすべて正しいことを確認する専門スタッフを置いているのは、

けっして偶然ではない。ＩＢＭに関する情報を、ＩＢＭではなくウィキペディアから得ようとする若者は、これからも増えるはずだ。

アップローディングはどこまで進むのか？

要約すると、こういうことだ。個人もしくはコミュニティによるアップローディングは、つねに大きなフラット化要因である。それがひろまっているのは、まずフラットな世界のプラットホームによってそれが可能になったからだし、物事に参加して自分の意見を聞いてもらいたいという人間の根深い願望に応えているからだ。《ニューヨーク・タイムズ》のセス・シーゼル記者は、二〇〇五年六月二一日付の説得力のある記事で、こう述べている。「テレビでじっさいのスポーツの試合を見るよりも、スポーツのテレビゲームを楽しむ若者のほうが多くなっている」シーゼルは数字を挙げる。二〇〇〇年以降、アメリカのスポーツ・テレビゲームの販売は、二〇〇四年までに三四パーセント増え、一二億ドルに達している。いっぽうテレビの視聴率は、ほとんどすべてのメジャーなスポーツで、男性視聴者が一二ないし三四パーセントだという。しかし、シーゼルの記事で私が一番衝撃を受けたのは、ＮＢＡブランドのバスケットボール・テレビゲームが好きな若者の言葉だった。ちなみに、このゲームでは、（ＮＢＡの現実のプレイヤーに似せた）プレイヤーをコントロールして、パスやシュートをやらせることができる。「コービーは好きだよ」アルバート・アースがいうのは、ロサンジェルス・レイカーズの花形選手コービー・ブライアントのことだ。「でも、ゲームだと、コービーがほかの選手にパスするようにできるからいいんだ。テレビで見てると、パスが下手すぎるんだもん」

コービーがプレイするのを見るよりも、コービーとしてプレイしたい、ということなのだ、とマイカ・シフリーはいう。「こういう姿勢は、メディアに対し受け身でいるのではなく、積極的に参加したいという、インターネット世代の大きな変化を表わしています。ゲームを見るよりも、やるほうが楽しいんです」世界一のコンピュータ・ブック出版社オライリー・メディアの創設者でCEOのティム・オライリーは、このアップローディング現象を、独自の表現でいい表わしている。オライリーは、これを「参加の構造」と呼ぶ――このシステムでは、ユーザーは消費するだけではなく、生産する。ソフトウェア、システム、ウェブサイト、百科事典を作る企業は、参加を促すのが成功の秘訣になる、とオライリーは遠まわしに述べている。

人間はアップロードを好む。したがって、フラット化の要因一〇のうち、アップローディングは最も破壊的にひろがる力を秘めている。ゲームに参加するためにその力を使う人間がどれほどいるか、さらに、どれほど早く使うかが、アップローディングの破壊的な力のひろがりを左右する。「参加という行為は、筋肉を使わないといけない力仕事に似ています」とシフリーはいう。「それに、われわれは積極的な参加者になるのに慣れていない。だから、ツールがそこにあっても、そんなに多くの人間が使わない……しかも、権威や組織には関わらないでおこうとする習慣が染みついている」つまり、アップロードはまだまだ規模としては小さい。しかし、個人がアップロードし、共同作業を行なうツールは、どんどん普及しているし、人々がアップローディングの経験からフィードバックが得られれば得られるほど、大きな組織やヒエラルキー的な構造にその影響が及ぶに違いないと思う。

この警告を忘れないように。

アウトソーシング：Y2Kとインドの目覚め

一九四七年八月一五日に独立を果たして以来、インドは浮沈をくりかえしてきたが、さまざまな面で、二〇世紀末の歴史上最も幸運な国として記憶されるかもしれない。つい最近まで、インドは金融界では「二番目の買い手」といわれていた。ビジネスでは、つねに二番目の買い手になるのが望ましい――最初の所有者が破産し、銀行によって資産が捨て値で売られるときにホテルやゴルフ場を買うほうがいい。果てしなくひろがるデジタルの宇宙でとことん裕福になれると思っていた光ファイバー・ケーブル会社が敷設したケーブルの最初の所有者は、そうした会社のアメリカの株主だった。バブルがはじけたとき、株主は価値がなくなったか、あるいはかなり価値が落ちたものを所有していることになった。インド人たちは、事実上、光ファイバー会社の二番目の買い手になった。

といっても、インド人たちは直接株を買ったわけではなく、光ファイバーの過剰能力から利益をこうむった。つまり、インド人とその得意先のアメリカ人は、それらの光ファイバーをただ同然の費用で使ったのだ。これがインドにとってはすこぶる幸運だった。（中国、旧ソ連、東欧はそこまで幸運ではなかった。）なぜなら、現代インドの歴史はどうか？　簡単にいってしまえば、インドにはたしかに天然資源がある（石炭、鉄、ダイヤモンド）が、養わなければならない人口が多く、それだけでは食べていけない――まったく不足している。そこで、国民の頭脳という資源を掘り起こすことにし

た。インドでは、比較的多いエリート階級のあいだで科学、工学、医学の分野での教育が熱心に行なわれている。一九五一年、インド初代首相ジャワハーラル・ネールが、東部のカラグプルにインド工学大学（IIT）七校の最初の一校を設立したのは、不朽の業績といえよう。それから五〇年のあいだ、何十万人ものインド人がこの国立工業大学や私立の工業大学（および経営学を教えるインド経営大学六校）で学んできた。インドの人口は一〇億を超えるから、この競争によって並外れた数の知的エリート階級が生まれた。インド全体があたかも一つの工場のようになって、工学、コンピュータ科学、ソフトウェアの分野で、きわめて優秀な人材を生産しては輸出した。

あいにく、インドが行なったまともな事業は、これくらいのものだった。政治体制が機能不全を起こしているうえに、ネールがソ連流の計画経済を選択したために、一九九〇年代半ばに至るまで、インドはこうした優秀なエンジニアに働く場所を提供できなかった。そこで、アメリカがインドの知能に対する二番目の買い手になったのだ！　教育水準の高い頭のいいインド人が自分の潜在能力をフルに活用するには、国を出てアメリカに渡るしかなかった。一九五三年以降、インドの一流工業大学の卒業生二万五〇〇〇人がアメリカに移住し、インドの納税者の負担によって受けた教育によって、アメリカの知識の宝庫を大いに豊かにした。

「IITは、インドの体制全般の堕落に同調せず、厳格な基準を緩めるのを拒んだことにより、卓越した孤島となった」と、《ウォールストリート・ジャーナル》二〇〇三年四月一六日付は評している。「賄賂を使ってIITに入学することはできない……受験者は厳しい入学試験を経て入学する。政府はカリキュラムに干渉せず、勉学は過酷だ……おそらくハーバードやMITに入学するよりも難しい

だろう……サン・マイクロシステムズの共同創設者でＩＩＴ卒業生のビノド・コスラはいう。『ＩＩＴデリー校を卒業して、修士号を取るためにカーネギー・メロンに行ったら、たいして勉強しなくてもいいと思った。ＩＩＴでの教育に比べたら、ずいぶんと楽だったから』」

創立以来五五年ほどにわたって、こうしたＩＩＴのおかげでアメリカは安い買い物をすることができた。ニューデリーの知恵の泉にホースを突っ込んで、泉の水をそっくりそのままパロ・アルトでいただいたようなものだった。ＩＩＴ卒業生のほぼ四人に一人がアメリカへ移る――ＩＩＴ出身の移住者がアメリカ国内で組織を作ってコンベンションを開くほどおおぜいいる。

やがて、ネットスケープ、一九九六年の電気通信法改正、グローバル・クロッシングや光ファイバーの仲間たちが登場する。世界がフラット化し、万事が逆転する。「インドには資源もインフラもなかった」ウォール街で最も尊敬されている若いヘッジファンド・マネジャーのディナカール・シンはいう。両親はＩＩＴ卒で、アメリカに移住し、そこでシンが生まれた。「ＩＩＴは優秀な人材を大量に生み出した。しかし、大半はインドの乾渠《ドック》で野菜みたいに腐ってしまった。船に乗って脱出できたのは、比較的少数でした。もうそれはない。光ファイバーという海を越える手段ができたから……何十年ものあいだ、知的職業に就くにはインドを離れるしかなかった……いまではインドにいながらにして、世界に接続できる。〔私のように〕エール大学に行ったり、ゴールドマン・サックスに入社する必要はないんです」

インドはそれまで、自国の知性をアメリカに接続するネットワークを自前で用意する金がなかった。そこで、アメリカの株主がその金を出した。そう、過剰投資が有益なこともある。鉄道への過剰投資

がアメリカ経済にとてつもない恩恵をもたらしたという歴史的な例もある。「しかし、鉄道への過剰投資は国内だけのことで、利益も国内だけに限られている」とシンはいう。デジタルの鉄道の場合は、「外国人が利益を受ける」。インドはただ乗りしたわけだ。

インド在住のインド人の知能を利用できるとアメリカ企業が気づきはじめた頃にその場にいたインド人の話を聞くのはおもしろい。その一人、ビベク・ポールは、インドのIT産業大手ウィプロの前副会長をつとめる。「インドのIT〔アウトソーシング〕革命は、さまざまな面で、GEがインドにやってくるとともに始まった。一九八〇年代の終わりから一九九〇年代初めにかけての話です。その頃、テキサス・インスツルメンツがマイクロチップの設計をインドでやっていた。〔アメリカにいる〕主な設計者の何人かはインド人だったので、帰国させてインドで働くようにした〔連絡には当時のあまり質のよくない通信ネットワークを使った〕。私は当時バンガロールでGEのメディカル・システム向けの業務をやっていました。GEのジャック・ウェルチ会長が一九八九年にやってきて、インドがGEに恩恵をもたらす知的宝庫だと知り、肝をつぶしたものです。ジャックはこういういい方をしましたよ。『インドは知的能力が発展した発展途上国だ』梃子入れできる人的資源があるのを見てとり、さらにこういいました。『われわれはソフトウェアの開発に巨額の費用をかけている。IT部門の仕事の一部をインドでやることはできないか？』」インドはまだIBMのような海外のハイテク企業に対して市場を閉鎖していて、国産品のパソコンやサーバーを製造しはじめたところだった。それをGEのためにやることはできないか、というのだ。

このプロジェクト推進のために、ウェルチはGEの情報部長をインドに派遣し、可能性を探った。

そしてポールがGEのインドにおける事業開発部長の座についた。「その当時——一九九〇年代初めに、インドに来る情報部長に付き添うというのが、初仕事でした。最初の段階として、GEは試験的なプロジェクトを用意していました。真夜中にインドの国産車アンバサダーを連ねてデリー空港に迎えにいったのを覚えています。一九五〇年代のイギリスの大衆車モーリスの設計をもとに作られた車です。政府関係者はみなそれに乗っているんです。それで、五台の車列で、空港から街へ向かいました。後ろのほうの車に乗っていると、バーンという大きな音が聞こえた。何が起きたのかと思いました。前のほうへ走ってゆくと、先頭の車のボンネットが吹っ飛んで、フロント・ウィンドウが砕けていた——GEのお偉方が乗っているというのに！ 車列が道端にとまっているときに、GEのお偉方がこういうのが聞こえました。『おい、こんなところでソフトウェアを作らせようというのか？』」

インドにとってさいわいなことに、GEのチームはインドの国産車の品質の悪さにめげなかった。GEはインドで根を生やすことにして、ウィプロと合同開発計画を始めた。別のモデルをためしていた企業もあった。とはいえ、これはすべて光ファイバーが敷設される前の話だ。たとえば、出版社サイモン&シュスターは書籍——頻繁な改訂が必要な辞書類が中心——をインドに送って、月給五〇ドル（アメリカなら一〇〇〇ドルになる）でインド人にコンピュータ入力させ、将来の編集や改訂が容易なデジタル・ファイルに換えていた。一九九一年、インド財務相マンモハン・シンが、インド経済を開放して外国が投資できるようにし、国内の電気通信産業を分割して競争原理を導入した。さらに、外国の投資を誘うために、バンガロールに衛星通信設備を容易に設置できるようにした。そうすれば、

アメリカであろうとヨーロッパであろうとアジアであろうと、インドの通信回線を使わずに本国とのやりとりが可能になる。それ以前にインドの官僚主義に敢然と立ち向かった唯一の企業は、テキサス・インスツルメンツで、一九八五年、多国籍企業として初めて、回路設計開発センターを設置した。バンガロールのその開発センターにも衛星通信設備はあったが、インド政府の役人の監督を受けなければならなかった。出入りするデータを逐一調べる権利がインド政府側にあったのだ。一九九一年以降、シン財務相はこうした規制をすべて緩和した。その後、一九九四年に、アメリカの医師や病院向けの口述筆記をアウトソーシングする目的で、インド系アメリカ人医師が中心となって、ヘルススクライブ・インディアが発足した。当時、医師たちは手書きのメモを読みあげて、口述録音機に吹き込み、それを秘書か誰かに書き起こさせるというやり方をしていた。これでは作業に何日も何週間もかかる。ヘルススクライブは、プッシュホン式の電話を口述録音機に接続するシステムをこしらえた。医師がある番号を押して、メモを読みあげると、ボイスカードをそなえたパソコンが音声をデジタル化する。この手順は、医師がどこにいようが可能だった。衛星通信のおかげで、バンガロールの主婦や学生が、コンピュータを使ってデジタル化された医師の声をダウンロードし、書き起こすことができる――二週間ではなく、二日ですむ。それを病院のコンピュータ・システムに入力できるように、テキスト・ファイルに変換して衛星通信で送り返したものが、請求書ファイルの一部になる。時差が一二時間なので、アメリカの医師が眠っているあいだにインド人は書き起こしの作業をやり、翌朝にはファイルが届いているという寸法だ。これは企業にとっては画期的なことだった。なぜなら、医療というのは最も訴訟問題の起きやすい産業なのだ。それが、医療記録、研究所の報告、医師の診断を、

安全に、合法的に、秘密を守って、バンガロールでデジタル化できる。これを見て、他の多くの産業も当然ながら、後方業務をインドでやらせようと考えた。そしてじっさいにやらせた。だが、音声の伝達に時間的なずれが生じる衛星通信では、処理できる量が限られていた。（ヘルスクライブの創設者の一人グリュオト・シン・カルサによれば、皮肉なことに最初は、連邦政府が開業資金を割り当てているメーン州のインディアン――つまりアメリカ先住民――にこの仕事をやらせようとしたという。しかし、先方が興味を示さず、話は立ち消えになった。）インドで口述筆記を行なう回線一本当たりの費用はアメリカでやる場合の五分の一だというから、各方面が関心を示すのは当然だろう。

一九九〇年代末には、二方面からインドに幸運の光が射しこんだ。光ファイバー・バブルがふくらみはじめてインドとアメリカを結びつけ、Y2Kコンピュータ危機――いわゆる西暦二〇〇〇年問題――の暗雲が地平線に沸き起こっていた。誰もが記憶しているように、Y2Kバグは、コンピュータが作られたときに時計を内蔵することが原因だった。メモリを節約するために、この時計は日付を六桁で示している。日に二桁、月に二桁、そして年に二桁が使われる。つまり、九九年一二月三一日までしかない。だから、カレンダーが二〇〇〇年一月一日になると、旧式のコンピュータはそれを01／01／2000ではなく、01／01／00と記録し、また一九〇〇年から始まったと判断する。そのため、現存する膨大な数のコンピュータ（新しい型は時計が改良されている）の内蔵の時計とそれに関連するシステムを調整しなければならない。さもないと、上下水道から航空交通管制に至るまで、あらゆる管理システムがコンピュータ化されているから、コンピュータの停止で世界的な危機が起こるおそれがある。

コンピュータの欠陥を修正するこの作業は、膨大な量だし、なおかつ手間ひまがかかる。それができるだけのソフトウェア・エンジニアをかかえている国はどこか？　答はインドだった。ＩＩＴや私立の工業大学やコンピュータ専門学校を出た技術者が、インドには有り余るほどいる。

そんなわけで、Ｙ２Ｋが迫り来るなかでアメリカとインドのおつきあい《デート》が始まり、この関係が大きなフラット化の要因となった。なぜなら、パソコン、インターネット、光ファイバーを組み合わせたさまざまなビジネスが、共同作業と水平的な価値の創出――海外へのアウトソーシング――というまったく新しい可能性を生み出す可能性があるのを実証したからだ。デジタル化できるあらゆるサービス、コールセンター、ビジネス支援業務、知識労働を、世界のどこかの最も安く、賢く、有能な供給者に割り当てることが可能になった。具体的にいうと、地球の反対側にいるインドの技術者が、光ファイバー接続ワークステーションを使って、企業のコンピュータの下に潜り込み、調整を行なうことができるようになった。

「〔Ｙ２Ｋに対するアップグレードは〕つらい単純作業だし、引き受けた企業の競争力を高めるのにはまるで役に立たない」アウトソーシングでＹ２Ｋの汚れ仕事をやったウィプロのビベク・ポールはいう。「それで、欧米の企業は、できるだけ安くそれをやるところを探すのに苦労していたんです。『われわれはただ二〇〇〇年を何事もなく通り過ぎたいだけなんだ！』と連中はいった。それでインドのＩＴ企業と協力するようになった。そうでなかったら、そんな協力態勢は生まれなかったでしょうね」

私にいわせれば、彼らはインドとブラインド・デートする覚悟を決めたのだ。彼らは「相手を探す

のに鵜の目鷹の目だった」と、ジェリー・ラオはいう。「Y2Kによって、従来とは違う相手に従来とは違う仕事をしてもらう必要が生じた。インドの産業にとっては最大の好機でした。インドは遅れた人間の国だと思われていた。Y2Kによって、世界中のコンピュータを検査する必要が生じた。ソースコードを一行ずつ見ていく作業に必要な人数が、インドに存在していた。インドのIT産業が世界中に足跡を残したのは、Y2Kのおかげです。Y2Kがわれわれの成長の原動力になった。われわれのことを世界に教える原動力になった。Y2K以来、われわれは後ろをふりかえったことがありません」

二〇〇〇年初頭には、Y2K関係の仕事は下火になったが、まったく新たなビジネスの牽引力——電子商取引——が登場した。ITバブルはまだはじけておらず、優秀な技術者は不足していたし、IT企業からの需要は膨大だった。ポールはいう。「誰もが自分たちの存在の鍵を握る業務に不可欠なアプリケーションを完成させたいと思ったが、ほかに依頼するところがなかった。そこで、インドの企業に目を向けた。やらせてみると、複雑なシステムもこなし、品質もこれまで他の国でやらせていたものより、はるかによかった。それでインドのIT企業の評判が高まった。あれ〔Y2K〕が最初の出会いだとすれば、これで恋におちたわけです」

アメリカからインドにアウトソーシングするという新たな協力態勢が、爆発的にひろがった。バンガロールのワークステーションと企業のメインフレームを光ファイバーで接続するだけで、ウィプロ、インフォシス、タタ・コンサルタンシー・サービシズのようなインドのIT企業に電子商取引やメインフレームのアプリケーションの管理を任せられるようになった。

「メインフレーム事業と電子商取引まで始めれば――結婚したも同然です」とポールはいう。ここでも、海底に敷設された光ファイバー・ケーブルをただ同然で使えるという点で、インドは幸運だった。

「私のオフィスは、バンガロールのリーラ・パレス・ホテルの近くにありました。バンガロール郊外のホワイトフィールドIT工業団地にある工場との連絡をとるのに、オフィスと工場を結ぶ電話すら引くことができない。賄賂を使わないと電話が引けない。しかし、われわれはそんな金を払うつもりはありません。だから、私がホワイトフィールドに電話をかけるときには、バンガロールのオフィスからGEのメインフレームがあるケンタッキーへ電話をかけ、そこからホワイトフィールドに転送したんです。われわれは専用の海底光ファイバー・ケーブルを使っていました――ところが街の向こうと電話をつなぐのには、賄賂がいるんです」

インドは、IT産業のにわか景気で利益を得たばかりか、ITバブルの破綻からも利益を得た！　それはじつに皮肉な成り行きだ。ITバブルで敷設されたケーブルがインドを世界とつなぎ、バブル崩壊でそれをほとんどただで使えるようになるとともに、知識労働をインドにアウトソーシングするアメリカ企業が飛躍的に増えた。

Y2Kはこうした狂乱を引き起こし、インドの知能にプログラミングの仕事をやらせるという流れができた。インド企業は優秀だし、安く雇えるが、発注元の頭にあったのは、値段よりも、仕事を完了してもらうことだった。それだけの量の仕事をこなす人数がいるのは、インドだけだった。やがて、Y2Kに続いてITバブルがやってきたとき、給料の多寡は別として英語を話すエンジニアが有り余

っているのは、インドだけだった。アメリカ人はすべて電子商取引企業がひっさらっていったからだ。やがてITバブルがはじけ、株式市場がふるわなくなり、投資のための資本が枯渇した。生き残ったアメリカのIT企業と、新規会社に資金を注ぎ込みたいベンチャーキャピタルは、使える金が前よりもだいぶ少なくなった。つまり、インド人エンジニアを雇うのは、おおぜいいるからではなく、コストが安いからそうせざるをえないからだった。そして、インドとアメリカ・ビジネス界の関係は、一段と深まった。

二〇〇〇年代初頭には多くのアナリストが、ITバブルとグローバリゼーションを同一視するという間違いを犯し、どちらもただの流行で中身をともなわないと指摘した。ITバブルがはじけると、その間違った判断に固執したアナリストたちは、グローバリゼーションも終焉したと決めつけた。事実はまさにその逆だった。ITバブルはグローバリゼーションの一面にすぎず、それが破裂してしぼんだときには、グローバリゼーションを失速させるどころか、ターボチャージャーなみに加速させた。

インド系アメリカ人で、ノーウェスト・ベンチャー・パートナーズを経営する、シリコンバレーきっての有名ベンチャー投資家プロモド・ハークは、この変遷のまっただなかにいた。「バブルがはじけたとき、〔短期労働のビザで〕アメリカに来ていたインド人エンジニア多数がレイオフされ、インドに帰りました」とハークはいう。しかし、バブル崩壊の結果、アメリカの大企業のIT予算も大幅に削減された。「IT担当の管理職は、費用は抑えて前と同じ作業をやるよう命じられた。それで、どうしたと思いますか？　こう答えたんです。『バブルのあいだここで働いていていてインドに帰ったビジャイを覚えていますね？　バンガロールのビジャイに電話して、アメリカでエンジニアに払うより

も安い金でうちの仕事をしてもらえないか、きいてみようじゃありませんか』」バブルのあいだにさんざん敷設された光ファイバーのおかげで、ビジャイを見つけて仕事をやらせるのは簡単だった。

Y2Kコンピュータ調整作業は、ほとんどが専門学校を出たばかりで技術力の低いインド人プログラマーによって行なわれた、とハークはいう。「しかし、ビザをとってアメリカに来る連中は、専門学校出ではありませんでした。もっと高度な工学の学位を身につけていた。その連中がジャバやC＋＋やアーキテクチャー設計に長けているのを、企業では知っていました。そういう連中がレイオフされてインドに戻っている時期に、IT担当の管理職がこう命じられる。『どんなやり方をしても目をつぶるから、少ない費用で作業を片付けろ』そこでビジャイに電話するわけです」アメリカとインドがデートを重ねるうちに、急速に成長したバンガロールのインドIT企業のほうから提案がなされる。Y2K作業によって、アメリカの超大企業との交流も深まっていたから、アメリカ企業が苦しんでいる点を理解し、ビジネスプロセスの実行と改善にも通暁するようになった。具体的にいえば、高付加価値の企業向けに、特定のカスタマイズされたコードのメンテナンスを相当量こなしてきたインド企業が、自社製品を製作し、メンテナンス会社からメーカーへと変容して、各種のソフトウェア・サービスやコンサルティングを提案するようになった。これにより、インド企業はいっそうアメリカ企業の奥へと浸透していった。ビジネスプロセスをアウトソーシングすることによって、アメリカの会社はインドの会社に、企業秘密に関わる部分の運営を任せたことになり、事態はまったく違う段階へと進んでいった。「買掛金を管理する部門があるとして、それをすべてウィプロかインフォシスに任せてインドでやらせれば、コストが半分になる」ハークの話では、アメリカ中のCEOが「経

費を減らしてやれ」といっているという。「そこでインド企業は、『車のボンネットをあけてみたんですが、最低のお値段で完全に修理してみせますよ』という」いい換えるなら、インドのアウトソーシング会社はこういっている。「Y2Kのときにあなたの車のタイヤもピストンも直してあげたのを覚えているでしょう？　なんなら、オイル交換からなにから、ぜんぶやってあげますよ。顔見知りになったし、信用もできたでしょう。まあ任せてください」インド人が素晴らしいのは、料金が安いだけではなく、ハングリーで、なんでも覚えようという気概があることだ。

ITバブル破綻後の資金不足のために、ベンチャーキャピタル企業は、資金を注ぎ込んでいる会社がイノベーションに最も効果的、高品質、低価格の方法を採用するように気を配った。バブルの時期には、五〇〇〇万ドルを投資した新会社がIPO（新規株式公開）をすると、五億ドルのリターンがあるのがめずらしくなかった、とハークはいう。バブル崩壊後には、同等の会社でもわずか一億ドルしか得られない可能性がある。そうなると、ベンチャーキャピタルとしては、会社発足からIPOまで、二〇〇〇万ドルの投資リスクにとどめたいと考える。

「どうやって起業家とその新会社の収支をとんとんにするか、利益をあげられるようにするかというのが、ベンチャーキャピタルにとって大きな問題になったんです。そうすれば、新会社に資本を吸い上げられることなく売却でき、自分の会社は適切な流動性とリターンを生み出すことができる。そこで多くの会社が考えた解決策が、当初はできるだけ多くの機能をアウトソーシングすることでした。投資家のためにできるだけ早く利益をあげるには、アウトソーシングできることはアウトソーシングするのがいい、というわけです」

この時期にルーセントの代表だったヘンリー・シャクトは、このプロセスすべてを企業経営の面から考察している。ビジネスはどの方面でも金について「非常にこすっからくなっていた」と、シャクトはいう。価格が横ばいかあるいは下落し、市場が停滞しているのに、後方業務にあいかわらず巨額の費用をかけていた。もはやそんな余裕はないというのに。「コスト削減の圧力はすさまじかった」シャクトは当時を追想する。「そこへフラットな世界が手に入った。〔だから〕経済は、人々がかつてはとうていい無理に思え、やることはないだろうと予測していた物事を、人々に強いるようになった……グローバリゼーションに加速がかかった」――知識労働の分野でも、工業の分野でも。企業はMITでとてつもなく頭のいい中国人エンジニアを見つけ、帰国させて、アメリカでエンジニア一人を雇うのと同じ費用で、現地にいさせて仕事をやらせることができる。ベルは青島《チンタオ》に研究施設があって、そこはルーセントのコンピュータと接続している。「中国の連中は夜間にこっちのコンピュータを使う」とシャクトは説明する。「コンピュータ関係の費用増加をゼロに近いところまで抑えられるだけではなく、通信コストも抑えられる。それにコンピュータは〔夜間は〕どうせほとんど稼動していない」

こうした理由から、Y2Kはインドの国民祝祭日にすべきだと私は思う。八月一五日が、インドの独立記念日だが、第二の独立記念日にすべきだ。若い頃にインドにいたジョンズ・ホプキンス大学の外交問題の権威、マイケル・マンデルバームは、こう述べている。「Y2Kはインド独立記念日にすべきだ」光ファイバー・ネットワークによる相互依存によって、インドは欧米の企業と共同作業する能力をものにした。それによって無限の可能性がひろがり、どこで誰のためにどう働くかということ

に関して国民に真の選択の自由があたえられた。

こうもいえる。八月一五日は午前零時に自由を祝う。Y2Kは真夜中の雇用を可能にした――ただし、雇うのはすべての人間ではなく、インドの最高の知識労働者だ。八月一五日はインドに独立がもたらされた日だが、Y2Kはインド人に――といっても、すべてのインド人にではないが、五〇年前に比べればずっと多くの人間に自由をあたえた。多くはインドでも最も生産性の高い階層に属する。そういう意味で、インドは幸運だったといえる。しかし、その収穫は、勤労とたゆまぬ勉学とIITを創設した賢者たちが種を蒔いたおかげでもある。

ルイ・パスツールが遠い昔にこういう言葉を口にしている。「幸運は心構えのできた人に味方する」

フラット化の要因　6
オフショアリング：中国のWTO加盟

二〇〇一年一二月一一日、中国はWTO（世界貿易機関）に正式加盟した。つまり、中国政府は輸出入と外国からの投資に世界各国が適用しているルールに従うことに同意した。原則として中国は、自国の競技場を競争原理に則って各国と同じように平らにしなければならない。数日後、私の友人であるASIMCOテクノロジーズの会長兼CEO、ジャック・パーコウスキーが所有する北京の燃料ポンプ製作所で、アメリカで教育を受けた中国人工場長が、次のようなアフリカの諺《ことわざ》を中国語に訳し

て工場に掲示した。

アフリカで毎朝、シマウマが目を覚ます。

一番足の速いライオンよりも速く走らないと殺されることを、シマウマは知っている。

毎朝、ライオンが目を覚ます。

一番足の遅いシマウマに追いつけないと飢え死にすることを、ライオンは知っている。

ライオンであろうとシマウマであろうと変わりはない。

日が昇ったら、走りはじめたほうがいい。

誰がライオンで誰がシマウマなのか、私にはわからないが、これだけはわかっている。中国がWTOに加盟して以来、その両者と世界各国は、どんどん速く走らなければならなくなっている。中国のWTO加盟が、共同作業の別の形――オフショアリングを強烈に加速させたからだ。数十年前から行なわれていたオフショアリングは、アウトソーシングとは違う。アウトソーシングは社内でやっている特定の限定的な機能――たとえば研究、コールセンター、会計処理――を抜き出して、他社にまったく同じ機能を果たさせ、その作業を戻して会社の全体的な業務に組み込む。オフショアリングは、それとは対照的で、オハイオ州カントンで操業している工場をそっくりそのまま中国の広東省《カントン》に移してしまう。同じ製品を生産するが、賃金や税金はずっと安く、エネルギーは政府の援助を得ているし、ヘルスケアのコストも低い。Y2Kがインドと世界にアウトソーシングの新段階をもたらしたのと同

じように、中国のWTO加盟は中国政府と世界にオフショアリングの新段階をもたらした——より多くの企業が生産を海外に移し、それをグローバルなサプライチェーンに組み込んだ。

一九七七年、中国の最高実力者、鄧小平は中国が資本主義の道を歩むよう導いて、「金持ちになるのは素晴らしいことだ」とのちに宣言した。厳重に閉鎖されていた経済を中国が開放したとき、世界の工業国の企業は、そこが輸出先として素晴らしい新市場であることに着目した。西欧とアジアの製造業者は、一つの市場で下着が一〇億組売れるのを夢想した。それを目的に中国に店舗を開く海外企業もあった。しかし、中国は世界の貿易ルールに従う義務を負わなかったので、貿易や投資上のさまざまな障壁によって、西欧の企業が市場に浸透するのが制限された。また、故意にそれをやらない場合でも、官僚主義とビジネス文化の違いが同様の影響を及ぼした。他に先駆けて中国に投資した連中は、シャツとズボンばかりか、下着まで失うはめになった。アメリカの西部開拓史時代を思わせる中国の法体系からして、失った金を取り戻せる見込みはほとんどなかった。

一九八〇年代になると、とくに中国での業務に精通した海外在住の中国人投資家の多くが、こういうようになった。「当面、中国にそれほど多くの品物を売ることができないのなら、中国の規律正しい労働者を使って現地で生産し、そこから海外に売ったらどうだろう?」これが中国の指導者たちの権益と合致した。中国は、海外の製造業者とその科学技術を取り込みたかった——中国で売る一〇億組の下着を製造するためだけではなく、中国の低賃金の労働力を使って世界中に六〇億組の下着を、欧米はおろかメキシコの下着メーカーよりもずっと安い価格で売るために。

工業——繊維製品、家電製品、家具、眼鏡フレーム、自動車部品など——の分野でオフショアリン

グの過程がいったん始まると、他の企業も中国にオフショアリングしないと（低コスト・高品質のプラットホームを利用しないと）、太刀打ちできないようになった。あるいは東欧やカリブ海かその他の発展途上国に製造拠点を築くしかなかった。

二〇〇一年にＷＴＯに加盟した中国は、工場を中国に移転した場合、国際法や標準的な商習慣に従って保護すると、海外の企業に確約した。それによって、中国の製造プラットホームとしての魅力が高まった。ＷＴＯのルールに基づき、中国は――段階的に――外国人や外国の会社を経済的権利と義務に関して中国の法律に従って取り扱うことに同意した。つまり、海外の企業はほとんどなんでも中国国内で売ることができる。ＷＴＯ加盟国になったことにより、中国はＷＴＯ加盟国すべてを平等に扱わなければならなくなった。つまり、関税や規制はどの国に対しても同じでなければならない。また、外国の政府や企業と貿易摩擦が起きたときには、加盟数カ国の仲裁に従わなければならない。それと同時に、政府官庁はもっと消費者寄りにならなければならないし、投資手順も簡素化し、外国人が中国の商業上の規定をうまく乗り切れるように、各省庁のウェブサイトを充実させなければならない。いったい何人の中国人が『毛沢東語録』を買ったのか知らないが、中国のアメリカ大使館関係者の話によれば、中国がＷＴＯ加盟の調印を行なってから数週間で、ＷＴＯ規約の中国語版が二〇〇万部売れたという。別のいい方をしよう。毛沢東支配下の中国は鎖国状態で、当時のフラット化要素から孤絶していた。したがって、毛沢東は中国人民だけが抱え込んでいる課題だった。鄧小平が中国を開国し、一〇のフラット化要素のうちのかなりの部分を取り入れたことにより、中国は世界各国が抱え込む課題になった。

中国のWTO加盟調印前には、中国政府は市場を開放して西欧との貿易で得な部分だけを利用しつつ、金融機関ぐるみで海外のすさまじい競争から中国のビジネスを保護するだろうという見方が強かった、とASIMCOのジャック・パーコウスキーはいう。「中国のWTO加盟は、中国が完全に資本主義路線に乗ったことを海外に示した。それまでは、国家共産主義にいずれは戻るだろうという意識が残っていた。WTOに加盟することで中国は、『われわれの路線は一本だ』ということを示した」

中国はさまざまな熟練の程度の低賃金労働者を大量に集めることができ、雇用を確保するために工場や機械類や知識労働への飽くなき欲求があり、膨大な消費者市場があるので、これまでに例のないほどのオフショアリング地域となった。中国には、人口一〇〇万人以上の都市が一六〇ある。それまで名も知らなかった中国東沿岸部の町へ行くと、世界中の眼鏡フレームの大部分をその一つの町で製造していて、その隣の町は世界中の使い捨てライターの大部分を製造しているということがある。そのまた隣はデルのコンピュータのスクリーンの大部分を製造し、さらにその隣は携帯電話が専門といった按配だ。日本のビジネス・コンサルタント大前研一は著書『中華連邦』で、香港の北の珠江デルタ地帯だけでも、五万カ所の電子部品工場があると推定している。

「中国は脅威、中国は顧客、中国は競争相手」大前は東京で私にそういった。「成功するには中国を取り込まないといけない。無視することはできない」中国を敵と見て競合するのではなく、自分のビジネスを分解し、どの部分を中国でやればいいか、どの部分を中国へ売り込むか、どの部分を中国から買うかを考えることだ、と大前はいう。

中国が世界市場に門戸を開いたことがどうして大きなフラット化要素であるかという話に移ろう。

中国がオフショアリング拠点としての魅力を示せば示すほど、マレーシアやタイやアイルランドやブラジルやベトナムといった他の発展途上国や先進国も魅力を示そうと努力せざるをえなくなる。中国で起きていることや、仕事がそっちへ流れてゆくのを見て、胸のうちでこうつぶやく。「しまった、われわれも同じような誘致策を提案しないといけない」自国でオフショアリングを引き受けるために、各国が争って税金面での優遇、教育面での優遇、助成金など、安価な労働力以外のものを提供することによって、競争力が平均化する。

『中国の世紀』の著者であるオハイオ州立大学経営学教授オデド・シェンカーは、《ビジネスウィーク》二〇〇四年一二月六日号で、アメリカ企業にそのことをずばりと提言している。「いまだに何かを労働集約型で生産しているなら、失血死する前にやめなさい。ここで五パーセント、あっちで五パーセントというふうに切り詰めても効果はない」中国の製造業者でも、その程度の修正はできる。「競合するにはまったく新しいビジネスモデルが必要だ」中国というフラット化要素は、巨大な国内市場が発展しつつあるという事実によっていっそう激しさを増した。前述の《ビジネスウィーク》の記事は、このことが規模の経済をもたらすと指摘している。国内の競合によって価格が低いままでとどまり、エンジニアが年間三五万人増加し、若い労働者や管理職は二四時間態勢で働くのを苦にせず、前代未聞の電子・軽工業の部品製造拠点となる。「ウォルマートやターゲットやベスト・バイやJCペニーのような大規模小売業者を満足させようという起業家の熱意が燃えあがる」

二〇〇五年秋に北京を訪問したとき、私は在中国アメリカ商工会議所のチャールズ・M・マーチン会頭と会った。マーチン会頭は、浙江省の靴下工場視察から戻ったばかりだった。この工場は、世界

各国の量販店向けの靴下と婦人肌着を製造しているが、中国の小売業者向けのものも製造しているという。工場の経営者は、靴下の箱をあけてみせて、このベーシック商品を一二足買えば、一足一一セントにするとマーチンに告げた。それが卸売価格だった。しかし、競合他社がもっと安く売っているので、一足一一セントでも競争できなくなっている、と経営者は打ち明けた。だから、六〇〇キロメートルほど内陸部に当たる江蘇省北部のもっと貧しい地域に工場を移転する計画だという。そこの地方政府は、税金、土地代、労働力ともにもっと安くすると約束している。

内陸部へ移転するのにもいずれ限界がきて、中国の工場は移転だけでコストを下げることはできなくなるはずだ。だが、まだその段階には達していないし、だから中国は工業におけるフラット化の力となっている。それに、どんな日用品を製造しているにせよ、西欧のメーカーは、こんな細かい工夫でコストを五パーセント下げようとはしないだろう。西欧人なら新しいビジネスモデルを探し求める。

中国のビジネスのやり方を批判する向きは、中国の労働市場における規模と経済の力は、低賃金ばかりではなく労働法の軽視と労働環境の悪化の世界的な最低水準を決めてしまうだろうといっている。ビジネス界では、これは「中国価格」と呼ばれている。

しかし、ほんとうに恐ろしいのは、中国が底値をめぐる競争ゆえに世界の投資をひきつけているのではないということだ。それは短期の戦略でしかない。どんな業種でも、中国に関して犯しかねない一番の誤謬は、中国は低賃金の競争で勝っているだけで、品質や生産性の向上はありえないと思い込むことだ。アメリカの非営利調査機関コンファレンス・ボードの研究によれば、中国の国営産業を除く民間企業部分では、一九九五年から二〇〇二年にかけて、生産性が年間一七パーセント向上してい

る――くりかえすが、一七パーセントだ。これはきわめて低い水準にあった中国が、新しい科学技術に加えて現代的なビジネスの手順を学んだことによる。ついでながら、コンファレンス・ボードはさらに、この期間中、中国の製造業部門で一五〇〇万人が失業したことを指摘している。ちなみにアメリカは二〇〇万人である。「製造業の生産性向上が加速するにつれて、中国は製造部門の労働人口が減り、サービス部門が増えている。発展途上の国で長年見られてきたパターンである」とこの研究では指摘している。

アメリカやEU各国を追い抜いてトップに立つための中国の長期戦略は、幸先のよいスタートを切っている。中国の指導者層は、競争相手である西欧の大多数の国よりも熱心に、数学、科学、コンピュータといった技術を若者に学ばせている。それらの技倆は、フラットな世界で成功を収める鍵を握っている。中国国民が接続して、他国の人間よりも速く楽にプレイできるように、物理的インフラと通信インフラを充実させ、世界各国の投資家を惹きつける優遇策を生み出す努力も怠っていない。中国の指導者層の真の狙いは、次世代の下着や飛行機の主翼を中国で設計することだ。これから一〇年は、そうした動きが続くだろう。つまり、三〇年後には、われわれは「中国に売る」から「中国で作る」へ、さらに「中国で設計する」、「中国で構想をたてる」ところまでいっているだろう。中国は、世界各国の製造業者と何も共同作業をしない存在から、世界各国の製造業者とあらゆるものを低コスト・高品質でこしらえるきわめて有能な共同作業の相手へと変身しているはずだ。これによって中国は、政治的な不安定によってその過程が妨げられないかぎり、大きなフラット化要素でありつづける。

この章のための下調べをしているあいだに、半導体産業の流れを追っている《インクファイラー》とい

うシリコンバレーのニューズレターをたまたま見つけた。二〇〇一年一一月五日の記事の見出しが目を惹いた。「中国はあらゆる物事の中心となる」《フォーブス》五〇〇の大企業のうち四〇〇社が中国本土の二〇〇〇件のプロジェクトに投資しているという《人民日報》の記事が引用されていた。しかも、これは四年前の話だ。

中国の隣国である日本は、中国という困難な課題に取り組むのに、積極果敢な手法をとっている。JETRO（日本貿易振興機構）の渡辺修理事長は、東京で私にこう語った。「中国は急速に発展し、低品質の製品から高品質のハイテク製品へとシフトしている」その結果、グローバルな競争力を維持するために、日本企業は製造と中級の製品の組み立てラインを中国に移し、国内では「より付加価値の高い製品」を作る方向にシフトしなければならなかった。つまり、日本と中国は「おなじサプライチェーンに属するようになりつつある」長い景気後退の末に、日本経済は二〇〇三年以降、立ち直りつつある。何千トンもの機械、組み立てロボットその他の重要なコンポーネントを中国に輸出しているおかげだ。二〇〇三年、中国はアメリカを超えて日本にとって最大の輸入相手国となった。それでも日本政府は、中国への過剰投資には気をつけるようにと企業をいましめ、渡辺のいう「中国プラス・ワン」戦略を奨励している。中国が政治的混乱によって平坦でなくなった場合に備え、生産拠点について中国に加え他のアジアの国にも軸足を置くようにというのである。

この中国というフラット化要素は、世界中の製造業労働者を苦しめてきたが、消費者にとってはまたとない恩恵だった。《フォーチュン》二〇〇四年一〇月四日号は、モルガン・スタンレーの推測を載せている。一九九〇年代半ばからだけでも、中国からの安価な輸入品が、消費者にとっては六〇〇

〇億ドルの節約になり、アメリカの製造業にとっても安価な部品による節約は莫大な額にのぼるだろうというのだ。これがFRBの金利引き下げの延長にも役立ち、アメリカ国民の住宅購入やローンの借り換えを促し、新事業への投資資本が増加したという。

中国へのオフショアリングが成功しているのをもっとよく理解するために、私はこの形の共同作業の先駆者であるASIMCOのジャック・パーコウスキーと北京で対談した。オリンピックに「過激な資本主義」という種目があったら、パーコウスキーが金メダルを取ることは間違いない。一九九八年、買収した企業の梃子入れのためにペインウェバーの投資銀行部門のトップの座をおりたパーコウスキーは、二年後の四二歳のときに、新たな挑戦に臨む決意をした。共同経営者数人を募って一億五〇〇〇万ドルを集め、中国企業数社を買収して、人生を賭けた冒険に乗り出した。それ以来、数百万ドルを損してはまた取り戻し、ありとあらゆる厳しい教訓を身をもって学んだが、それでも生き延びて、中国におけるオフショアリングの実情と、それがいかに強力なツールになるかを如実に示す実例となった。

「一九九二年から九三年にかけて、私が初めて事業に乗り出したときには、難しいのは中国での商機を見つけて入り込むことだと、誰もが考えていた」パーコウスキーは、当時をふりかえっていう。商機はいくらでもあるのだが、輸出に比重をかける、国内市場向けに世界水準の製品を製造する――というように、資本主義的な指針で自動車部品工場を運営する手順を理解している中国人マネジャーが払底していた。パーコウスキーがいうには、中国に拠点を作るのは難しくないが、その拠点を運営できる有能な中国人マネジャーを見つけるのが難しいという。そのため、中国の自動車部品会社の経営

に乗り出したときに、パーコウスキーはマネジャーを海外から輸入した。それが間違いだった。金がかかりすぎるし、中国での業務は、外国人にはまったくなじまないものだった。このプランAはすぐに中止された。

「そこで、移住してきた人間はすべて帰らせたが、投資家を納得させないといけないので、プランBを起動した」と、パーコウスキーはいう。「買収した工場に通常一緒についてくる元のマネジャーを教育しようとしたんだが、それもうまくいかなかった。そういう連中は、市場に対応する必要がなく、割り当て分さえ渡せばいいという、計画経済のもとで働くのに慣れ切っている。その反面、起業家の素質のあるマネジャーは、資本主義をひと口味わっただけで酔いしれてしまい、なんでもためそうとする。

中国人は、もともと起業家精神が旺盛だが、中国のWTO加盟前の当時は、それを抑制する法律や社債・株式市場が不備だった。国営産業出身の役人気質丸出しのマネジャーか、無鉄砲な資本主義を実践する初期の民間企業のマネジャーしか、見つけることができなかった。どちらも極端で望ましくない。役人あがりのマネジャーでは、何も成し遂げられない――中国はよそとは違うという言い訳を聞かされるだけだ。起業家精神が旺盛すぎるマネジャーでは、何をしでかすか見当もつかないから、こっちは夜もおちおち眠っていられない」パーコウスキーは、眠れない夜を何度となく経験している。

パーコウスキーは最初の頃に、ゴム部品を製造する中国の会社の経営権を買収した。次の段階として、中国人共同経営者が持ち株の売却に同意し、今後は業務で競合しないという条件で調印した。ところが、取引が終了したとたんに、その中国人は新しい工場をこしらえた。中国語に「競合しない」

の訳語はない。かくしてプランBも中止された。

その間も、パーコウスキーの共同経営する会社は赤字を出しつづけていた——中国でのビジネスのやり方を学ぶのに、高い月謝を払ったものだ——やがてパーコウスキーは、自動車部品工場数社を所有するようになった。「一九九七年は不調だった。われわれの会社は全体として縮小しつつあり、利益はあがっていなかった。何社かはまあまあだったが、全体として厳しい状況だった。経営の主導権は握っていて、理屈のうえでは、誰であろうと気にいった人間を現場に送り込むことができたんだが、〔マネジャー〕予備軍を見渡しても、使えそうな人間は一人もいなかった」プランCを実行する潮時だった。

「われわれはおおむねこんな結論を出した。中国は好きだが、『旧中国』の部分は望ましくない。『新中国』マネジャーに望みを託そう」パーコウスキーはいった。「頭の柔らかい新世代の中国人マネジャーを探して、経営を学ばせた。中国で事業をやった経験があり、かつまた外国のやり方にも通暁していて、中国が何を指向しなければならないかを知っている人間を探した。それで、一九九七年から九九年にかけて、『新中国』マネジャーの一団を雇った。たいがい本土の中国人で、多国籍企業で働いたことがある。このマネジャーたちが慣れるにつれて、『旧中国』マネジャーと一人ずつ交代させていった」

グローバルな市場と顧客を理解し、全社共通の方針のもとで団結できる——しかも中国について知っている——新世代の中国人マネジャーが配置につくと、ASIMCOは利益をあげはじめた。現在、ASIMCOは中国の九つの省に自動車部品工場一八カ所を所有し、年間総売上は三億五〇〇〇万ド

ルにのぼる。アメリカの得意先に輸出するとともに、中国国内に三六の営業所があり、中国の自動車メーカーにも販売している。

これを拠点に、パーコウスキーは次の大きな動きに出た——アメリカに逆上陸《オンショア》して、オフショアリングから利益を得ようとしたのだ。「二〇〇三年四月、われわれは破綻した老舗の部品メーカー、フェデラル・モグルの北米でのカムシャフト事業を買い取った」パーコウスキーは語る。「そこの主要取引先であるビッグ・スリーとキャタピラーとカミンズを取り込むのが、当初の目的だった。キャタピラーやカミンズとは何年も前から取引があり、この買収でそれが強化された。いっぽう、ビッグ・スリーへのカムシャフト販売は、それが初めてだった。買収のもう一つの目的は、中国へ持って帰れるテクノロジーを得ることだった。いまの乗用車やトラックに用いられるテクノロジーは大半がそうだが、カムシャフト〔エンジンの給排気をコントロールする部品〕のテクノロジーもごくあたりまえの技術と見られている。しかし、カムシャフトは、高度の加工部品で、エンジンの性能を左右する。この買収によってわれわれは実質的に、中国でカムシャフトのトップメーカーになるのに利用できるノウハウとテクノロジーを手に入れたことになる。それによって、中国とアメリカの両方にカムシャフト・テクノロジーと得意先の基盤を築いたわけだ」

オフショアリングはアメリカの労働者にとってマイナス面ばかりが多い——ここにあった仕事があっちへ行ってしまい、それで終わり——というのがおおかたの考えだったので、これはきわめて重要だった。現実はそう単純ではない。

企業が海外に工場を建設するのは、アメリカやヨーロッパに売る製品を作るのに安い労働力を得る

ためばかりではない。貿易上の障壁を気にせず海外市場に供給し、そこに独占的な足がかりを築くという動機もある――まして中国は巨大市場だ。アメリカ商務省によれば、アメリカ企業が所有する海外工場の製品の九〇パーセント近くが海外の得意先に売られているという。これが現実にアメリカの輸出振興に役立っている。企業が海外工場に投資すればするほど母国の輸出が増えることを、さまざまな研究が立証している。なぜなら、現在の世界貿易の三分の一が多国籍企業によるものだからだ。その逆もまたしかりである。人件費を節約するために生産を海外に移転した場合でも、何もかもが移転されるわけではない。二〇〇四年一月二六日付のヘリテージ財団の研究「雇用創出と海外での所得への課税」によると、アメリカと中国の両方の市場向けに国内と海外で生産するアメリカ企業は、アメリカ経済生産の二一パーセント以上を生み出し、輸出の五六パーセントを占め、製造業労働者の五分の三にあたる約九〇〇〇万人を雇用しているという。つまり、GMが工場を上海に建設しても、中国のその工場にサービスや製品を輸出することによって、雇用を創出し、さらにコストの低い中国製部品によってアメリカ国内の工場も恩恵を受ける。この一つの現象によって、最終的にはアメリカが得をするわけだ。アメリカ企業の中国へのオフショアリングには注目が集まるが、毎年アメリカに対して行なわれる海外からの巨額の投資は、あまり注目されない。それはアメリカの市場や労働力を手に入れようとする外国企業とアメリカ企業は、互いに似たやり方をするからだ。二〇〇三年九月二五日、ダイムラークライスラーは、ドイツ以外で初のメルセデス・ベンツ乗用車工場をアラバマ州タスカルーサに建設した一〇周年を祝う行事の際に、六億ドルかけて工場を拡張することを発表した。「タスカルーサでわれわれは、新工場で新しい人員を使い、新しいシリーズの製品を製造できることを、み

ごとに証明した。ドイツ生まれではない『メルセデス製』の車を完璧に製造できることも実証した」と、メルセデス部門を統括するダイムラークライスラーのユルゲン・フーベルトが、この式典で述べている。

ＡＳＩＭＣＯは、当然ながら中国の新しいカムシャフト製造ラインを、原料の処理と仕上げ前の工程に利用し、半製品をアメリカのカムシャフト工場に輸出した。そこで技術の高いアメリカ人機械工が、品質を高めるのに重要な仕上げ工程をすませた。そういうやり方によって、ＡＳＩＭＣＯの得意先のアメリカ企業は、中国のサプライチェーンの恩恵をこうむるとともに、つきあいの長い仕入先と安心して取引ができる。

アメリカの熟練工の平均賃金が月額三〇〇〇ドルないし四〇〇〇ドルであるのに対して、中国の工場労働者の平均賃金は一五〇ドルほどである。それに加え、ＡＳＩＭＣＯは労働者のために医療保険や年金、住宅補助、退職金を支払わなくてはならないが、そうしたものには中国政府の助成金が出る。中国人労働者の月給の三五ないし四五パーセントが、こうしたヘルスケア費用をまかなうために地元の労務局に支払われる。中国の健康保険は非常に安い――賃金が低く、受けられる医療が限定され、医療過誤に対する訴訟がないため――ので、「中国は事業を拡張して労働者を増やすのにうってつけだ」とパーコウスキーは説明する。「アメリカ企業の医療費負担を減らすように手を打つことが、ひいてはアメリカの雇用の確保にもプラスになる」

フラットな世界を利用して、国内《オンショア》と海外《オフショア》の工場を使い分け、アメリカ市場に近いところでは給料の高いアメリカ人の熟練工、中国市場に近いところでは賃金の安い中国人労働者という具合に使い分

ける共同作業によって、「アメリカ企業の競争力を高めて、売上を増やし、事業を拡張する」とパーコウスキーは説明する。「オフショアリングに関して多くのアメリカ人が見過ごしているのは、そこなんだ。じっさい、買収以降、われわれはカミンズとの取引を倍増し、キャタピラーとの取引も大幅に増やした。われわれの得意先はすべてグローバルな競争にさらされていて、コストの面で競争力を維持できるような正しいやり方をする仕入先を必要としている。フラットな世界を理解している仕入先と一緒にやっていきたいと願っている。カムシャフト事業に関して、われわれがアメリカの得意先に説明に行くと、われわれのやっていることにおおいに賛同してくれる。得意先の競争力を強めることができるように、われわれが自分たちの事業を調整しているとわかるからだ」

ここまで共同作業の質が高まったのは、ここ数年のことだ。「一九八三年でも一九九三年でも、われわれが中国で成し遂げたようなことは無理だったろう」パーコウスキーはいう。「一九九三年以降に、いろいろなことが積み重なった。インターネットがアメリカに利益をもたらしたという話はよく聞く。しかし、中国のほうがもっと恩恵をこうむっていると、私はいつも力説するんだ。従来、中国の発展は、外国の人間が中国国内の情報をまったく得られなかったことによって阻害されていた。インターネット以前は、その情報の隙間を埋めるには現地へ行くしかなかった。いまではは家にいてインターネットでそれができる。それなしではグローバルなサプライチェーンは運営できない。いまでは電子メールを使い、設計図をインターネット経由で送ればいい――フェデックスすら必要としない」

いくつかの産業の場合、中国で生産を行なう利点が非常に大きくなり、無視できなくなった、とパーコウスキーは説明する。自分が平《フラット》らになるか、それとも中国にぺしゃんこ《フラットゥンド》にされるか、二つに一つ

だ。「アメリカにじっとしていて、中国に入り込む方策を考えなかったら、これから一〇年か一五年後には、グローバルなリーダーにはなれない」

中国のWTO加盟にともない、中国経済の従来の鈍足で効率の悪い保護された部分が、すさまじいグローバルな競争にさらされた——もっともそれは、オハイオ州カントンと同じように中国の広東省《カントン》でも熱烈に歓迎された。中国政府がWTO加盟を国民投票にかけたなら、「ぜったいに可決されなかっただろう」と、WTO加盟承認の時期に米中ビジネス協議会の北京支局長をつとめていたパット・パワーズはいう。中国の指導者たちがWTO加盟に踏み切った主な理由は、随意に意思決定できるように、中国の官僚体制を近代化し、国内の規制の壁や一部の抵抗勢力を打ち砕く武器として使うためだった。中国の指導者層は「中国は国際社会に溶け込まなければならないのを承知していた。しかし、現存の機構の大部分が、変化や改革を拒むに違いないから、WTOを自国の硬直した官僚体制を動かす梃子に使おうとした。そして、この二年半、動きは鈍いながらも、従来の体制を脱しようとしている」

WTOの基準を厳しく守りつづければ、やがては中国経済はフラット化し、世界のフラット化をいっそう促進するはずだ。だが、変容は簡単ではない。その過程を阻み、あるいは鈍らせるような政治的・経済的崩壊が起きる可能性は、けっして小さくはない。しかし、かりに中国がWTOによる改革案をすべて実行したとしても、そこで一息つくことはできない。ほどなく中国は経済成長を渇望する段階に達するだろうし、そうなったら、さらなる大きな政治改革が必要とされる。自由な報道と活動

的な市民団体なくしては、腐敗を根絶することはできない。成文化された法律がもっと整備されないと、てきぱきと動くことはできない。国民が不満を吐き出せるような開かれた政治体制にならないと、経済が下降線をたどったときに対応できない。別のいい方をすれば、中国は「政治改革」というばかでかい道路の瘤を乗り越えないかぎり、完全にはフラット化しない。

たしかにその方向に進んでいるようではあるが、道のりはまだかなり遠い。二〇〇四年春に中国駐在のアメリカ外交官が口にした言葉が、私は気に入っている。「中国がいまやっているのは、民営化ではなく、隔靴搔痒化だ。中国の改革は不透明で、幕の向こうで動く形が見えるから、よけいじれったくてしかたがない。だが、けっして透明にはならない。〔政府はいまだに〕少数の企業や特定の利益団体だけに〔経済についての〕情報を流しているにすぎない」どうして不透明だというのか、と私がきくと、こういう答が返ってきた。「完全に透明だとしたら、フィードバックをどうする？　彼らはその問題に対処するすべを知らない。透明性の結果に〔いまはまだ〕対処できない」

かりに中国が道路の政治的な瘤をいつか乗り越えたとしよう。そうすれば、いまよりもさらに大きなオフショアリングのプラットホームになるだけではなく、アメリカ並みの自由市場が出現するはずだ。一部の国にはそれが脅威になるかもしれないが、世界にとっては大きな実のある発展になるはずだ。第二次世界大戦後、西欧や日本が自由市場になろうと努力したことによって、どれだけの新製品、アイデア、雇用、消費者が生まれたか、考えてみるといい。その過程が、これまでに類を見ない繁栄の時代を世界にもたらした――世界がまだフラット化していなかったにもかかわらずである。当時は、世界の真ん中に壁があった。インドと中国がその方向へ向かえば、世界はこれまで以上にフラット化

するばかりではなく、これまでになく繁栄すると、私は断言する。アメリカのような国は、一つではなく三つあったほうがいい。三つよりは五つのほうがいい。

しかし、いくら自由貿易主義者であるとはいえ、短期的にこれがアメリカ国内のある種の労働者の給料や雇用を脅かすのではないかという危惧は私も抱いている。中国に関していえば、もはや保護貿易主義は通用しない。中国経済は先進国の経済と完全に結びついているから、それを切り離そうとすれば、経済的・地政的混沌をもたらし、世界経済に壊滅的打撃をあたえかねない。アメリカとヨーロッパは、中国を精いっぱい活用でき、なおかつ最悪の事態にはショックを吸収できるような、新しいビジネスモデルを開発する必要がある。《ビジネスウィーク》は、「中国価格」と題した二〇〇四年一二月六日の劇的な特集記事でこう述べている。「中国はすべてを支配できるのか？　むろんそれはありえない。アメリカは世界最大のメーカーとして、九〇年代半ばの九〇パーセントという数字よりは減ったものの、自国の消費の七五パーセントを生産している。航空宇宙、医薬品、自動車といった産業は、莫大な研究開発費と投資を必要とし、いまなおアメリカには磐石の地盤がある……アメリカは間違いなく中国の拡大から恩恵を受けつづけるだろう」だが、多数の分野で中国価格が産業にもたらす長期の難問を解決しないかぎり、「アメリカは経済力と影響力を失うおそれがある」

つまり、いい換えるなら、アメリカとヨーロッパが世界のフラット化やすべての市場と知識センターの連結から恩恵を受けたいなら、一番足の速いライオンぐらいの速さで走らなければならない。一番足の速いライオンは中国だろう。それに、とてつもなく速いに違いない。

フラット化の要因　7

サプライチェーン：ウォルマートはなぜ強いのか

アーカンソー州ベントンビルのウォルマート本社へ行くまで、私はサプライチェーンが稼動しているありさまをこの目で見たことはなかった。ウォルマート側に一一万平方キロメートルの広さの物流センターを案内してもらい、展望台に昇って、一部始終を眺めた。建物の片側では、仕入先数千社からの商品の箱が、何台ものウォルマートの白い大型トラックから下ろされている。大小さまざまな箱が、納品所からコンベアベルトに乗る。ちょうど小さな流れが集まって大きな川になるような按配に、その細いコンベアベルトが太いベルトへとつながっている。週七日、二四時間休みなしに、商品を積んだトラックから全長二〇キロメートル近いコンベアの流れへと、商品が吐き出される。コンベアの細い流れが、ウォルマートの箱入り商品の巨大な川に流れ込む。だが、それは作業のほんの半分でしかない。ウォルマートの川が流れているあいだに、建物の反対側に向かう箱のバーコードを電子の目が読み取る。そちら側で、川はまた一〇〇本の流れに分かれる。それぞれの流れから電子の腕が突き出し——ウォルマートの特定の店舗の指示に従って——箱を誘導して、本流から支流へと流し、そのコンベアベルトが待機しているウォルマートのトラックへと商品を運んでゆく。そのトラックが、その特定の商品を国内のどこかのウォルマート支店の棚へと運ぶ。そこで客がその商品を棚から取り、レジ係がバーコードを読み取ったとたんに信号が送られる。ウォルマートのネットワークを通って、

その信号が仕入先へと送られる——仕入先の工場が中国沿岸にあろうがメーン州沿岸にあろうが同じだ。その信号が仕入先のコンピュータの画面に表示され、売れた商品をウォルマートのサプライチェーンを通じて送るように促す。そして、同じサイクルがくりかえされる。つまり、地元のウォルマートの棚から商品を取ってレジに持っていったとたんに、世界のどこかで機械の腕が同じ物を作りはじめる。これを複合的な動きにおける「ウォルマート交響曲」と呼ぼう。フィナーレはなく、三六五日、週七日、二四時間、延々くりかえし演奏される。配達、仕分け、荷造り、配送、購入、製造、再注文、配達、仕分け、荷造り……。

クリスマスシーズンには、HP一社だけで、全世界のウォルマート四〇〇〇店舗で四〇万台のコンピュータを売る。このため、同社は商品のコンピュータがウォルマートの川と流れと店舗へ潤滑に流れていくように、標準のインターフェイスをすべてウォルマートに合わせ、サプライチェーンを調整しなければならなかった。

ウォルマートは、グローバルなスケールでこの交響曲を演奏してのける——雑多な商品を年間二三億箱、サプライチェーンを通じて店舗に流す——能力を備えている。だからこそウォルマートは、この章で私が論じたい次のフラット化要素のサプライチェーンの最も重要な例となる。サプライチェーンは、価値を生み出すために仕入先、小売店、消費者のあいだで水平の共同作業を行なう方法である。また、世界を平らにする力があり、それ自体がきわめて重要なフラット化要素である。なぜなら、サプライチェーンがひろまればひろまるほど、企業は互いに共通の標準を採用せざるをえなくなり（つまり、サプライチェーンのすべての鎖の輪が次の輪とつながり）、境目で摩擦が生じる個所が減り、

ある企業の効率的な作業を他の企業が採用するようになり、ひいてはグローバルな共同作業が促進される。

サプライチェーンが、フラットな世界で大きな競争力と利益の重要な源になっているのを理解するには、一つの事実だけを考えてみればいい。ウォルマートは現在、世界最大の小売業者だが、製品は一つも製造していない。〝作っている〟のは、超効率的なサプライチェーンだけだ。サプライチェーン管理の権威でMITエンジニアリング・システム科教授のヨッシ・シェフィは、好んでこういう説明をする。「品物を作るのは簡単だ。サプライチェーンとなると、非常に厄介だ」シェフィがいいたいのは、こういうことだ。現在のテクノロジーをもってすれば、知的財産を秘密にしておくのは難しい。どんな製品でも、分解して模倣し、何日かで品物を作れる。だが、世界中に〝品物を届ける〟——仕入先、卸売業者、港湾業者、税関、発送業者、運送業者といった関係業種の連鎖を綿密に秩序正しく動かす——プロセスを築くのは、容易ではないし、まして真似するのはきわめて難しい。

ウォルマートについて詳しく説明する前に、サプライチェーンの全般的な効用を説明し、それが重要である理由を理解してもらいたいと思う。世界がフラットなとき、企業は、世界のどこででも最低価格で生産させることができるし、またそれをやらなければならない。自社がやらなければ競合他社がやる。だから、パーツや製品を世界の隅々から調達するグローバルなサプライチェーンが、小売業者にとってもメーカーにとっても重要になる。これは朗報だ。しかし、悪い報せもある。シェフィがいうように、サプライチェーンを有効に動かすのは、傍目で見るほど生易しくはないし、たえずイノベーションや調整を必要とする。フラットな世界でグローバルなサプライチェーンを開発するには、

二つの大きな難題がある、とシェフィは説明している。一つは「グローバルな最適化」だ。一カ所でより安いパーツが得られたとしても、それだけではしかたがない。肝心なのは、地球の隅々から工場や小売店に間に合うように配送する総コストを下げることだ。それも、競合他社よりも低いコストでなければならない。「私が企業の輸送責任者だとすると、運賃が最も安い運送業者と仕事をしたいと思う」シェフィはいう。「生産責任者だとすると、最も信頼できる運送業者と仕事をしたいと思う。この二つは、かならずしも一致しない」つまり、最初の難題は、こうした要素すべてのバランスをとりつつ、最も信頼できてコストの低いデリバリー・システムを用意することだ。シェフィによれば、次の大きな難題は、分裂しがちなサプライチェーンを、予想するのが難しい需要に応じて調整することだ。一種類のパーツ、一種類のセーターの買い付ける数が多すぎてはいけない――工場や店の棚で余ってしまうと、安売りせざるをえなくなる。だが、パーツにせよ、セーターにせよ、足りなくても困る。ショッピングに来た客がほしいものが見つからないと、その日の売上が落ちるだけではなく、その客がもう二度と来てくれないかもしれない。現在の商品――ことにファッション性の高い製品と家電製品――のライフサイクルは短いので、それらの難題がいっそう厄介になる。イノベーションは早まる一方で、商品の流行りすたりも速い。だから、需要を予想するのは、なおさら難しくなる。

企業がこうした難題に対応する方法は数多くある、とシェフィはいう。一つは在庫を情報に換えることだ。この手法ではウォルマートが先駆者である。客が何を買っているか――どの商品、形、色など――という情報が店舗から早く伝われば、その情報をメーカーやデザイナーに早く伝えて、赤いセーターは多めに、黄色いセーターは少なめに、サプライチェーンを流すことができる。ＩＴの進歩に

よって、ウォルマートはサプライチェーンを移動する商品がいまどこにあるかを〝見る〟ことができる。したがって、テキサスの需要が高く、ニューイングランドは予想より需要が低いとすると、ウォルマートはサプライチェーンの流れを途中で変え、商品をほしがっている客がいるテキサスに流すようにできる。スペインのアパレル製造小売チェーンのザラは、ことにこの手法に長けていて、競合他社をたえずしのいでいる。ザラは、在庫過剰よりは不足のほうが利益につながるという方針を貫き、電撃的な速さで不足を補って、客がずばりほしがっている品物を提供するので、残品のリスクが小さい。いったいどうやっているのだろうか？

ザラの手法は、高度なITに負うところが大きい。「客の好みをモニターするために、店長は全員送受信能力のあるPDAを携帯し、中央企画室にデータをじかに送る」ハーバード・ビジネススクールとUPSの共同研究の『経度04』は述べている。「このテクノロジーによって、実行命令を出すまでの時間が大幅に減り、新製品をデザインして店に出すまでの日にちが三〇日以内に縮まり、店舗から分単位の成果を取り入れるまでデザイン決定を引き延ばす余裕もできた。気まぐれな客の好み、ころころ変わるスタイルの傾向といったリスクを軽減するように計画を改善するために、ザラは予測できない出来事が起きたときにも適応する備えをしている。9・11直後、ザラの経営陣は、消費者が深刻な気持ちになっていると見て、数週間以内に黒を基調とする新製品を店舗にストックさせた。

この戦略を業界では仕入れ引き延ばし《ポストポーネント》と呼んでいる。『弾力性のある企業：競争優位の脆弱性を克服する』という近著のあるシェフィの説明によれば、需要を見極めるのがいよいよ難しくなっている現在、優秀な企業は最後のぎりぎりの瞬間まで製品に付加価値を加えるのを引き延ばすという。それ

がデルの非凡なところだった。デルは、客がいないのにコンピュータを製造するということをしない。客の望むだけの数のコンピュータを製造する。しかも、一台一台が、客の希望に従ったものだ。だから、完成品のコンピュータの在庫は一台もない。基本的パーツをそろえ、スクリーンのサイズ、メモリ、ソフトウェアなど、客の希望に応じて付加価値をつける。「思惑で買い込んだパーツを抱えてしまうことはあっても、パーツはさまざまな機器の構成によって使い回しができるから、いずれなくなる」と、シェフィは説明する。「デルが売れなかったコンピュータを抱えてしまうことはない」フラットな世界では、製品はイノベーションによってこれまでよりもずっと早くコモディティ化し、競争相手は世界中からやってくるし、これまでよりも競争が激しい。客の要求は急に変わりやすい。情報は氾濫している。短期間の一部の流行が、稲妻みたいに世界を駆けめぐる。こんな世界では、企業が競合他社をしのいで抜きん出るには、迅速機敏なグローバルなサプライチェーンが、一つの重要な手法になる。

消費者の立場から、われわれはサプライチェーンを大歓迎する。なぜなら、テニスシューズからノート・パソコンに至るあらゆる商品を、どんどん価格を下げ、なおかつわれわれの好みのものに仕立てて、供給してくれるからだ。そうやってウォルマートは世界最大の小売業者になった。しかし、労働者の立場からすると、われわれはこうしたサプライチェーンに愛憎半ばした感情を抱き、あるいは敵意を抱くこともある。なぜなら、それによってわれわれはますます激化する競争にさらされ、自分たちの勤める企業もコスト削減や、場合によっては給与や手当ての引き下げに直面することがあるか

らだ。だから、ウォルマートについては賛否両論がかまびすしい。サプライチェーンの改善をこれほど効果的に行なった（したがって世界をフラット化した）企業は、これまで存在しなかった。消費者の立場と労働者の立場のあいだに生じる緊張を、これほど縮図的に示している企業はほかにない。二〇〇二年九月三〇日、《コンピュータ・ワールド》はウォルマートの中軸的な役割を要領よく説明している。『ウォルマートの仕入先になることは、双刃の剣でもある』とマテル社ＣＩＯのジョーゼフ・Ｆ・エクロスはいう。『ウォルマートは驚異的な販売ルートであるとともに、厳しい得意先でもある。最高を要求する』カリフォルニアに本拠のある玩具メーカーのエル・セグンドや仕入先数千社は、世界最大の小売業者であるウォルマートが、ビジネスの様相を一変させるような在庫・サプライチェーン管理システムを確立していることを、身をもって学んだ。個々の商品に至るまで売行を把握する最新技術に、早くから巨額の投資を行なったことにより、このアーカンソー州ベントンビルに本社を置く巨大スーパーは、自社のＩＴインフラを競争における最大の強みとしてきた。また、世界中の企業が、それを研究し、真似てきた。『ウォルマートは史上最高のサプライチェーン・オペレーターだと思う』ボストンのハイテク・コンサルタント会社ＡＭＲリサーチの小売業研究主任ピート・アベルはそう述べている」

世界一効率的なサプライチェーンを追い求めるウォルマートは、長年にわたって何度となく攻撃的なビジネスを行ない、挫折したことも何度かあった。当時は理解されず、後年に評価されるということもあった。しかし、ウォルマートが世界をフラット化した一〇の要素の一つという役割を果たしたことは否定できない。だから、私はそれを理解するためにベントンビルに詣でた。なぜだかわからな

いが、ラガーディア空港を飛び立った飛行機の機内で、今夜はスシが食べたいと思った。しかし、アーカンソー州北西部のどこでスシが食べられるのか？　たとえそういう店が見つかったとしても、食べる気になるだろうか？　アーカンソー州の鰻など、信用できるものだろうか？

ウォルマート本社近くのヒルトン・ホテルに着くと、大きな日本料理・ステーキハウス・スシ・レストランが蜃気楼みたいにその隣に出現したので、私は肝をつぶした。チェックインの手続きをしてくれたフロント係に、ベントンビルでスシが食べられるとは思わなかったというと、フロント係はこういった。「じきに日本料理店が三軒できますよ」

ベントンビルで日本料理店が競合？

アーカンソーのスシの需要が増えたのは、理由のないことではない。ウォルマートの本社や支社の周囲では、どこでも屋台を思わせる食べ物屋が母船の近くで営業する。当然ながら、そのあたりは「屋台村」と呼ばれる。ウォルマート本社を見て驚くのは、なんというか、いかにもウォルマート的であることだ。倉庫を改造した建物に、オフィスがせせこましく詰め込まれている。トタン板張りの大きな建物のそばを通ったとき、そこは保守点検のための設備だろうと私は思った。案内係の広報担当ウィリアム・ワーツが、「海外事業部です」と説明した。本社の中枢の部屋は、私の娘の公立ジュニア・ハイスクールの校長や教頭や主任指導教官のオフィス――改築前の――よりも狭いくらいだ。ロビーを通るときに、納入業者がバイヤーに商品を売り込んでいる狭い小部屋の商談室が見えた。テーブルにミシンをならべている者もいれば、人形か、あるいは婦人ブラウスをならべている者もいる。サムズ・クラブ（ウォルマート系の会員制卸売りスーパー）とダマスカスの屋根のあるバザールを足して二で割ったような感じ

だ。ウォルマートの株主よ、よく聞け。この会社はよけいな虚飾に無駄金を使うようなことはしない。

それにしても、こんな革新的思考――さまざまな面で世界のビジネスの地形を作り変えた思考――が、どうして漫画の主人公リル・アブナーが住むような田舎町で生まれたのだろう？　じつはそれが、本書でたびたび指摘している現象――フラット化の共同作業の典型的な一例なのだ。国や企業の天然資源が乏しいと、生き残るために知恵を絞ってイノベーションを生み出そうとする。ウォルマートが世界最大の小売業者になったのは、接触するすべての相手と厳しい駆け引きをやるからだろう。だが、このことだけは間違いない。ウォルマートがナンバー・ワンになったのは、このアーカンソー北西部の田舎にあるちっちゃな会社が、どの競合他社よりも早く、そして賢明に、新しい技術を身につけてきたからなのだ。そして、いまもそれを続けている。

一九八八年から二〇〇〇年まで同社のCEOをつとめたデビッド・グラスは、ウォルマートを世界で最も大きく、なおかつ最大の利益をあげる小売業者にした数々のイノベーションを取り仕切ってきた。《フォーチュン》はかつてグラスのことを、「最も過小評価されているCEO」と評した。ウォルマートの創業者サム・ウォルトンの哲学を基礎に、グラスがひそやかに実績を積みあげてきたからだ。デビッド・グラスは、ビル・ゲイツがワープロに対して行なったことを、サプライチェーンに対して行なった。一九六〇年代にウォルマートがアーカンソー州北部で旗揚げした頃には、ディスカウント・ショップを目指していた、とグラスは説明する。しかし、当時の安売り雑貨店は、どこも同じ卸売業者から仕入れていたので、競争で頭角を現わすすべがなかった。ウォルマートが抜きん出るには、

メーカーからじかに大量に仕入れるほかはなかった。しかしメーカー側としては、全国に点々とあるウォルマートの店舗にじかに送るのは、効率が悪い。そこでウォルマートは、商品をメーカーがすべてまとめて送れるような物流センターをこしらえ、自社のトラックで店舗に商品を配達するようにした。この算数は次のようになる。物流センターの運営のために、ウォルマートはコストが平均で約三パーセント上昇する。しかし、卸売りを通さず、じかにメーカーから買うので、仕入原価は平均で五パーセント下降する。つまり、ウォルマートはコストを二パーセント引き下げることができ、差引勘定では得をする。

大幅な割引を可能にするメーカーからの直買の基本的手順を確立すると、ウォルマートは容赦なく三つのことに集中した。まず、メーカーと協力して、コストをできるだけ削減させる。次に、メーカーが世界のどこにあろうと、そこからウォルマートの物流センターへのサプライチェーンを改善し、可能なかぎりコストと摩擦を削減する。三つ目はウォルマートの情報システムの改善で、客が何を買っているかを正確に知り、その情報を全メーカーに報せ、適切な時に適切な商品が棚にあるようにする。

メーカーからじかに仕入れ、サプライチェーンの運営コストを下げるイノベーションをたえず行ない、消費者についてより詳しく知って在庫を抑える——そうして金を節約すれば、どんなときでも競合店舗を価格で打ち負かすことができると、ウォルマートはいち早く気づいた。アーカンソー州ベントンビルという僻地にある会社だから、それが唯一の選択肢だった。

「自社のロジスティックスやシステムを創ったのは、わが社がこんな辺鄙《へんぴ》なところにあるからです」

ウォルマートの企業問題担当副社長ジェイ・アレンはいう。「ほんとうにちっぽけな町だったんですよ。社外にロジスティックスを任せるのはとうてい無理でした。生き残れるかどうかの問題だったんです。われわれが注目を集めているいま、低価格が可能なのは、会社の規模が大きいからだとか、中国から仕入れているからだとか、仕入先に強要できるからだとかいう勝手な憶測があります。低価格は、ウォルマートが金をかけてこしらえた効率のよさ――システムと企業文化――から生まれたものなんです」と、グラスはいう。「われわれが頭がよくて想像力が豊かだと自慢したいのは山々ですが、すべて必要から生まれたんですよ」

サプライチェーンが成長するにつれて、ウォルトンとグラスは、自分たちの事業の成功の鍵を握るのは規模と効率だというのを、いっそう理解した。単純にいえば、サプライチェーンの規模と幅がひろがれば、それだけ客に売る商品の値段が安くなり、仕入先にさらに値段を下げるように要求しやすくなる。客に売る商品の数が増えれば、またサプライチェーンの規模と幅がひろがり、株主へ還元する利益も増える……。

サム・ウォルトンは、こうした企業文化の父であるが、母であるとは限らない。また、ウォルトンが生み出したものは、無駄を排した過酷なサプライチェーン・マシーンとなった。二〇〇四年、ウォルマートは約二六〇〇億ドル相当の商品を仕入れ、アメリカ各地の一〇八カ所の物流センターを通して、国内の三〇〇〇店舗に供給した。

創業当初は、「ごく規模が小さかった――シアーズやKマートの売上の四、五パーセント程度だった」とグラスはいう。「それだけ小さいとつぶされやすいから、何をさておいても市場のシェアを伸

ばそうと思った。それには、よそよりも安く売らなければならなかった。物流センター運営のコストを二ないし三パーセント減らせれば、小売価格を落としてシェアを伸ばし、他社につぶされないようになる。つまり、効率をあげた分を、消費者に還元できる」

一例を挙げよう。メーカーが商品をウォルマートの物流センターに届けたあと、ウォルマートはその商品を小分けして店舗に配達しなければならない。だから、ウォルマートはアメリカ中にトラックを走らせている。無線や衛星通信で運転手と連絡をとれるようにすれば、ウォルマートの店舗に配達を終えたあとで、近くのメーカーから商品を受け取ることもできる、とウォルトンはじきに思いついた。そうすれば、トラックが空荷で帰ってくることはなく、メーカーから請求される運賃も節約できる。あちらこちらで細かく節約する結果、量も幅も規模も大きくなる。

サプライチェーンを改善するに当たって、ウォルマートは鎖の輪すべてに手を加えた。ベントンビルの物流センターを見学しているとき、大きくてコンベアに乗らない箱をパレットに積み、ヘッドホンをかけた従業員がリフトで運搬しているのが目に留まった。各従業員が配送トラックに一時間何パレット分を積み込んだかということを、コンピュータが監視している。予定よりも早いか遅いかを、コンピュータ合成の声が教える。「声は女性と男性のどちらでも選べます。さらに、英語かスペイン語かを選べます」私を案内してくれたサプライチェーン統括の副社長ローリン・フォードが説明した。

数年前、こうしたリフトの運転手は、どのパレットを抜いてどのトラックに運ぶかということを、伝票で指示されていた。しかし、ヘッドホンをかけさせて、耳に心地よいコンピュータ合成の声で指示すれば、伝票を持たせる必要はないし、両手を自由に使えることに、上層部は気づいた。それに、

期待されている能率よりもよいか悪いかをその声で伝えることで、「生産性が飛躍的に向上した」とフォードはいう。こうした運用面でのささいなイノベーションが積もり積もって、ウォルマートのサプライチェーンの差異化を促進した。

だが、コストを下げつづけるには、仕入先と厳しい価格交渉をするだけではなく、仕入先と協力して双方平等な立場で価値を生み出していかなければならないと気づいたのが、ほんとうの意味での大躍進につながった、とグラスはいう。ウォルマートは、店舗の販売実績と在庫管理にコンピュータを導入した最初の企業であり、なおかつ仕入先と情報を共有するコンピュータ化されたネットワークを開発したのも最初だった。消費者が棚から何を取っているかをすべての関係者が知れば、それだけウォルマートの仕入れは的確になり、メーカーは市場の需要の変化にすばやく対応できるようになる、というのがウォルマートの理論だった。

一九八三年、ウォルマートは商品が売れた時点でデータが入力され、在庫が減ったことがわかって、いち早く補充できるPOSシステムに投資した。その四年後には、全店舗を本社と接続させる大規模な衛星通信システムを設置し、中央コンピュータが在庫データをリアルタイムで把握できるようにした。この情報によってサプライチェーンの流れが潤滑になり、調子よく速度が上がって、最高の能率を目指せるようになった。大手仕入先は、ウォルマートの小売店舗リンク専用企業間ネットワークにアクセスして、自社製品の売行きを確認し、いつ生産を急がせる必要があるかを知ることができる。

二〇〇二年の《コンピュータ・ワールド》のウォルマートに関する記事にはこうあった。「トロントの小売コンサルティング会社Ｊ・Ｃ・ウィリアムズ・グループのシニア・パートナーのリーナ・グ

ラノフスキーによれば、仕入先向けに販売・在庫データベースをオープンにしたことが、ウォルマートをいまのような大企業に成長させたのだという。『競合他社は販売情報を秘密にしていたが、ウォルマートは仕入先を対立する相手とは見ず、まるで相棒のように接近した』とグラノフスキーは述べた。共同計画・予測・補充（ＣＰＦＲ）プログラムによって、ウォルマートはカンバン方式の在庫プログラムを発足させ、小売店と仕入先の両方の在庫維持費を軽減した。『それによってサプライチェーン内の超過在庫を大幅に削減できた』という」効率のいいサプライチェーンのあげる効果だけをとってみても、ウォルマートの商品コストは競合各社の大半よりも五ないし一〇パーセント低い。

　ウォルマートは、サプライチェーン・イノベーションの最新の手段として、ＲＦＩＤ（無線ＩＣタグ）をパレットと納品される商品の箱に取り付けた。従来のバーコードは、いちいちスキャンしなければならなかったし、剝がれたり汚れたりするおそれがあった。二〇〇三年六月、ウォルマートは仕入先上位一〇〇社に対し、二〇〇五年一月までに、ウォルマート物流センターに納品されるパレットと箱すべてにＲＦＩＤを取り付けなければならないと告げた。（《ＲＦＩＤジャーナル》によれば「ＲＦＩＤは人間や物を自動的に識別するのに無線電波を使うテクノロジー全般を示す用語である。識別の方法はいくつかあるが、主な共通点は人間や物を識別するシリアルナンバーその他の情報をアンテナ付きのマイクロチップに保存するというもので、マイクロチップとアンテナをひっくるめてＲＦＩＤトランスポンダーもしくはＲＦＩＤタグと呼ぶ。アンテナによって、チップは識別情報を読み取り装置《リーダー》に送ることができる。ＲＦＩＤタグから送られた無線電波をリーダーがデジタル情報に換え、その情報を利用するコンピュータに伝える」。）ＲＦＩＤによって、ウォルマートはサプライチェーンの

どの段階にパレットや箱があっても正確に追跡でき、中身がどのメーカーの商品であるか、消費期限はいつかということまで把握できる。特定の温度で保存しなければならない食料品だとすると、温度が低すぎたり高すぎたりした場合にはRFIDタグがそれを知らせる。タグ一個が二〇セントするので、ウォルマートでは個々の商品ではなく大きな箱やパレットだけに用いている。だが、将来的にはこれが主流になるのは間違いない。RFIDテクノロジーと高度の注文分析ツールを駆使し、分単位まで市場動向を見守ることで、流通産業の憧れの目標――需要と供給の完全な均衡――へと急速に近づいている。

ウォルマートのロジスティックス担当副社長ローリン・フォードはいう。「RFIDがあると、予測がつけやすくなる」どの店舗で金曜日にはどのシャンプーが、日曜日にはどのシャンプーがよく売れるか、ヒスパニック系は月曜日よりも土曜日の晩に近所の店で買い物をする傾向があるかどうか、といったことまで迅速にわかる。「こうした情報を需要モデルに入力すると、〔製品の〕製造の時期や、仕入れの時期、トラックのどこに載せれば一番効果的に流通するかということがよくわかる」フォードはさらにこう説明する。「以前は〔納品される側で〕数を数え、いちいちスキャンしていて、それが流通のネックになっていた。いまはRFIDがあるので、梱包材に覆われたままのパレットをスキャンすれば、注文した三〇品目があることがわかり、箱がそれぞれこう伝えてくる。『これが私です。これが私の温度です、色です。どうです、ちゃんとしているでしょう？』――だから、商品を受け取るのが非常に楽になる」プロクター＆ギャンブルの広報担当ジーニー・サーリントンは、ウォルマートのRFID使用の動きについて、二〇〇四年九月二〇日、サロン・コムで語っている。「これはサ

プライチェーンすべてにプラスだと思います。現在、わが社の在庫切れは不本意なレベルに達していて、消費者はかなり不満を持っているはずです。このテクノロジーは店頭の商品を充実させる役に立つと思います」ＲＦＩＤは、状況に対応してサプライチェーンの迅速な商品構成組み直しに使える。

ウォルマートの幹部が私に語った。ハリケーンの季節には、保存が簡単で傷みにくいスナック類の消費が増える。家庭の電源を必要としない子供用のゲームが、テレビの代用になるのでよく売れる。ハリケーンが来ると、ビールの消費量も増える。だから、ハリケーンがフロリダに迫っていることをウォルマートの気象部門が本部に伝えると、フロリダの店舗では、サプライチェーンがハリケーン向け商品構成に自動的に組み直され――まずビールを、そして次にポップターツを増やす。

ウォルマートは、客と共同作業をする新たな方法をたえず探し求めている。最近はバンキングに乗り出した。ヒスパニック系の人口が多い地域では、銀行を利用していない客が多く、小切手を現金化する両替店に高い手数料を取られているとわかった。そこでウォルマートは、給料の小切手の現金化、為替、送金、電気料金のような日常の請求書支払いまで――ごくわずかな手数料で――受け付けるようにした。もともと従業員向けの社内システムがあったので、それを社外の客向けに転用するだけでよかった。

いいことばかりではない

たえずイノベーションを求めるというウォルマートの体質の原動力になっている要素――世界からの孤立、自分の力を掘り起こそうとする努力、辺鄙な土地をグローバルなサプライチェーンに結びつ

けようとする動き——が、不幸なことに揉め事を起こす場合もある。アーカンソー州ベントンビルという辺鄙な土地に本社を置くこの会社は、労働・人権についての現在のグローバルな世論から大きくかけ離れているといっても過言ではないだろう。また、この孤島のような会社は、低価格に固執するあまり、いくつかの業務の面でやりすぎる場合がある。

サム・ウォルトンが生み出したのは、ウォルマートのサプライチェーンを改善するための非情な効率の追求ばかりではなかった。それに加えて、非情な時代をもたらしたともいえる。具体的な例を挙げよう。まず、夜勤の従業員が店舗から出るのを禁じていることが、最近判明した。また、保守点検を行なっている下請け会社が管理人に違法入国の移民を雇うのを黙認していた。史上最大の人権問題に関する集団代表訴訟で被告になっている。ほかに大きな小売店がないような小さな町でも、《プレイボーイ》のような雑誌を店頭に並べるのを拒んでいる。こういったことを別としても、ウォルマートと競合する大手数社が、競争のために福利厚生を切り詰め、これまでよりも安い給料体系にしなければならなかったと苦情を述べている。ウォルマートはたいがいの大企業よりも給料が安く、福利厚生も手厚くない（ことに福利厚生はかなり落ちる）。ここ数年の悪評をウォルマートが真剣に受け止めて、消費者が金を節約でき、生活を向上できるような超効率的なグローバル・サプライチェーンと、社会的利益を一方の手で差し出しながら反対の手で奪うような徹底したコスト削減と鞘取りの追求には、微妙ではあるが明確な差が存在することを理解するよう願うしだいである。

ウォルマートはいわば世界経済における中国のような存在の企業である。大きな影響力を持っていて、仕入価格を最後の半セントまで値切る。それに、自分の能力を利用して、海外や国内の仕入先が

互いにしのぎを削るように仕向ける。

なかにはそうした圧力のもとでも繁栄し、業績を伸ばしていった仕入先もある。ウォルマートの仕入先すべてが絞りに絞られて利益が出なくなったら、仕入先などなくなってしまう。つまり、仕入先の多くはウォルマートのパートナーとして栄えている。しかし、ウォルマートの執拗な仕入れ価格下げ圧力を、給料や手当ての引き下げに転化した企業があることは間違いないし、仕事を中国に取られ、二〇〇四年にウォルマートが、サプライチェーンを通じて中国メーカー五〇〇〇社から一八〇億ドルを仕入れるのを、指をくわえて見ている企業もあるはずだ。「ウォルマートを一国の経済だと見なすと、貿易高はロシア、オーストラリア、カナダをしのいで第八位にあたる」ウォルマート中国の対外事務プロデューサー、シュイ・チュン（徐俊）は、《中国ビジネス・ウィークリー》二〇〇四年一一月二九日号で語っている。

ウォルトンの次の世代は、イメージと現実を是正する必要性があることを認識しているようだ。どうやって修正するかは、今後を見ていくしかない。しかし、CEOのH・リー・スコットにこうした問題をじかにぶつけてみたところ、避けようとはしなかった。それどころか、進んで話し合おうとした。「こうした社会への義務感を、お客様に対する責任と同じところまで引き上げて、あたりまえのことにしなければならないと思う」スコットはいう。「世界は変わったのに、われわれはそれに気づかなかった。善意とよい店と適切な値段によって、われわれの不得意な部分は見過ごされるものと思っていたが、それは思い違いだった」特定の分野では「わが社は不得手できちんとできていない。改善しなければならない」

製造のオフショアリングはウォルマートが先鞭をつけたことではない、とグラスは主張する。「アメリカ製の商品を買うことができれば、それにこしたことはない。国中のメーカーをまわって、国内で製造するようにと説得しつづけた。そのために高く仕入れてもいい。なぜなら、こうした町のメーカーの工場が、われわれの店で買う人々の雇用を生み出しているからだ。三洋電機はここ〔アーカンソー州〕に工場があって、シアーズ向けのテレビを製造している。シアーズが価格を下げるよう要求したので、三洋電機は工場を閉鎖して、一部をメキシコで、一部をアジアで製造することにした。州知事が、われわれにどうにかならないかと頼んできた。われわれは〔アーカンソーの工場を残すという条件で〕三洋電機からテレビを仕入れようとしたが、三洋電機側は応じず、工場を移転しようとした。州知事は〔日本の創業者一族に〕話をして、移転しないよう説得しようとした。州知事とわれわれの努力で、三洋電機は工場を残すことにした。いまでは世界最大のテレビ製造工場だ。ちょうど五〇〇〇万台目のテレビを仕入れたところだ。しかし、国内のメーカーはほとんどが製造をあきらめている。『製品は売りたいが、施設や従業員〔や福利厚生〕に責任を負いたくない。どこかにアウトソーシングしたい』そこで、外国で商品を作らざるをえなくなった。製造業が国外に移ってしまったら、われわれはみんな互いにハンバーガーを売り合うしかなくなるのではないかと心配だ」

ウォルマートのグローバルなフラット化の要因としての力を実感するには、日本へ行くといい。一八五三年七月八日、多数の大砲をそなえた大きな黒い蒸気船四隻を率いて江戸（東京）湾を訪れたペリー提督が、鎖国状態にあった日本の開国を促した。海軍歴史センターのウェブサイトによれば、蒸気船の存在すら知らなかった日本人は黒船を見て愕然とし、煙を吐く巨大な竜だと思ったという。ペ

リー提督は翌一八五四年に再び日本を訪れ、三月三一日、幕府と日米和親条約を締結し、アメリカ船の下田と函館寄港の権利を得るとともに、下田に領事館を開いた。この条約によって、日米の貿易は爆発的に増大した。そのことが日本が西欧諸国に門戸を開放するのを助長するとともに、日本の国家としての近代化に貢献した。自分たちの国がかなり遅れているのに気づいた日本人は、追いつこうと必死になった。そして、追いついた。自動車、家電製品、工作機械、ソニーのウォークマン、トヨタのレクサスなどあらゆるものに関して、日本は西欧諸国からすべてを学び、ついにわれわれの得意分野でわれわれを打ち負かすに至った——ただ一つの例外が小売業、ことに安売り店である。ソニーの製品のようなものを作ることにかけては日本人は誰にもひけをとらないが、それを安く売ることとなると、そう上手ではない。

そんなわけで、ペリー提督の条約調印から一五〇年ほどたって、それほどよく知られていない条約が調印された。調印したのは企業である。これを二〇〇三年西友・ウォルマート条約と呼ぼう。ウォルマートはペリー提督とは違って、軍艦で強引に開国を迫ったわけではない。ウォルマートの評判はすでにひろまっていて、西友のほうから誘いかけたのだ。大手スーパーの西友は、大きな段ボール箱を積み重ねた安売り店に消費者が抵抗を覚える傾向の強い日本で、ウォルマートの方式を採用しようと四苦八苦していた。東京を新幹線で発ち、西友のウォルマート方式の最初の店舗がある沼津に向かっているとき、《ニューヨーク・タイムズ》の通訳が、その店がアメリカの最初の領事館のあった下田から一五〇キロメートルほどのところにあることを指摘した。ペリー提督が生きていたら、西友のこの新店舗での買い物をさぞかし楽しんだことだろう。カートに商品をどんどん入れたくなるような

洋楽が流れ、中国製のスーツが六五ドルで、それに合う白いシャツが五ドルで買える。ウォルマートのいうEDLP（毎日が安売り《エブリデー・ロープライス》）だ。それがウォルマートの社員が初めて覚える日本語になるだろう。ウォルマートのフラット化効果は、西友沼津店に如実に見られる。「毎日が安売り」ばかりではなく、広い通路、大きなパレットに載った家庭用品、商品種目別の最低価格を書いた大きな看板、店長が迅速に在庫を調整できるウォルマート方式のサプライチェーン管理コンピュータ・システムがある。

当時、私は西友のCEO木内政雄に、ウォルマートに助力を仰いだ理由をたずねた。「ウォルマートのことを最初に知ったのは、一五年ほど前でした」木内は説明した。「ウォルマートの店舗を視察するためにダラスへ行き、じつに合理的なやり方だと思いました。気づいたことが二つあります。一つは値段を表示する看板です。とてもわかりやすかった」さらに、日本人は安売り店には安物しかないと思いがちだが、ウォルマートで買い物をしてみて、プラズマ・テレビから一流ブランドのペット用品に至るまで、ウォルマートは高級品を低価格で売っていると知ったという。「ダラスの店で写真を撮り、それを西友の会社の人間に見せて、私はこういいました。『ほら、地球の反対側でウォルマートがどういうふうにやっているか、よく見たほうがいいぞ』でも、写真を見せただけではだめでした。写真でどれほどのことがわかりますか？」その後、木内はウォルマートに連絡をとり、二〇〇二年から二〇〇三年一二月にかけて業務提携を段階的に進めていった。ウォルマートは西友の株式の一部を取得した。見返りとして、ウォルマート独自の共同作業——消費者に最低の価格で最高の商品を提供するためのグローバル・サプライチェーンを教えることになっていた。

だが、西友がウォルマートに教えなければいけない重要な事柄が一つあった。鮮魚の売り方である。

日本のどのスーパーにも百貨店にも食料品売り場があって、目の肥えた消費者に魚を売っている。鮮度が落ちると、西友では日に何度か安売りをする。

「ウォルマートは鮮魚のことがわからない」と木内はいう。「一般商品についての助力を期待している」

ウォルマートに時間をあたえてほしい。近い将来、われわれはウォルマートのスシを目にするはずだ。

誰か、マグロにそれを警告したほうがいい。

フラット化の要因　8

インソーシング：UPSの新しいビジネス

この本のための調査で一番楽しいのは、世界で起きている思いもよらなかったようなありとあらゆる事柄を発見できることだ。巨大運送会社UPSの舞台裏を覗くぐらい意外性に満ちたおもしろいことはない。そう、やぼったい茶色の半ズボンをはいて不格好な茶色のトラックを走らせている人たちのことだ。私が眠っているあいだに、古臭いUPSは世界をフラットにする大きな力になっていた。

これを教えてくれたのは、またしても私のインド人師匠、インフォシスCEOのナンダン・ニレカニだった。「フェデックスとUPSは、あなたのいうフラット化の要因の一つに違いない。荷物を配

達するだけではなく、ロジスティックスもやっている」ある日、バンガロールから電話をかけてきたときに、ニレカニはそういった。どういう意味かはわからなかったが、当然、私はその意見を頭にファイルし、きちんと確かめようとメモした。数カ月後に中国へ行き、時差ぼけが直らないまま、真夜中をやり過ごそうとCNNインターナショナルを眺めていた。するとUPSのCFが流れ、UPSの新しいキャッチフレーズが聞こえた。「世界は一つになりました《シンクロナイズド》」

ニレカニの言葉がよみがえった。彼はこれがいいたかったのだ！　UPSは単に荷物を配達しているだけではない。さまざまな規模の企業のグローバルなサプライチェーンを同期化《シンクロナイズ》している。翌日、私はアトランタのUPS本社見学のアポイントメントをとった。さらに後日、ルイビル国際空港に隣接しているUPSワールドポート流通ハブを見学した。夜になるとそこはほとんどUPSの輸送機部隊に占領された状態になり、世界中から運ばれてきた貨物が仕分けされ、数時間後にはまた輸送機で運ばれてゆく。（二七〇機を保有するUPSは世界第一一位の航空会社である。）本社と流通ハブを見学して、われわれの父親の時代のUPSとはまったく違うと知った。たしかにUPSはいまもA地点からB地点へ荷物を一日一三五〇万個以上運ぶことにより、三六〇億ドルの売上の大部分を稼いでいる。しかし、一九〇七年にシアトルでメッセンジャー・サービスとして産声をあげた会社は、そうしたなんの変哲もない表面の裏側で、精力的なサプライチェーン・マネジャーに変身を遂げていた。

こういうふうに考えてみよう。保証つきの東芝のノート・パソコンを持っていたとして、それが故障し、東芝に電話して修理を依頼する。東芝はUPSの支店に持っていくよう指示する。そうするとノート・パソコンはそこから東芝に送られ、修理されたものが戻ってくると説明される。しかし、細

かく語られない事情が裏にある。ノート・パソコンを受け取ったUPSは、じつはそれを東芝には送らない。ルイビルのハブにある自社経営のコンピュータ・プリンター専門の作業所で修理する。ハブに行ったとき、私は荷物が動きまわるのを見るだけだと思っていたが、無塵室《クリーンルーム》でブルーのスモックを着せられ、UPSの従業員が故障した東芝のノート・パソコンの基盤を取り替えるのを眺めることになった。故障したパソコンの修理に時間がかかりすぎると消費者に指摘され、東芝は何年か前にイメージを悪くしていた。そこで、UPSに、改善されたシステムの設計を依頼した。UPSの出した答はこうだった。「いままでは客からパソコンを受け取って、われわれのハブに運び、そこから御社の修理工場に運び、直ったものをハブに戻し、そこから客の自宅に運んでいました。この中間の段階をすべて省きましょう。われわれがパソコンを受け取って修理し、客に戻します」いまでは、東芝のノート・パソコンを送るのに一日、修理に一日で、三日目には戻ってくる。UPSの修理工はすべて東芝の審査を経ている。消費者からの苦情は激減した。

しかし、これは現在UPSが手がけていることの、ほんの一端にすぎない。パパ・ジョンのピザを最近食べたことがあるだろうか？　パパ・ジョンの配達トラックを見かけたら、運転手を派遣し、トマト、ピザ・ソース、タマネギといった食材仕入れの予定を組んでいるのが誰なのか、きいてみるといい。答はUPSだ。UPSはいまや多数の企業に入り込んで、時間割どおりに配達できるようにロゴ付きの車の管理も引き受けている。パパ・ジョンの場合は、ピザ生地をベーカリーから直売店に毎日定時に届けるのもUPSの仕事になっている。テニスシューズを買うためにショッピングモールまで出かけるのが面倒？　オンラインのナイキのホームページNike.comにアクセスして注文すればい

い。ところが、この注文はじつはＵＰＳを通じて処理される。ＵＰＳが管理するケンタッキーの倉庫で、ＵＰＳの社員がオンラインで注文された商品を出して、検品し、荷造りし、ＵＰＳが配達する。Jockey.comで下着を注文しても同じだ。ＵＰＳの倉庫でジョッキー製品を管理するＵＰＳの社員が注文を受けて、袋詰めし、ラベルを貼り、ＵＰＳが配達する。ヨーロッパか中南米でＨＰのプリンターが壊れたら？　自宅にやってくる出張サービス修理工は、ＵＰＳに雇われている。それらの市場では、ＵＰＳが部品と修理部門を管理している。フロリダのセグレスト・ファームズから熱帯魚を買った場合、カナダの自宅に届けるのはＵＰＳになるのか？　ＵＰＳは熱帯魚輸送の特殊な梱包技術を開発した会社と協同態勢をとっているので、熱帯魚が通常のＵＰＳの仕分けシステムを通って傷ついたりすることはない。安全に輸送できるように魚には軽い鎮静剤を使う（子供に酔い止めの薬を飲ませるように）。「楽しく旅をしてもらいたいですからね」と、ＵＰＳ広報担当のスティーブ・ホームズはいう。

いったいどうなっているんだろう？　このプロセスは、インソーシングと呼ばれるようになっている――まったく新しい形の共同作業で、水平に価値を生み出す。フラットな世界でこそ可能なやり方で、これによって世界はいっそうフラットになる。前の章で私は、フラットな世界にとってサプライチェーンが非常に重要であることを論じた。しかし、どの企業にも、ウォルマートが確立したような規模と幅を持つ複雑でグローバルなサプライチェーン網を築く経済力があるわけではない。むしろ、それができる企業はごく限られている。そこで生まれたのがインソーシングというわけだ。世界がフラット化すると、小物でもでかいことができる――小企業が急に世界を見渡すことができる――よう

になった。それでインソーシングが登場した。世界を見渡した小企業は、商品の販売・製造や原料の購入をもっと効率よくできる場所がいくらでもあることに気づいた。しかし、それをどうやって利用すればよいかがわからないし、自力で、複雑でグローバルなサプライチェーンを管理する資力もない。大企業であっても、自社にはそういう能力が備わっていないと感じて、こうした複雑な代物の管理はやりたがらない場合が多い。たとえばナイキは、サプライチェーンに資金とエネルギーを注ぎ込むよりは、もっと優れたテニスシューズをデザインすることに力を集中することにしたわけだ。

そのため、UPSのような昔ながらの運送会社に、新たにグローバルなビジネスチャンスが生まれた。一九九六年、UPSは「シンクロナイズド・コマーシャル・ソリューションズ」と称する事業に乗り出した。それ以来、一〇億ドルをかけてグローバルなロジスティックス・貨物取り扱い業者二五社を買収し、フラットな地球の一カ所から別の一カ所へのサプライチェーンすべてにサービスできるようにした。このビジネスが飛躍的に伸びたのは、二〇〇〇年前後だった。UPSのエンジニアが企業内部に入り込むことからして、「インソーシング」という言葉はじつにうってつけだと思う。製造、梱包、集配プロセスを、そうしたエンジニアが分析して、設計もしくは再設計し、グローバルなサプライチェーン全体を管理する。そして、必要とあれば財務面でも援助し、未収金の管理や代金引換渡しも行なう。現在ではかなりの数の会社が(社名を出さないことを望む会社が多い)、自社製品に手も触れていない。工場、倉庫、消費者間の流れと、修理のための輸送まで、すべてをUPSが管理している。必要とあれば、消費者からの集金も引き受ける。UPSと、その取引先、そして取引先の顧客との親密な関わりと絶大な信用によって成り立つこうした密接な共同作業は、一種独特のフラット

化要素である。

「われわれの最大の顧客やパートナーがどういう形態のものか、わかりますか？　中小企業ですよ」UPS会長兼CEOマイケル・エスキューはいう。「そうですよ……彼らはわれわれの力でグローバルになろうとしている。われわれは彼らが大企業と同等にやれるように手助けしているんです」

中小企業や家庭で働いている個人がUPSと結びつき、UPSにグローバルなサプライチェーン・マネジャーになってもらうと、実体よりも大きく見せかけることが可能になる。小が大を演じることができるようになり、競争社会の競技場はいっそう平坦になる。個人や小企業にグローバルなサプライチェーン・サービスが行なえるように、UPSはビジネスサービス・チェーンのMBE（メールボックス・エトセトラ）を買収した（現在、アメリカ国内では「UPSストア」）。しかし、UPSは大が小を演じるのも手伝っている。HPのような大規模多国籍企業であっても、荷物の配送や商品の修理を迅速に行なうなど、小回りをきかせることができるようにした。

さらに、商品とサービスを超効率的かつ超迅速に――そして莫大な量で――世界各地に届けるために、UPSは同一のルールやラベルやトラッキング&トレーシング（荷物追跡・所在探知）システムを普及させることによって、通関の際の障壁を均し、貿易の調和をもたらした。UPSは荷物のすべてにRFIDタグを取り付けることで、ネットワークのどこにあっても追跡して位置を突き止めることができるようにした。

UPSはアメリカ関税局と協力し、税関からUPSに問い合わせができるソフトウェアを開発した。「御社のワールドポート・ハブにあるコロンビアのカリ発マイアミのカルロス宛の荷物を検査したい」

とか、「ドイツからウサマなる人物がアメリカ宛に送っている荷物すべてを検査したい」といったような要求があると、問題の荷物は仕分けされるときにUPSのコンピュータによって、ハブに配置された関税局の係官のもとへ自動的に送られる。コンピュータの操作するアームが、その荷物をコンベアベルトから容器に落とし、綿密に検査できるようにする。これによって、検査プロセスの効率が上がり、一般の荷物の流れが阻害されることがなくなった。規模による効率の向上と時間節約は、UPSの得意先のコスト削減に役立ち、それによって得意先は資本を還元して、さらなるイノベーションを進めることができる。しかし、UPSと得意先の共同作業のレベルは、これまでに類を見ないようなものである。

通信販売大手でインターネットでも営業しているプラウ&ハース（P&H）は、「カントリー・リビング用品」専門の会社だが、家具を消費者に配達する際に破損があまりにも多いので、UPSに相談した。何か名案はありませんか？　UPSは「梱包エンジニア」をP&Hに派遣し、調達部門の人間を集めて梱包の講習会を行なった。仕入先を選ぶ際のガイドラインも提供した。仕入先との取引を決める際に、商品の品質だけではなく、梱包と配達の手順も判断の対象にすべきだというのを、P&Hに理解させるのが目的だった。P&Hの事業内容に加えて仕入先の事業内容にまで踏み込んで初めて、UPSは手助けが可能になる。それがインソーシングである。

今日のeベイを使って売買する人々とUPSとペイパルの協力体制を思い浮かべるといい。たとえば私がゴルフ・クラブをeベイを通じて売り、あなたがそれを買うことにしたとする。私はあなたの名前と電子メールのアドレスを記したペイパルの送り状を電子メールで送る。それと同時に、eベイ

のウェブサイトのアイコンをクリックすれば、UPSの発送ラベルが作成できる。UPSの追跡用バーコード付きのラベルを、自分のプリンターで印刷する。それと同時に、UPSはコンピュータ・システムを駆使して、そのラベルに追跡ナンバーを割り振って、電子メールであなた——私のゴルフ・クラブを買った人間——に報せる。そのナンバーを使えば、定期的にオンラインで荷物を追跡して、到着するまでの位置を把握できる。

かりにUPSがこのビジネスに参入しなかったとしたら、誰かがそれを一から考案しなければならなかったはずだ。本拠地を離れて、水平でグローバルなサプライチェーンを駆使し、仕事をしている人間は数多い。どうしてもできてしまう穴を埋め、鎖のゆるんだ輪を締めなおす人間が必要になる。UPSの販売・マーケティング担当副社長カート・クエーンはいう。「テキサスの機械部品会社の人間が、マレーシアの得意先には信用不安があると心配している。われわれが信頼できる仲介役をつとめる。荷物をわれわれが管理できれば、品物と引き換えに代金を回収するから、信用状を使う必要はない。信用は個人的な関係もしくはシステムや管理によってできあがる。相手が信用できない場合には、代金が支払われないと〔品物を〕渡さない運送業者を信用すればいい。われわれには、銀行以上にこうした物事を管理する能力がある。なぜなら、荷物や顧客との現在の関係が担保になる。つまり二つの点で動かす力を持っているのだ」

一九九七年以降、六〇社以上の企業が、ルイビルのUPSハブの近くに事業所を移した。そうすれば、倉庫を持たず、じかにハブから輸送できるからだ。しかし、インソーシングによるロジスティックスの改善と効率的なサプライチェーンの恩恵をこうむったのは、UPSばかりではない。二〇〇一

年、フォード・モーター社は、動きの鈍い錯綜した流通ネットワークをＵＰＳに一任し、問題点を探ってサプライチェーンを潤滑にするために、管理部門にＵＰＳを招いた。

「長年にわたってフォードのディーラーの悩みの種は、ゴールドバーグの漫画（しごく簡単な作業に使うとてつもなく複雑な機械の漫画をよく描いた）の自動車メーカー版のようなものだった。工場からショールームに自動車を届けるのすら簡単ではなかった」《ビジネスウィーク》二〇〇四年七月一九日号の記事は述べている。「到着までひと月かかることもあった——途中で行方不明にならなければの話だ。それに、フォードはディーラーに届ける車の具体的な情報すら教えられないことがあった。一番近い車両基地の在庫すらわからない。『ひと列車分の在庫が行方不明になったことがあった』テキサス州ガーランドのプレスティジ・フォードのジェリー・レイノルズ社長は語る。『正気の沙汰じゃない』」だが、ＵＰＳがフォードのボンネットを覗き込むようになってからは、「ＵＰＳのエンジニアは……フォードの北米流通網を再設計し、工場から車を運ぶルートや、地方の仕分けハブでの手順など、あらゆることを円滑化した」。たとえば、フォードの国内工場から出荷される四〇〇万台すべてのフロント・ウィンドウにバーコードのシールを貼り、ほかの貨物と同じように追跡を可能にした。ＵＰＳの努力によって、車がディーラーに届けられるまでの時間を四〇パーセント削減し、平均一〇日にした。《ビジネスウィーク》は報告している。「これでフォードは年間数百万ドルの経費を節約でき、六五〇〇軒のディーラーは、最も人気のあるモデルを知るのが容易になった……『見たこともないくらい素晴らしい変革だった』と、レノルズは感嘆している。『このあいだもＵＰＳに、パーツもこんなふうに届けてもらえないか、といったばかりだ』」

ＵＰＳは、メリーランド州ティモニアムに事業研究部というシンクタンクを置き、そこでサプライチェーンのアルゴリズムを研究させている。この数学は総合的には「貨物の流れ《パッケージ・フロー》テクノロジー」と呼ばれ、ＵＰＳのトラック、船、飛行機、処理能力と、世界各地のその日の貨物の流れとがたえず一致するようにする。「これにより、量の変化に対応して数時間以内にネットワークを変更できる」とＵＰＳのエスキューＣＥＯはいう。「サプライチェーン全体をできるだけ効率的にすることが、この数学の一番の目的だ」ティモニアムのＵＰＳチーム六〇名は、工学や数学の学位を持っていて、なかには博士号を持つ者も何人かいる。

ＵＰＳには気象学者と戦略的脅威アナリストもいて、いつでも自然現象の嵐や地政学上の嵐を避けられるように監視の目を光らせている。サプライチェーンに磨きをかけるために、ＵＰＳは民間企業としては世界最大の電気通信テクノロジー・ユーザーでもある。八万八〇〇〇台のパッケージカー（コマーシャルの入った車）、バン、大型トラック、バイクを使って集荷や配達を行なう運転手だけでも、一日の通話は一〇〇万回に及ぶ。ＵＰＳによれば、どの日でも世界のＧＤＰの二パーセントに相当する品物がＵＰＳのパッケージカーや配達用トラックに載っているという。おっと、うっかりいうのを忘れていたが、ＵＰＳには金融部門――ＵＰＳキャピタル――もあって、サプライチェーン変革の資金を、そういう資本のない小企業に用立てている。

エスキューは例を挙げて説明する。ＵＰＳの得意先に、縫合糸よりもずっと分解しやすい止血用接着剤を販売しているカナダの小さなバイオテクノロジー企業があった。その企業は大手の病院を取引先として売上を伸ばしていたが、需要に応じるのに苦労していて、資金力もなく、西海岸と東海岸の

両方に、流通センターを抱えていた。UPSはダラスの冷蔵流通センターを中心にその企業のシステムを再設計し、UPSキャピタルから融資して事業を拡大させた。その結果、在庫が減り、キャッシュフローが改善され、カスタマーサービスも向上した――そして、UPSの確固たる得意先になった。花嫁用のベールや被り物のメーカーがモントリオールにあり、アメリカへの輸出を増やそうとしていた。エスキューはいう。「われわれが総合通関システムを設計したので、そのメーカーは商品を一個一個通関させる必要がなくなった。次に、われわれは商品をニューヨーク州北部の倉庫に入れ、インターネットで注文を取り、ラベルを貼って、代引きで消費者に届けた。代金はUPSキャピタルを通じて、メーカーに電子送金した。それによってメーカーは、新しい市場を開拓できたうえに、在庫も減らすことができた」

　エスキューはなおも説明する。「われわれの祖父の世代が店を開いたときには、在庫は奥の倉庫にあった。いまでは二時間離れたところを走っているパッケージカーの段ボール箱のなかにある場合もあれば、鉄道や飛行機で長時間かけて運ばなければならない場所にあることもある。船を使うとすると、さらに日にちがかかる。われわれはそうしたサプライチェーンの流れを視認できるので、それらの輸送手段をうまく調整できる」

　つまり、消費者がインターネット経由で品物を取り寄せたり、自分たちのいいようにカスタマイズする能力が強まるにつれ、UPSは注文を取ったうえに運送会社として買い手に玄関で品物を渡すという興味深い位置を占めるようになった。その結果、企業は「サプライチェーンの入口ではなく末端に、できるだけ差別化した商品を届けるようにしよう」とする。また、UPSはサプライチ

ていた。このように、UPSは、航空会社などと同様にフラットな世界のサプライチェーンの一番最後の輪として、商品が飛行機や列車やトラックに積み込まれる瞬間までを扱っているので、そうした作業の大部分も引き受けて、〝滑走路末端サービス〟と呼ばれるまったく新しいビジネスも創りあげた。ルイビルを私が訪れた日、UPSの若い女性社員二人が、特製メモリーカードと革ケースをニコンのカメラに同梱していた。どこかの店が週末の目玉商品として売り出すそのカメラを特別の箱に入れる仕事まで、その二人はやっていた。この作業をUPSが請け負ったことにより、企業は製品をぎりぎりの瞬間でもカスタマイズできるようになった。

UPSは、ワークフローとネットスケープというフラット化要素も十二分に利用していた。一九九五年以前は、UPSの顧客向け荷物追跡調査は、すべてコールセンターで処理されていた。UPS800に電話して、オペレーターに荷物がどこにあるかをたずねるという手順だった。クリスマスの前の週には、UPSのオペレーターは最高で一日に六〇万件の問い合わせを処理していた。この問い合わせの処理には、一件当たり二ドル一〇セントかかる。一九九〇年代も後半になると、UPSの顧客はもうインターネットを使い慣れていたし、電気通信技術の進歩でトラッキング&トレーシング・システムも改善されていた。そこで、顧客がインターネットを使って自分で荷物を追跡できるようにした結果、UPS側のコストは問い合わせ一件当たり五セントないし一〇セントですむようになった。「つまり、サービスのコストを大幅に減らし、サービスそのものは大幅に向上した」UPSのケン・スターナド副社長はいう。なにしろ荷物追跡の依頼は平均で一日七〇〇万件、多い日には一二〇〇万件というすさまじい数字なのである。また、運転手の作業効率は、DIAD（運転手配達情報受信装置）によって向上した。DIADというのは、UPSの運転手が持っているのをよく見かける茶色の

電子クリップボードのことだ。トラックのどこに荷物があるか、どの棚においてあるかということについて、最新情報を運転手に教える。次の配達の場所も教える。間違った住所へ行ってしまった場合には、DIAD内蔵のGPSシステムが荷物を配達しないよう指示する。家庭の主婦がオンラインで追跡すれば、運転手が近所まで来ていて、まもなく荷物を届けてくれるということがわかる。

インソーシングとサプライチェーンとの大きな違いは、インソーシングはサプライチェーン管理以上の機能を果たすという点にある。これは第三者によるロジスティックス管理なので、UPS、顧客、顧客の顧客のあいだの共同作業は、かなり親密な徹底したものでなければならない。現在ではほとんどの場合、UPSとその社員が顧客のインフラに深く入り込んでいて、双方の作業がどこで区切られているのか、判別しがたくなっている。UPSの社員は荷物をシンクロナイズするだけではない――会社全体と消費者および仕入先との結びつきまでシンクロナイズしている。

「もう売り手と買い手という関係ではない」とエスキューはいう。「われわれがあなたの会社の電話に出る、あなたの取引先と話をする、在庫も保管する、売れているもの、売れていないものを教える。あなたがたの情報にわれわれはアクセスできるのだから、信用してくれないといけない。競合する企業のマネージメントもわれわれは行なう。だから、これがうまくいくようにするには、われわれの草創期の経営者たちがギンベルズやメイシーズのような小売店に対していったように『われわれを信頼してもらうしかない』。われわれはぜったいに信頼を裏切らない。われわれはよその会社に、ビジネスの一部を手放すように求めるわけだから、信頼は必要不可欠だ」

UPSは、誰もが自分のビジネスをグローバル化し、あるいはグローバルなサプライチェーンの効

率を大幅に改善するのを可能にするプラットホームを創りあげた。まったく新しいビジネスだが、UPSはこれには上限がないと考えている。時がたてばわかるだろう。この手の仕事のマージンはいまのところ小さいが、二〇〇三年だけでもインソーシングによってUPSの売上は二四億ドル伸びた。これは私の勘だが、おかしな茶色の半ズボンをはいた人々や不格好な茶色のトラックは、非常に重要な何かに乗っていると思う――世界のフラット化があってこそ可能になったその何かは、世界をさらにフラット化するはずだ。

フラット化の要因　9

インフォーミング：知りたいことはグーグルに聞け

友人と私は、ある男とレストランで知り合った。友人はその男にひとめ惚れしたようだったが、私は胡乱《うろん》な感じだったのが気になった。しばらくグーグルで検索した結果、その男が暴行で逮捕歴があることがわかった。男運が悪いのにはあらためてがっかりしたが、その男に暴力行為の前科があることを友人に注意できた。

――グーグル・ユーザーの証言

翻訳サービスを充分に使わせてもらった。パートナーが発破をやるのに作業員を二人手配した。

連絡の不手際があって、午前一一時に来てもらうように頼んだのに、人材派遣会社が八時半によこした。その二人はスペイン語しかしゃべれないし、こっちは英語以外にはフランス語がちょっとできるだけだ。翻訳サービスのおかげで、作業員とコミュニケーションでき、連絡の不手際を謝り、見込みを立て、一一時に来てもらうよう頼んだ。意思の疎通を手伝ってくれてありがとう……ありがとう、グーグル。

――グーグル・ユーザーの証言

愛を見つける方法を教えてくれたグーグルに感謝。疎遠になった弟を探しているとき、男性ストリッパー向けのメキシコのウェブサイトをたまたま見つけて――ショックを受けた。弟は男娼をやっていた！　下劣な仕事から弟を救い出そうと、時間ができるとすぐにその街へ行った。弟の働いているクラブへ行って、弟を見つけた。でも、それだけじゃなくて、弟の仕事仲間と知り合い……先週末に〔メキシコで〕結婚した。グーグルがなかったら弟も夫も見つからなかっただろうし、メキシコで男性ストリップが意外にも実入りのいい仕事だというのもわからなかったでしょうね！　ありがとう、グーグル！

――グーグル・ユーザーの証言

カリフォルニア州マウンテンビューのグーグル本社には、たしかに実験的未来都市の雰囲気がある――いくら遊んでも時間がたりないくらい、スペースエイジのおもしろいおもちゃがたくさんある。

グーグルで検索する人間の数に合わせて光を発しながらまわる地球儀が一角にある。当然ながら、光の大部分は北米、ヨーロッパ、韓国、日本、中国沿岸部から発せられている。中東とアフリカはほとんど暗いままだ。別の一角には、全世界でいま人々が検索している物事の一部を表示している画面がある。二〇〇一年に私が行ったとき、現在一番多い検索種目は何かと案内係にたずねた。もちろん、一位はグーグラーがどんなときも大好きな「セックス」。次が「神」。神もしくは女神を探し求める人々は多い。三番目は「仕事」——勤め口はいくらあっても足りない。私が訪問した時期の四番目に多い検索種目は何か？　笑えばいいのか、泣けばいいのか、私にはわからない。「プロレス」である。しかし、もっとへんてこなのはグーグルのレシピ・ブックだ。冷蔵庫をあけて、なかにある食材を見て、三種類打ち込めば、レシピが表われる！

さいわい、どの時刻でも一つの単語や題目はグーグルの全検索の一、二パーセントを占めるにすぎないので、その日の検索が多い項目のことで人類の行く末を案じるには及ばない。むろんのこと、グーグルでは（他の検索エンジンでも同じだが）じつに多種多様な検索が多数の言語で行なわれているから、これほど大きなフラット化の要因になったのである。これほど多くの事柄や他人に関する情報を、（独力で）これほど詳しく知る能力を、これほど多くの人々が持ったのは、地球が生まれてこのかたなかったことだった。

グーグルの共同創始者でロシア生まれのセルゲイ・ブリンはいう。「ブロードバンドかダイヤルアップかインターネット・カフェのどれかを使うことができれば、カンボジアの若者も大学教授もこの検索エンジンを運営している私も、誰かが持っている情報を隅々まで研究できる基本的能力が持てる。

これは絶大な平等化要因だ。私が大人になるまでとは、まるきり違う。以前は図書館で調べるのが精いっぱいだったし、これほど多くの情報は手に入らなかった。ごく単純なことや最近のことを調べるとき以外は、奇跡を願うしかなかった」グーグルの登場により、若者は突然、世界中の図書館の情報の「全体にアクセス」できるようになった。

このこと——あらゆる言語における世界の知識を容易に入手できるようにする——は、間違いなくグーグルの目標である。また、パームパイロットや携帯電話という携帯型ハードウェアがすでにあるから、誰もがどこでも世界の知識すべてにアクセスできる道具をポケットに入れているという時代がじきに来ることを、グーグルは願っている。「すべての物事」「すべての人間」が、グーグルにまつわる重要な言葉なのだ。グーグルのホームページに書かれている正式な歴史によると、グーゴル（10の100乗）という言葉がグーグルの由来だという。あなた一人のために無数に近い膨大な情報をウェブ上でまとめるという使命を、グーグルという社名に込めているのである。グーグルの成功は、こんなふうに世界の知識を指先を動かすだけで自分のものにできることに、人々が絶大な関心を寄せている証左だろう。世界の知識のすべてを——いや、たとえその一部であろうと——誰でも、いつ、どこでも手に入れられるという概念ほど大きなフラット化の要因はほかにはない。

「コンピュータが使えないか、使う機会がなければ、グーグルは使えない。でも、それさえあれば、文字を打ち込むだけで誰でも使える、というところまで差別をなくした」グーグルCEOエリック・シュミットはいう。世界のフラット化に意味があるとするなら、それは「知識にアクセスするのに差別がないことだろう。現在、グーグルは一〇〇カ国語で検索可能で、それ以外の言語も見つけるたび

に付け加えるようにしている。いずれグーグル・iPodを持って、音声で検索できる日が来るだろう——そうすれば、コンピュータが使えない人々にも役立つ——そして〔グーグルへのアクセスは〕人々にどれほど安価な機器を用意できるかに左右されるようになる」

共同作業の概念に、検索はどう当てはまるのだろう？　これをインフォーミングと呼ぼう。インフォーミングは、アップローディング、アウトソーシング、インソーシング、サプライチェーン、オフショアリングの個人版といえる。インフォーミングは、個人にサプライチェーン——情報、知識、エンターテインメントのサプライチェーンを創りあげて展開する能力をあたえる。インフォーミングは自分との共同作業でもある。自分で指示し、自分に力と権限をあたえ、エンターテインメントの研究、編集、選択を可能にした。図書館や映画館へ行ったり、全国ネットのテレビを見たりする必要はない。インフォーミングは知識の探索でもある。同好の士やコミュニティを探すことでもある。グーグルの驚くべきグローバルな人気に刺激されて、ヤフーやマイクロソフト（新登場のMSN検索を通じて）もウェブサイトに強力な検索やインフォーミングの特色を加味したことからも、こうした形の共同作業を人々がどれほど渇望しているかがわかる。現在、グーグルは一日およそ一〇億件の検索を処理している。わずか三年前には、一億五〇〇〇万件にすぎなかったのだが。

グーグル創始者の一人であるラリー・ペイジによれば、検索が容易でなおかつ正確になるにつれて、グーグル・ユーザーの基盤はよりグローバルになり、グーグルはますますフラット化要素としての力が強まるという。人々が自分の言語でインフォーミングできる度合いは、毎日増大している。ペイジはいう。現在では、「アメリカ国内の検索利用者は全体の三分の一でしかないし、英語で利用してい

る人間は半分以下だ」。さらに、「よく知られていない事柄を検索する人々が増えると、そうした事柄を公表する人々が増える」、つまりインフォーミングのフラット化効果がいっそう強まる。大手検索エンジンはすべて近頃、ユーザーがウェブ情報の検索ばかりではなく、どこかにあることはわかっているが、ある場所を忘れてしまった言葉やデータや電子メールを自分のコンピュータのハードディスクから検索できる機能を付け加えた。自分の記憶をより効果的に検索できるようになれば、それがほんとうのインフォーミングだ。二〇〇四年後半、グーグルはミシガン大学とスタンフォード大学の図書館のコンテンツすべてをスキャンするという計画を発表した。それによって何十万冊もの書物が、オンラインで読んだり検索したりできるようになる。

検索エンジンが登場した頃には、捜している情報をたまたま見つけて驚いたり喜んだりするというのがふつうだった。意外な驚きが発見の喜びだった、とヤフーの共同創始者のジェリー・ヤンはいう。「現在では予測をつけているのがふつうだ。探している情報はかならず見つかると、人々が確信している。肝心なのは、できるだけキーボードを叩かないで簡単に情報を手に入れるテクノロジーだ。情報の大衆化は、社会に甚大な影響を及ぼしている。いまの消費者はかなりの能力を持つようになっている――情報、製品、サービスを〔検索エンジンを使って〕従来の手段よりも早く見つけることができる。仕事、健康、レジャーなどに関する話題もよく知っている。小さな町だからといって、情報を手に入れやすい都会よりも不利ということはない。人々は興味を惹かれた事柄と結びつく能力を持ち、どんな問題でも楽々とすぐに専門家なみになれるし、同好の士と結びつくこともできる」

一九九〇年代末には、グーグルの創始者たちは、インターネットのウェブページが毎日数十万も増

えつづけているため、キーワードで検索する現存の検索エンジンではついていけないと考えた。スタンフォード大学でコンピュータ科学を学んでいて一九九五年に知り合ったブリンとペイジが、リンクが多いウェブページほど重要だと仮定して、リンクしているウェブページの数でウェブページをランク付けする方程式を編み出した。グーグルが数ある検索エンジンのなかでトップの座に就くことができたのは、コンテンツ分析にページランク・テクノロジーを組み合わせるという革新的テクノロジーのおかげだった。それによって、特定の検索に最も一致しているウェブページを割り出すことができる。グーグルは、大手検索エンジンに比べると後発だったが、この解決策によって検索している事柄を的確にヒットできるというのを、多くの人々に認められた。一つの検索エンジンが他の幾多の検索エンジンよりもほんのちょっぴりすぐれているとなると、人々は雪崩を打ってそれに切り替えた。（的確なヒットという面で競争相手に一歩先んじるために、現在、グーグルは検索アルゴリズムを多数の数学者に研究させている。）

ブリンはいう。「なぜかわからないが、オンラインでできる他の事柄とは違って、情報を見つける重要性を人々は低く見ていた。健康に関することを検索したとすると、真剣に知りたいはずだ。場合によっては生死に関わることもあるだろう。グーグルで心臓発作の症状を検索してから九一一に電話をかけた人を知っている」でも、もっと簡単な事柄を自分に教える《インフォーミング》のが目的の場合もある。

二〇〇四年六月に北京に行ったとき、ある朝、妻のアンや六歳の娘のナタリーと一緒に下りのエレベーターに乗っていた。娘は友だちに出す葉書を何枚も握り締めていた。アンがきいた。「住所録を持ってきたのね？」ナタリーは母親の顔を一九世紀の人間でも見るように眺めた。「ううん」ママっ

てどうしてそんなに遅れてるの、という口調で続けた。「電話番号をググったら、住所が出たよ」住所録？　ばかじゃないの、ママったら。

ナタリーは、私もそんなことができるとは思っていなかったやり方でグーグルを使い、インフォーミングしたのだ。グーグルのおかげで、われわれがパソコンでこしらえるデジタル化された情報は、すべて突然検索できるようになった。突然掘り起こすことができるようになった。驚異的なのは、検索できる情報の量だ――いや、とうてい検索しきれないのだが、近い将来、もっと賢い検索エンジンのおかげで、増える一方のさまざまなデータをいまよりもずっと楽にふるい分けられるようになるだろう。画像、ビデオ、不動産目録、交通情報、ハイスクールの新聞、病気の治療法。「かつては文章だけが情報源だと思われていました」かつて北京にマイクロソフト研究センターを設立し、いまはグーグルの中国での業務を指揮しているカイフー・リー（李開復）はいう。「でも、画像、ビデオ、本など、大昔のものまで、いまは検索可能です。地理情報や地図もあります。地方の情報、個人情報、個人のコンピュータ内の情報まで……私たちが見聞きし、触れ、読み書きするような情報は、だいたいあります――インターネット検索が現在カバーしているのは、ブラウザで閲覧、検索、ナビゲートできるうちの、ごく小さな一部にすぎません」いずれ、ありとあらゆる機器でいつでも世界の物事をすべて見つけ出す力を、個人が持つようになるだろう――そうなると、個人がとてつもない権能を持つ。「その権能をひろめることに、私は興奮を覚えます」リーはいう。「時間と注意と知力を、自分の得意なことに集中する。物事を捜すことではありません」物事を組み立て、デザインし、イメージし、創造することだ、という。

私たちが北京へ行ったとき、ナタリーはｉＰｏｄも持っていたから、別の方法でインフォーミングすることも可能だった――知識ではなくエンターテインメントで。みずから音楽エディターになって、好きな歌をｉＰｏｄに取り込み、中国まで持ってきていた。考えてみるといい。放送業界は何十年ものあいだ、テレビやラジオで宣伝を流せば見たり聞いたりしてくれる、という思い込みによって成り立っていた。ところが、エンターテインメントのフラット化テクノロジーのおかげで、そういう世界は消滅しかかっている。いまはＴｉＶｏがあれば自分がテレビ・エディターになれる。ＴｉＶｏによって、視聴者は見たいと思っているＣＦ以外のＣＦを飛ばしながら、好きな番組をデジタル録画できる。他人が指定する時間と場所で「テレビのチャンネル」とアポをとる必要もなければ、コマーシャルを押し付けられることもない。ＴｉＶｏがあれば、自分の見たい番組を、興味のある商品のコマーシャルだけを入れて見ることができる。

だが、何を検索しているかをグーグルが把握しているのと同じように、ＴｉＶｏもどの番組やＣＦを一時停止したり保存したり巻き戻して見たりしているかを把握している。ここでクイズを出そう。テレビ史上、巻き戻して見た回数が一番多かった場面は何か？　答：ジャネット・ジャクソンのおっぱいぽろり。遠まわしに「衣裳に問題があった」といわれている二〇〇四年のスーパーボウルでの場面だ。ＴｉＶｏにきけばわかる。二〇〇四年二月二日のＴｉＶｏのプレス・リリースにこうある。「ジャスティン・ティンバーレイクとジャネット・ジャクソンは、日曜日のスーパーボウルの番組を乗っ取った。家庭のＴｉＶｏが秒単位で記録している視聴率測定の年間値によれば、フィールドでの最もスリリングな瞬間の倍近い視聴者を惹きつけた。ジャネット‐ティンバーレイクは、ＴｉＶｏが

それまで計測したこともないような視聴者の反応の急上昇を引き起こした。数十万の家庭でＴｉＶｏ独特の機能を用いて、生中継の場面が何度もくりかえし再生され、視聴率が一八〇パーセント上昇したことを、ＴｉＶｏが記録している」

つまり、誰もが見たい瞬間をいつでも何度でも再生できるようになると、テレビ放送の概念そのもの——決まった時間に番組が流れ、それにＣＦが入る——が、ますます意味を失ってゆく。生き残るのは、グーグルやヤフーやＴｉＶｏのように、ユーザーと共同作業できるようにして、番組や広告をユーザー向けに仕立てあげて提供できる企業だけだ。広告主がそういう媒体だけに金を出すという時代が、まもなく訪れるのではないかと思う。

グーグル、ヤフー、アマゾン、ＴｉＶｏのような企業が繁栄しているのは、製品やサービスを消費者に向けてプッシュする（勧める）だけではなく、消費者をプルする（引き寄せる）力をあたえるような共同作業システムを構築し、電光のようなすばやさでそのプルに対応しているからである。そのほうがずっと効率がいい。

「検索というのはまったく個人的な作業なので、ほかの何よりも人類に力をあたえた」グーグルＣＥＯエリック・シュミットはいう。「教えたり教わったりという正反対の事柄がそこに含まれている。それがみずからの力を強める。自分の欲する情報によって最善と思う物事をする力を人々にあたえる。従来のどんなものともまったく違う。ラジオは一対多数。テレビも一対多数。電話は一対一。検索は、個人の力の最高の表現だ。コンピュータを使い、世界を見渡し、自分の欲する物を見つける——そういうとき、個人はそれぞれ違った行動をとる」

もちろん、グーグルがただの検索エンジンではなく、莫大な利益を生み出すビジネスになったのは、特定の事柄を検索するとそれにふさわしい広告が見られるという、ターゲットを絞った広告モデルを創れば、ユーザーのクリック回数をもとに広告主から掲載料を請求できる、と創始者たちが気づいたからでもある。ＣＢＳが映画を放映しても、ＣＦと映画を誰が見ているのか、正確に把握することはできないが、グーグルは誰が興味を抱いているかを正確に知る——検索するぐらいなのだから、興味があることは間違いない。だから、広告主を直接もしくは間接的に、検索を行なった人間と結びつけることができる。そんなわけで、二〇〇四年末にグーグルは新しいサービスを始めた。たとえば、メリーランド州ベセスダあたりを歩いていて、スシが食べたくなったとする。携帯電話でグーグルに「スシ２０８１７」——２０８１７はベセスダの郵便番号——というメールを送れば、テキスト・メッセージで選択肢を教えてくれる。いったいどこまで進化するのか、予想もつかないほどだ。

しかし、インフォーミングは友人、仲間、共同作業者を探すことでもある。国や文化の境界を越えたグローバルなコミュニティの形成を促進する。これも重要かつ必要不可欠なフラット化の機能だろう。どんな話題、プロジェクト、テーマでも、ともに作業を行なう人間を探すことができる——これには、とりわけヤフーグループのようなポータルサイトが役に立つ。ヤフーはユーザー三億人と活動グループ四〇〇〇万を擁している。こうしたグループに一三〇〇万人が属していて、世界中から毎月アクセスする。

「インターネットはセルフサービスの分野でも成長している。ヤフーグループはその傾向の実例だ」と、ジェリー・ヤンはいう。「人々が時間や地理に関係なくインターネット上でプライベートに、半

プライベートに、もしくはパブリックに集まれるような、フォーラム、プラットホーム、一連のツールを、ヤフーは提供している。消費者はいつでも、自分たちにとって重要な話題をめぐって集合できる。こういうやり方は、オフラインではとうてい実行不可能だった。こうしたグループは、共通の問題（奇病、最初の出産、戦地に赴いている兵士の配偶者などの悩み）に駆り立てられたインターネットに慣れていない人々の支援にも活躍する。同じ興味（橇《そり》、ブラックジャック、インドアでの日焼けなど、少数の人間の趣味）を持っている相手を探すのも応援する。前から存在していたコミュニティ（地元の少年サッカー・リーグ、教会の青年会、同窓会）は、オンラインに移って、双方向の環境で栄える。活発なコミュニティをはぐくむための情報を共有し、まとめ、やりとりしたい集団は、オンラインに本部にひとしい場所が得られる。オンラインだけに存在し、オフラインではうまくいかないグループもある。オンラインでも、現実の世界の確固たるコミュニティそのままの姿のグループもある。グループは瞬時にできあがり、また消滅する。話題は変わることもあれば、ずっと変わらないこともある。消費者が意見を公表することが多くなればなるほど、この傾向は強まる。楽しい仲間やコミュニティを、いくらでも探すことができる——いつでも、どこでも、自分の好きなやり方で。

善良であれ

こうした新手段で個人が自分について報せる力を得たことは、絶大なフラット化をもたらした。しかし、きわめて恐ろしいことでもある。その理由は？　これまでは突き止めることが不可能か難しかった一般市民の情報を、他人が掘り起こすことが可能になったからだ。かつては、われわれの生活や

過去は硬いセメントの床に護られていた。掘り起こすにはひどく手間がかかったし、下にあるものがほとんど見つからないこともあった。たしかに、その硬い床が悪い人間——詐欺や性犯罪の前歴——を隠すという一面もあり、引っ越してしまえばわからない場合も多かった。だが、それは一般市民の基本的なプライバシーを護るのに役立っていた。他人がわれわれの過去や現在を詳しく知ることは難しかった。しかし、グーグル、ヤフー、MSNなどの検索エンジンによって、そうした硬い床はあっというまに取り除かれ、パームパイロットをちょっと操作すれば、誰でも他人の過去を掘り起こすことができるようになった。個人はあちこちのデータベースに電子の足跡を残す。安全だと思い込んでいるからそうするのだが、もしかすると、近い将来、それが検索可能になってしまうかもしれない。そして、他人や会社がググるだけで自分のことがわかる——給料や、住所や、好きな本まで——と気づいて、愕然とするはめになるかもしれない。

フラットな世界では、逃げることもできなければ、隠れることもできない。小さな石まで一つ一つ裏返されてゆく。何をやっても、どんな過ちを犯しても、いつかは検索でわかってしまうから、真っ正直に暮らしたほうがいい。二〇〇三年秋に大学に入学する前に、娘のオーリイが私に、これからルームメイトになる学生たちの話をした。どうしてそんなことを知っているのか？　話をしたのか？　それとも電子メールが来たのか？　とたずねると、オーリイはどれでもないと答えた。ググっただけだというのだ。ハイスクールの新聞や出身地の新聞の記事が出てきて、さいわい警察の記録はなかった。相手はハイスクールの生徒だというのに！

「この世界では正しく生きたほうがいい——逮捕されたら隣の町に引っ越すというように簡単にはい

かない」法令遵守《コンプライアンス》と企業倫理を専門とするコンサルタント会社LRNを経営するドブ・シードマンはいう。「グーグルがある世界では、評判がつねについてきて、自分が立ち寄るところに先回りする。評判が自分に先行する……評判がひろまるのは速い。大学での四年間、酔っ払ってばかりというのはまずい。それほど人生の早くから評判ができあがってしまう。『つねに真実を語りなさい』とマーク・トウェインはいった。『そうすれば、自分のいったことを思い出そうとする必要もない』」おおぜいの人間が、私立探偵みたいにこちらの人生を調べ、わかったことをおおぜいと共有する可能性がある。

スーパーパワー検索の時代では、誰もが有名人だ。グーグルは情報を平均化する——階級や教育で分け隔てしない。「グーグルをあやつればなんでも見つけられる」ワイヤレス（無線LAN）テクノロジー企業エアスペースの副社長アラン・コーエンはいう。「グーグルはまるで神だ。神はワイヤレスで、どこにでもいる。すべてを見通す。この世で何か知りたいことがあれば、グーグルにきけばいい」

コーエンが私にそういった数カ月後、CNETニュース・コムで次のような短いビジネス関係の記事を見つけた。「検索ジャイアントのグーグルは水曜日に、世界各地の衛星画像を見られるウェブ用ソフトウェア専門会社キイホールを買収したことを発表した……このソフトウェアは宇宙から見た地表の画像をズームできる。場所によっては、街路まで見えるくらいに拡大できる。この会社は地球のすべての高解像度の画像を所有しているわけではないが、ウェブサイトで詳細が見える都市多数を網羅している。これまではアメリカの大都市圏の画像が中心だったが、範囲をひろげつつある」

フラット化の要因　10

ステロイド：新テクノロジーがさらに加速する

このｉＰａｑが他とまったく違っているのは、ワイヤレスであることだ。ｉＰａｑは、四種類のワイヤレス・テクノロジーを使ってインターネットや周辺機器にアクセスできる最初のＰＤＡである。ｉＰａｑは電子の名刺よろしく他のＰＤＡに向けて七五センチメートルまで赤外線で情報を発信できる。内蔵のブルートゥース（Bluetooth）機能なら、九メートルまでアクセスできる……Ｗｉ－Ｆｉアンテナを使えば、四五メートルまでアクセスできる。全地球での通信のために、ｉＰａｑにはとっておきの機能がある――携帯電話としても使えるのだ。オフィスにこれで連絡できないとしたら、あとは国際宇宙ステーションにでも行くしかない。

――ＨＰの新型ポケットパソコンに関する《ニューヨーク・タイムズ》二〇〇四年七月二九日付の記事

私は東京から三島に向けて南西へ突っ走る東海道新幹線に乗っていた。景色は素晴らしかった。左手は漁村、右手はうっすらと雪を頂く富士山。私の旅の友は、東京で《ニューヨーク・タイムズ》の記者をつとめるジム・ブルックだった。ブルックは通路を挟んで隣の席にいたが、景色には目もくれ

ない。コンピュータに熱中している。私もコンピュータを使ってはいたが、ワイヤレスでネットにアクセスしているジムとは違い、どこにも接続していないノート・パソコンでコラムの記事を書いているだけだった。先日、東京の繁華街でタクシーに一緒に乗ったときに、ジムがワイヤレス機能付きのノート・パソコンをさっと出して、ヤフー経由で私に電子メールをよこしてからずっと、日本でワイヤレスがものすごく浸透し、どこにいても接続できることに、私は何度となく驚きの声をあげていた。一部の離島や山村は別として、コンピュータにワイヤレス・カードを差し込むか携帯電話をつなげば、どこにいてもネットに接続できる——地中深くを走る地下鉄や山野を走り抜ける新幹線の車内にいても。日本が世界の国々はもちろん、アメリカよりもワイヤレスの接続がずっと良好だという事実が、私は気になってしかたがなかった。ジムはそれを知っていてことさらに強調した。

「ほら、トム、いま僕はネットに接続している」日本の山野が見る見る行き過ぎるあいだに、ジムはいう。「アルマアタで《タイムズ》の特約記者をやっている友だちに赤ちゃんが生まれたんで、お祝いをいっているんだ。きのう女の子が生まれたんだよ」経過をいちいち教えてくれる。「いまフロンティングを読んでる！」——《ニューヨーク・タイムズ》の本日の主な見出しのことだ。とうとう私は、日本語が少ししゃべれるジムに、車掌を呼んでほしいと頼んだ。車掌がぶらぶらと近づいてきた。いまどれぐらいの速度で走っているのかと、ジムに質問してもらった。日本語ですこしやりとりがあり、ジムが通訳してくれた。「時速二四〇キロだそうだ」私は首をふった。時速二四〇キロメートルで走っている新幹線に乗っているときに、私の旅の友はカザフスタンから発信された電子メールを受け取っている。ワシントンDC郊外の私の自宅から市内に車で向かうあいだに、携帯電話が二度は不

通になるというのに。前日、面会の約束をしたジムの同僚のトッド・ゾーンに会ったとき、トッドはどこからでもインターネットに接続できる日本の携帯電話に熱中していた。「僕はサーファーなんだ」と説明して、トッドは親指でボタンを操作した。「一カ月三ドルでこの〔日本の〕サイトと契約すると、家の近くのビーチの波の高さを毎朝教えてくれる。それを見て、その日にどこで波乗りをすればいいかを決めるんだ」

（これを考えれば考えるほど、私はたった一つの公約で大統領に立候補したくなる。「約束します。私が選ばれたら、四年後までにアメリカの携帯電話の通話範囲をガーナ並みにし、八年後までに日本並みにします――われわれが追いつけるように八年間イノベーションをしないという現状凍結条約に日本が調印してくれればの話ですが」選挙運動のステッカーはしごく単純だ。「いま私の声が聞こえますか？」）

アメリカは遅かれ早かれワイヤレス・テクノロジーで外国に追いつくだろう。すでにそうなりかかっている。しかし、一〇番目のフラット化の要因についてのこの章の主題は、ワイヤレスではない。私が「ステロイド」と呼ぶものが主題だ。特定の新テクノロジーをステロイドと呼ぶのは、それらが他のフラット化要素をターボチャージャーよろしく加速するからだ。それらは、これまで強調してきた共同作業すべて――アウトソーシング、オフショアリング、アップローディング、サプライチェーン、インソーシング、インフォーミング――の形をとり、そのすべてを「デジタル、モバイル、バーチャル、パーソナル」なやり方で行なうのを可能にし、したがって、HPの前CEOカーリー・フィオリーナが講演で述べているように、お互いの力を強めながら、世界を日々平らにしてゆく。

「デジタル」とフィオリーナがいうのは、パソコン‐ウィンドウズ‐ネットスケープ‐ワークフロー革命のおかげで、アナログのコンテンツとプロセスのすべて——写真、エンターテインメント、通信、ワープロ、建築デザイン、自宅の芝生の撒水機システム等々——がデジタル化され、したがってコンピュータで形作り、手を加え、コンピュータ、インターネット、衛星通信、光ファイバーで送れることを意味する。「バーチャル」とは、このデジタル化されたコンテンツの形成と加工と送信を、ほとんど頭を使わずにたいへんな高速でいとも簡単にできることをいう——その基本となるのは設置済みのデジタルのパイプ、プロトコル、スタンダードだ。「モバイル」とは、ワイヤレス・テクノロジーのおかげで、こうした事柄は、どこにいても、誰でも、どんな種類の機器を使ってもやることが可能で、どこでもそれを受け取れることを指す。「パーソナル」とは、自分のために自分の力で自分の機器を使ってそれをやることができるからだ。

この新しい形の共同作業を取り入れて、こんなふうに加速したら、フラットな世界はどんなふうに見えるだろうか？　一つ例を挙げよう。ジョンズ・ホプキンス大学のビル・ブロディ学長が、二〇〇四年夏にこんな話をしてくれた。「コロラド州のベールで医学会に出席したときのことだ。ジョンズ・ホプキンス大学の研究を引用して〔医師が〕講演を行なっている。その医師は、現在の外科手術の方向性とは相容れない前立腺ガンの新しい治療法を宣伝しようとしていた。そのために、前立腺ガンの外科手術において最高の基準を打ち立てたパトリック・ウォルシュ博士の研究を引き合いに出した。医師が提案したやり方は異論のあるものだったにもかかわらず、ウォルシュ博士のホプキンス大学での研究を、それがあたかも自論を支持しているかのように引用した。医師の引用を聞きながら、

私は心のなかでつぶやいた。『ウォルシュ博士の研究とはとても思えない』そこでPDAを出して、〔ワイヤレスで〕即座にジョンズ・ホプキンス大学のポータルサイトとMEDLINE（医学的文献のデータベース）にアクセスし、いながらにして確認を行なった。ウォルシュの論文要約がすべて表示された。目を通していくと、講演者の話とはまったく違っている。そこで質疑応答の時間に挙手して、論文要約から二行を読みあげると、講演者は顔を真っ赤にした」

ジョンズ・ホプキンス大学の研究者の近年の研究はすべてデジタル化して保存されているので、ブロディはためらわず瞬時に検索することができた。ワイヤレス・テクノロジーの進歩によって、どういう機種を使っても、どこからでも、検索を行なうのが可能になった。ブロディはPDAを使うことで、それをパーソナルに――自力で自分のためだけに――やることができた。

こうしたことを可能にしたステロイドとは何か？

一番目のステロイドはコンピュータだ。コンピュータを理解するには、規模が違っても三つの要素から成り立っていると考えるのが一番わかりやすい。計算能力、保存能力、そしてインプット／アウトプット能力――情報を計算機と記憶装置の複合体から出し入れする速度――の三つである。最初の巨大なメインフレームの時代からずっと、この三つが着実に進化してきた。互いを強化するこの過程が合わさると、とてつもないステロイドになる。その結果、言葉やデータやエンターテインメントをデジタル化し、形成し、噛み砕き、送信する能力が毎年向上していった。

例を挙げて説明しよう。半導体産業は何十年も前から、「マイクロチップの半導体を小さくして、電子が動かなければならない距離をできるだけ短くしようとしていた。それでデータ処理の速度が速

まるからだ」と、《ビジネスウィーク》二〇〇五年六月二〇日号は述べている。コンピュータのCPUの計算能力を示す指標の一つにMIPSがある――毎秒一〇〇万回の命令処理能力を持っているという意味だ。一九七一年、インテル4004の性能は〇・〇六MIPS（毎秒六万回）だった。現在のインテル・プレミアム4エクストリーム・エディション（デュアルコア）は、理論上で一秒間に最大二〇〇億回の命令を処理できる。一九七一年のインテル4004は、トランジスター二三〇〇個からなっていた。二〇〇六年のインテルの最高モデル「モンテシト」には、一七億個のトランジスターが詰め込まれている。

しかし、ここに一つ問題がある。こうした超小型回路をすし詰めにすると、熱がこもって、マイクロチップの性能に影響ができる。心配には及ばない。《ビジネスウィーク》によれば、半導体メーカーは、こうしたステロイドを超高速から超高速よりも速いマイクロチップにするために、パソコンの心臓部にある強力なMPU一個に複数の〝計算するコア〟を持ちながら一個のMPUとして機能するものを創りあげた。複数のコアが負荷を分担するので、過熱するおそれがないし、消費電力も小さくなる。

いっぽう、データをインプット／アウトプットする能力も、めざましい勢いで進歩した。286や386といった初期のCPUの頃のディスク・ドライブでは、私の最新型のデジカメの写真一枚をダウンロードするのに約一分かかるはずだ。いまではペンティアムとUSB2・0を使って記憶媒体から一秒でコピーできる。それとともに、アウトプット／インプットできるものの分量は、「記憶媒体の進歩のおかげでとてつもない大きさになった」マイクロソフトCTOのクレイグ・マンディはいう。

「記憶容量が幾何級数的に増大し、何よりもそれがイノベーションの大きな要素になった」それによって、あらゆる形のコンテンツがデジタル化され、かなり携帯化が進んだ。また、値段も下がったので、携帯用のパーソナル機器にまで大容量の記憶装置を取り付けられるようになった。何千曲も保存できる四〇ギガバイトの記憶容量のｉＰｏｄを、ティーンエイジャーでも買えるような値段で売り出すことなど、五年前には考えられなかった。いまでは驚くにはあたらない。こうした高性能化により、コンピュータの世界は急加速した。ファイバーの進歩によって、ファイバー一本が毎秒一テラビットを送れるようになった。光ファイバー四八本のケーブル一本が、毎秒四八テラビット送信できることになる。このテクノロジーの専門家であるルーセントの元ＣＥＯヘンリー・シャクトは指摘する。それだけの能力があれば、「世界中の印刷物を、ケーブル一本で数分以内に送信できる。つまり、追加投資がゼロで送信能力を際限なく向上できる」。シャクトがいうのは、光ファイバー・ネットワークの背骨部分――幹線部分だけの話で、家庭や個人のコンピュータまでの最後の一キロメートルは含まれないが、それにしてもとてつもない大躍進だ。

『レクサスとオリーブの木』で私は、疲れて埃まみれになったビジネスマンが辺鄙な土地の道端にあるモーテルにチェックインするという一九九九年のＱｗｅｓｔのＣＦについて書いた。ビジネスマンがうんざり顔のフロント係に、ルームサービスや楽しめる設備はあるかと質問する。女性のフロント係がありますと答える。そこでビジネスマンが部屋のテレビではどんな番組が見られるのかとたずねる。フロント係はあんたばかじゃないのというように平板な声で、「どのお部屋でも全世界で作られた映画が二四時間いつでも見られます」と答える。当時それを引き合いに出したのは、インターネッ

トに接続するとどうなるかという実例を説明するためだった。いまではそれが、いかにインターネットに接続しなくてもすむかという例になってしまう。なぜなら、あと数年したら、記憶媒体が進歩してもっと小型化し、そういう映画を何本も保存して携帯することが可能になるはずだ。

二番目のステロイドは、インスタント・メッセージとファイル共有テクノロジーの飛躍的進歩に関係がある。ピアツーピア方式で複数のパソコンを接続してファイルを共有すれば、ユーザーは音楽、ビデオ、その他のファイルを互いにオンラインで利用できる。ピアツーピア・ネットワークを一般化したのはナップスターだった。ナップスターの登場で、それぞれのコンピュータに保存された曲を互いに聞けるようになった。Howstuffworks.comによれば、「全盛期のナップスターは、いまだかつてないくらい人気のあるウェブサイトだった。一年とたたないあいだに、ビジターがゼロから六〇〇〇万人に増えた。やがて、違法コピーであるとして運用差し止めの訴訟を起こされて、サイトを閉鎖、その後合法的な音楽ダウンロード・サイトとして二〇〇三年に再出発するまで、運営を停止していた。オリジナルのナップスターがあっというまに人気を博したのは、たぐいまれな製品を提供した――膨大なデータベースから無料で音楽をいとも簡単に入手できるようにした――からだった」という。そのデータベースはじっさいには、コンピュータ同士の接続をナップスターが仲介するというファイル共有アーキテクチャーだった。オリジナルのナップスターは死んだが、ファイル共有テクノロジーは残り、日々高度なものになって、共同作業を大幅に強化している。二〇〇五年六月二二日付のAPによれば、二〇〇四年にアップルのｉＴｕｎｅｓのようなオンラインショップから三億三〇〇〇万曲が購入されたが、その一方で、イードンキー、ビットトレント、カザーなど、無料ダウンロードできる

ファイル共有プログラムを使ってファイル共有ネットワークから無料でダウンロードしている回数は五〇億にのぼるという。

三番目のステロイドは、ＩＰ電話の普及に関わりがある。こうしたデジタル化データとの共同作業は、もう一つの急成長するステロイドであるＶｏＩＰ――インターネットを通じて音声を送る技術――によって、いっそう簡単に、そして安価になってゆくだろう。ＶｏＩＰを使うと、音声をデータ・パケットに変換してインターネットを通じて送り、受信側ではそれを音声に戻すことができる。電話会社もしくは民間オペレーターと契約してこのサービスを受ければ、市内でも長距離でも、パソコンやノート・パソコンやＰＤＡに小さなマイクをつなぐだけで、無制限に電話を受けられる。パーソナルに、かつバーチャルにそれが行なわれる――基礎をなすパイプが可能にしていることをまったく意識しなくてもできる。このＩＰ電話では、国際電話が市内通話と同じぐらい安いか、あるいはほとんど無料に近くなる。どう考えても、あらゆる形の共同作業が促進されないわけがない。

《ビジネスウィーク》二〇〇四年一一月一日号に、先駆的なＶｏＩＰ企業スカイプに関する記事が載っている。「エリクセン・トランスレーションズは、大きな足跡を残した小企業である。このブルックリン（ニューヨーク）にある会社は、世界中に点々といるフリーランスの翻訳者五〇〇〇人を使い、アメリカ企業向けに七五カ国語の書類の翻訳を請け負っている。したがって電話料金はひと月約一〇〇〇ドルにのぼる。そんなわけで、ビジネス開発部長クローディア・ウェイトマンが、世界中のスカイプ・ユーザーに無料の音声通信を提供するというスカイプ・テクノロジーズという新しい会社のことを聞いたときには、飛び上がって喜んだ。契約してから半年後、エリクセンの電話料金は早くも一

〇パーセント削減された。さらにありがたかったのは、社員と翻訳者が頻繁に連絡をとれるようになったことで、作業の早さと質が向上した。『仕事のやり方そのものが変わりました』とウェイトマンはいう」二〇〇五年末にスカイプが電話通信ソフトウェアの2・0ベータ版を発表したので、このテクノロジーはもっとひろまるだろうといわれている。新ソフトウェアにはテレビ会議機能が備わり、インターフェイスももっとスムーズで音声も明瞭だし、ヘッドセット・システムが使えるので、コンピュータにつないだマイクで不自由な思いをすることもない。スカイプその他のVoIPシステムのおかげで、遠く離れた国の学校や会社にいる子供としじゅう話をしても、ほとんどお金がかからない、という話をあちこちの親からよく聞かされる。

VoIPは、電気通信産業に革命を起こした。電話会社は発足当初から通話時間と距離によって料金を決めるという単純な発想を根底にしてきた。VoIPを選ぶ消費者が増えるにつれて競争が激しくなり、時間と距離の単純計算で課金するのは難しくなった。音声はいずれ無料になる。電話会社が競争し、課金できるのは、追加機能だけになるだろう。旧来の音声プラットホームは、イノベーションに乗り遅れている。だが、インターネット・プラットホームに音声を乗せた場合には、共同作業向けのあらゆるイノベーションの選択肢が選べるようになる。友だちのリストをこしらえておけば、名前をダブルクリックするだけでつながる。発信者の識別？　発信者の顔が画面に出る。企業はSoIP（ストレージ・オーバー・インターネット・プロトコル）をめぐって競争するようになるだろう。コンピュータ、ノート・パソコン、PDAを使ってテレビ会議をやるサービスはどこの会社が一番すぐれているか？　誰かと話をしているとき、会話に三人目、四人目が楽に加われるようにしてくれる

のはどこの会社か？　しゃべりながら相手と一緒にドキュメントに手を加えられるように、会話とドキュメント・ファイル交換とテキスト・メッセージ送信を同時にやれるようにしてくれるのは、どこの会社か？　音声メッセージを残すとテキスト・ファイルに直し、ドキュメントを添付して、一緒に作業できる環境をこしらえてくれるか？　シスコの流通テクノロジー担当副社長マイク・ボルピはいう。「これからは距離や通話時間ではない。音声通信にいかに付加価値をつけるかだ。音声は無料になるだろう。企業の差別化に通じるのは、消費者が音声に加えて何ができるかということだ」

バンガロールに住んでいようが北京に住んでいようが、ニューヨークのイエローページに名前を載せることはできる。会計士をお探しですか？　北京のハン・シュウ（周虹）か、モスクワのウラジーミル・トルストイか、ニューヨークのアーネスト&ヤングのいずれかをダブルクリックすればいい。天安門広場、赤の広場、ユニオン・スクェア――どこの会計士でも選ぶことができる。喜んで所得税申告書の記入を手伝ってくれるはずだ。

四番目のステロイドはテレビ会議で、これは今後まったく新しい段階に達するだろう。HPと映画会社ドリーム・ワークスSKGが共同でテレビ会議スイートを設計し――ドリーム・ワークスが映画と音声の経験を活かし、HPがコンピュータと圧縮テクノロジーの面で寄与し――じつに素晴らしいものができた。ビデオ会議の参加者たちが、平面モニターとカメラの並ぶ壁に面して長いテーブルに横一列に座す。平面モニターには全世界のどこか別の場所に集まっている人々が映っている。全員が一つの会議テーブルを囲んでいるような印象をあたえる。これまでの市場にあったものと質的にまったく違った体験であることは間違いない。私はデモンストレーションに参加する機会があったが、わ

れわれがサンタバーバラにいて、向こうは八〇〇キロメートル離れたところにいるのに、相手方の出席者の息遣いが感じられるほどリアルだった。ドリーム・ワークスは世界各地で映画やアニメを製作しているので、クリエイティブな人々が互いの考え、表情、感情、怒り、熱意、驚きをほんとうに伝え合えるように、テレビ会議がぜひとも必要だと考えた。HPのCTO兼CSO（最高戦略責任者）シェーン・ロビンソンが私に語ったところでは、このテレビ会議スイートを二〇〇五年に一式約二五万ドルで売り出すという。重役陣が一堂に会して会議を行なうためにロンドンや東京へ行く旅費や手間ひまを考えれば、たいした金額ではない。このスイートの経費など、企業は一年で取り戻せる。これだけのレベルのテレビ会議が普及すれば、遠く離れた海外での開発、アウトソーシング、オフショアリングはずっと簡単かつ効果的に行なえるようになる。

五番目のステロイドは、最近のCG（コンピュータ・グラフィックス）のめざましい進歩に関係がある。画像がより鮮明になり、画像を画面に描いたり作り変えたりする方法が大幅に増えたため、ビデオの共同作業とコンピュータ処理の幅がひろがった。IBMのアービング・ウラダウスキー・バーガーが、ブログでこのステロイドを紹介してくれた。「イノベーションの最も刺激的な分野が、ゲーム・プレイヤーにヒントをもらった第三世代ユーザー・インターフェイスとでもいうものの周辺に出現している」と、ウラダウスキー・バーガーは書いている。「［これによって］ヘルスケア、教育、科学、ビジネスなどあらゆるものに、きわめて視覚的な相互利用可能インターフェイスが導入されるだろう」なぜそれが重要かというと、「人間がコンピュータと双方向でやりとりをすることで新しいパラダイムが登場するときにはいつも、新しいアプリケーションが出現する。従来のものとはまったく

違い、なおかつ品質も高いものが。……テレビゲームは、こうしたことからも非常に重要だ。画像はバーチャル・リアリティ、音質も高い、それに、双方向で共同作業をする性質も強い。だから、人間がさまざまなアプリケーションと、もしくは人間同士で、双方向でやりとりをするやり方を考えるのに、ゲームは格好の発射台になる」

六番目の最も重要と思われるステロイド——じっさいにはステロイドの集団——は、最新ワイヤレス・テクノロジーと機器類である。この究極のステロイドは、新たな形の共同作業すべてをモバイルにする。自分のデジタル・コンテンツを作り変え、共有し、仕上げるのを、誰でも、どこからでも、完全にモバイルにやることができる。

「ワイヤレスが通信の自然な状態なのです」エアスペース上級副社長アラン・コーエンはいう。その流れは、まず音声から始まった。いつでも、どこへでも、どこからでも、電話をかけられないかと人々は考えた。だから、多くの人間が、携帯電話を自分の所有するなかで最も重要な電話だと見なしている。二一世紀が始まると、データ通信も同じようにできないかと人々は考えはじめた——インターネット、電子メール、ビジネスに必要なファイルに、いつどこからでも携帯電話かPDAかその他のパーソナル機器を使ってアクセスできないものだろうか、と。（いまではこの「その他のパーソナル機器」が戦陣に加わり、ワイヤレス・テクノロジーへの要求がいよいよ高まり、地球のフラット化が進んでいる。ウォルマートのRFIDチップのようにワイヤレスでコンピュータに話しかける機器が好例だろう。RFIDチップは、在庫を把握できるように仕入先のコンピュータに自動的に情報を送信する超小型のワイヤレス機器である。）

コンピュータ普及の最初の時代（グローバリゼーション2・0）には、人はオフィスで働いていた。大型のメインフレーム・コンピュータがあり、文字どおりそこへ歩いていって、メインフレームを管理する人間に情報を引き出すよう頼まなければならなかった。まるで神のお告げでも聞くようなものだった。その後、パソコン、インターネット、電子メール、ノート・パソコン、ブラウザ、クライアント・サーバーのおかげで、ネットワークに保存されているあらゆる種類のデータや情報を自分の画面に呼び出すことができるようになった。この時代になると、オフィスから離れて、自宅や海辺の別荘やホテルで仕事ができた。グローバリゼーション3・0の現在は、デジタル化、超小型化、バーチャル化、パーソナル化、ワイヤレスのおかげで、どんな場所からでも、どこへでも――個人もしくはマシーンとして――音声やデータを処理、収集、送信できる。

「どこへ行こうが、いまいる場所がデスクになる」とコーエンはいう。どこにいても情報をこれまでよりも早く送受信する能力が向上すると、競争と通信の障壁が消え失せる。ビジネスを届けられる範囲が一躍すさまじい広さになる。バンガロールにいようがバンゴールにいようが、お互いに連絡がとれる。人々は、ワイヤレスによるモバイル性が、電気と同じようにどこにでもあるものと思いはじめる。モトローラのパドマスリー・ウォリアーCTOは、われわれが急速に「私をモバイルにして」時代に突入しているという。情報、エンターテインメント、データ、ゲーム、株の相場といったコンテンツに消費者が料金を払うのは、いつどこでもアクセスできる場合に限られてくるだろうというのだ。

現在、消費者は、ワイヤレス・テクノロジーの提供するものやスタンダードの複雑な迷路にはまり込んでいる。それらは完全に相互利用可能にはなっていない。一部のワイヤレス・テクノロジーが近

隣、州、国のなかに限られているのを、われわれはみな知っている。

「私をモバイルにして」革命は、どんな機器を使うにせよ、町や国や世界をもっと均等に動きまわれるようになって初めて成就する。テクノロジーは、そこに近づいている。これが完全に普及した暁には、人々はどこからでも、どこへでも、何を使っても、仕事や連絡がきちんとできるようになり、「私をモバイルにして」は完全なフラット化効果を持つ。

日本の最大手携帯電話会社NTTドコモの東京本社で午前中いっぱいを過ごしたとき、未来の一端を私は味わった。NTTドコモはこのプロセスでアメリカをはるかに引き離し、最先端を走っていて、日本国内で完全に相互利用可能なサービスを提供している。ドコモ（DoCoMo）は「モバイル・ネットワークでコミュニケーションしよう（Do Communications over the Mobile network）」を略したもので、日本語の「どこでも」を想起させる。ドコモ本社での私の一日は、見学案内ロボットによって開始された。ロボットは日本式に丁寧なお辞儀をすると、話をしている相手の姿が見られるビデオ携帯電話の陳列されたショールームをひとまわり案内してくれた。

「若者たちはわが社の携帯電話を、双方向のテレビ電話に使っているんです」ドコモの取締役でユビキタスビジネス部長をつとめていた三石多門が説明した。「みんな携帯電話を出して、顔を見ながら話をするんです。もちろん、顔が見えないほうがいいという方もいます」ドコモの携帯電話には、顔を見られたくない場合、アニメのキャラクターに代役を演じさせ、ボタンを使って、それに怒りや喜びを表現させるという機能がある。「つまり、これは携帯電話であり、ビデオ・カメラであり、なおかつパソコンと同等の機能を備えるまでに進化しています」三石はなおもいう。「ボタンを〔親指で〕

すばやく押さないといけません。だからわれわれは自分たちのことを『親指人間』と呼んでいます。女子高生は、親指だけで、パソコンを使うよりも速くタイプできるんですよ」

私はたずねた。ところでユビキタス部は何をやっているんですか？

三石はこう答えた。「インターネットが世界中にひろまっているのを見て、われわれは次の段階を提案しなければならないと確信しています。現在までのインターネットは、ほとんどが個人間の電子メールや情報のやりとりです。しかし、個人と機械、もしくは機械同士のやりとりも、すでに始まっています。われわれはそうした現象にまで手をひろげたい。なぜなら、人々はよりリッチなライフスタイルを望んでいますし、ビジネスはより効率的な業務を望んでいます……若者はビジネスライフではオフィスでパソコンを使いますが、私生活ではライフスタイルのベースに携帯電話を置いています。携帯電話を支払いに使うという動きも強まっています。スマート・カードがあれば、バーチャル・ショップやスマート・ショップで支払いができます。つまり、レジの横にカードの読み取り機があって、携帯電話をスキャンすれば、クレジットカード代わりに使えるわけです……。

携帯電話は、パーソナル・ライフの必要不可欠なコントローラーになると、われわれは確信しています」英語のコントロールに「規制する」というマイナスの意味も含まれているのも意に介さず、三石はなおもいった。「たとえば、医療の分野では認証システムに使え、これまでの診療記録が確認できる。支払いには携帯電話が必要になる。携帯電話なしでは生活が送れないようになる。家庭内のものも携帯電話でコントロールする。携帯電話でコントロールできる機械をどんどん増やす必要があると思いますね」

この未来には、懸念材料も山ほどある。携帯電話を使って未成年者を誘惑して食いものにする連中もいれば、くだらないゲームに労働時間を費やす従業員や、電話機能を使って違法行為を犯す人間もいる。なかには書店へ行って料理の本を開き、レシピを撮影して、本は買わずに出てゆく人間もいるという。さいわい、現在の携帯電話はカメラ撮影時にシャッター音が鳴る仕組みになっているので、書店の店主やロッカー室でそばにいた人間は、隠し撮りをされれば気がつく。インターネット接続可能なカメラ付き携帯電話は、ただのカメラではない。世界中に配信することも可能なコピー機でもある。

ドコモは別の日本企業と、ある企画を立てている。街を歩いていて、マドンナの東京コンサートのポスターを見かけたとする。ポスターにQRコードがついていて、それをスキャンすればチケットが買える。あるいはマドンナの新譜CDのポスターがある。携帯電話でQRコードをスキャンすれば、サンプルを視聴できる。買いたければ、もう一度スキャンすればCDを買って家に配達させることができる。わたしの友人の《ニューヨーク・タイムズ》東京支局長トッド・ゾーンは日本人女性と結婚しているが、こんなことをいっている。日本ではインターネット接続可能な携帯電話でアクセスできる情報がとてつもなく多いので、「日本人の親戚と一緒にいるとき、誰かわからないことがある場合、みんな真っ先に携帯電話を取り出すんだ」

こうしたことを書くだけでも、疲れ果ててしまう。しかし、この一〇番目のフラット化の要因――ステロイド――が他のさまざまな共同作業を増幅し、促進するということは、いくら強調しても足りないくらいだ。これらのステロイドは、これまで以上にオープンなオープンソーシングをもたらすだ

ろう。なぜなら、これまで以上に多くの人間が、多くの場所から、多くのやり方で、共同作業ができるようになるからだ。それがアウトソーシングを促進するのは、どの企業の部門も他者と共同作業がやりやすくなるからだ。それがサプライチェーンを促進する。なぜなら、本社がリアルタイムで、棚に商品をストックする社員、荷物、荷物の中身の商品を製造している中国の工場すべてと接続するからだ。それがインソーシングを促進する――UPSのような会社が小売業者の社内に深く入り込んで、PDAで倉庫と連絡をとり合う運転手を使って、サプライチェーンを運営する。運転手は間接的に消費者と結びついていることになる。さらに、もっと明白なのは、それらがインフォーミングを促進し――知識というサプライチェーンを管理する能力をあたえるということだ。

ロールス・ロイスのCEOサー・ジョン・ローズは、ワイヤレスその他のステロイドがロールス・ロイスのワークフローなど、得意先との新たな形の共同作業を促進したという素晴らしい具体例を語ってくれた。たとえば、その得意先がBAだとして、一機のボーイング777が大西洋を横断していたとしよう。グリーンランド上空でロールス・ロイス製のエンジン一基に雷が落ちた。乗客乗員は不安にかられるが、心配には及ばない。ロールス・ロイスが対策に当たっている。問題のエンジンには衛星通信を使う送信機が内蔵されていて、エンジンの現況データをたえずロールス・ロイスの運用センターに送信している。現用のロールス・ロイス・エンジンの大半が、そういう仕組みになっている。複雑なアルゴリズムから成り立っているロールス・ロイスのコンピュータの人工知能のおかげで、飛行中のエンジンに異常があれば追跡調査されるようになっている。その人工知能は、エンジンに雷が落ちたらしいというのを察知し、エンジニアに報告する。

「衛星経由でリアルタイム・データを受信しているので、状況を識別し、エンジニアが遠隔診断を行なうことができる」ローズはいう。「ふつうであれば、エンジンに落雷した場合には、着陸したあとでエンジニアを呼び、肉眼で検査する必要がある。被害の状況を判断し、離陸を遅らせて修理しなければならないかどうかを判断する。

しかし、こういった航空会社は規定によって、折り返し予定時間の幅が狭い。離陸時刻がそれを超過する場合には、乗員をおろし、勤務を解いて、飛行機で送り返さなければならない。それではコストがかさむ。エンジンの状態をわれわれはリアルタイムで自動的にモニターして分析することができるから、着陸するまでにエンジニアが必要な判断を下している。あらゆる情報に鑑みて手入れや検査が必要ないということになると、その飛行機は予定どおりに折り返すことができ、われわれの得意先は時間と経費を節約できる」

これらのステロイドによって、エンジンがコンピュータと話をし、人間同士が話をし、コンピュータ同士が話をし、さらに人間がコンピュータと話をするのが、これまでになく簡単に、費用もかからずにできるようになった。そうなると、あちこちでいろいろな人間が、互いに二つの質問を口にしはじめた。いま私の声は聞こえますか？　協力して仕事をやりませんか？

第3章　三重の集束

三重の集束とは何か？　私の意見を説明するに当たって、私的な体験と好きなテレビCFの話を聞いてもらいたい。

二〇〇四年三月のことだった。コネティカット州ニューヘブンの大学で学ぶ娘のオーリイに会うために、サウスウエスト航空でボルティモアからハートフォードに行く予定を立てた。ハイテク人間を自認しているので、紙の航空券など買わず、アメリカン・エキスプレスでEチケット（電子航空券）を予約した。サウスウエストによく乗る人間なら知っているが、安い航空会社は座席指定がない。チェックインするとチケットにA、B、Cいずれかが記されているだけだ。一番先に搭乗するのがA、次がB、最後がC。サウスウエストに乗り慣れている人間なら、当然Cはごめんだ。それどころか、娘の春服を上の棚に入れたいし、真ん中の座席には座りたくないので、Bでも困る。荷物を棚にしまい、窓側か通路側の席に座るには、サウスウエストではどうしてもAでないといけない。そこで、Eチケットは持っていたが、Aを手に入れるために、早起きして、予定出発時刻の九五分前にボルティ

モア空港に着いた。サウスウエストのEチケット受付機に歩み寄り、クレジットカードを挿入し、タッチパネルを操作する――完璧な現代人だ。だが、機械から出てきたチケットにはBと記されていた。私は頭にきた。「どうしてBになるんだよ？」腕時計を見た。「私より早く来た人がそんなにいるはずはない。不正に操作されてる！　仕組まれてるんだ！　スロットマシンと同じじゃないか！」

私は足音も荒くその場を離れると、セキュリティー・チェックを終え、シナモンロールを一つ買い、頭上の棚にスペースを確保できることを願いながら、搭乗案内を待つBの列にむっつり顔で座った。四〇分後、搭乗案内が始まった。私はBの列から、明らかな優越感を漂わせながら先に飛行機に乗り込んでいくAの連中を羨望のまなざしで眺めた。

そのときに気づいた。

Aの連中の大多数は、私が持っている通常のEチケットとは違うものを持っていた。家庭のプリンター用紙らしきしわくちゃの紙だが、白紙ではない。搭乗券とバーコードが印刷されている。どうやらAの連中は、自宅でインターネットから搭乗券をダウンロードし、自宅のプリンターでプリントアウトしたらしい。私の推理が的中していたことが、ほどなくわかった。私は知らなかったが、フライト当日の午前零時一分以降に、個人が自宅でチケットをダウンロードしてプリントアウトするシステムを、サウスウエストはほんの少し前に採用していたのだった。あとは搭乗前にゲートでバーコードをスキャンすればいいだけだ。

「フリードマン」私はその状景を眺め、心のなかでつぶやいた。「おまえはまったくもって二〇世紀の人間だ……グローバリゼーション2・0だ」考えてもみるがいい。グローバリゼーション1・0の

時代は、チケットを売る代理店があった――人間が売っていた。ワシントンDCのダウンタウンにある航空会社の代理店へ行って、番号札を取り、順番を待って、窓口で話をして、便やら席やらを決めた。グローバリゼーション2・0では、Eチケットが代理店に取って代わった。それだけでもすごいと思った。それもわずか数年前の話なのだ。しかし、眠っているあいだに、グローバリゼーション3・0に入り、いまでは個人が代理店そのものになった。いや、別の見方をすれば、個人がサウスウエスト航空の従業員になった。自分の乗る便の発券をするために、午前零時すぎまで起きている時間を時給で換算してみれば、けっこうな金を払って、サウスウエスト航空のために働いてやったようなものだ。

コニカミノルタ・ビジネステクノロジーズ株式会社が提供する、bizhub《ビズハブ》という新型複合機がある。フルカラー／モノクロ印刷、コピー、ファックス、スキャン、電子メール送信、インターネット・ファックスといったあらゆる作業を一台でこなすオフィス用フルカラー複合機だ。このコピー機のCFは、自分のオフィスにいる男とbizhubのそばにいる男を交互に映す場面から始まる。声を張りあげれば聞こえるくらいの距離だ。ドムのほうが地位は上だが、呑み込みはあまりよくない――テクノロジーの進歩についていけないタイプなのだ（私みたいに！）。ドムが椅子にふんぞり返り、オフィスの外を見ると、bizhubの脇に立っているテッドがいた。

ドム：（机の前で）その表がほしい。

テッド：（ｂｉｚｈｕｂの横で）いま電子メールしてるところです。
ドム：コピー機で電子メール？
テッド：いいえ、ｂｉｚｈｕｂから電子メールしてるんです。
ドム：ｂｉｚｈｕｂ？　頼んだコピーはまだ？
テッド：これをスキャンしたら、すぐにコピーします。
ドム：電子メール機でスキャン？
テッド：電子メール機？　これはｂｉｚｈｕｂですよ。
ドム：（戸惑いながら）コピーしてるんだろう？
テッド：（いらだちをこらえながら）電子メールして、スキャンして、それからコピーするんです。
ドム：（長い沈黙のあと）ｂｉｚｈｕｂ？
ナレーション：（ｂｉｚｈｕｂのさまざまな機能を描いたアニメを映しながら）驚くほど多彩な機能とフルカラー印刷をお手ごろ価格で。コニカミノルタのｂｉｚｈｕｂです。
（ｂｉｚｈｕｂからコーヒーは出てこないのかと、マグを手に機械をのぞきこむドムのカット）

サウスウエスト航空のチケット自宅発券やコニカミノルタのｂｉｚｈｕｂは、三重の集束と私が呼ぶもののおかげで可能になった。では、三重の集束とはなんだろう？　しごく単純な答をいおう。まず、二〇〇〇年頃、これまでに述べた一〇のフラット化の要因のすべてが集束して、よりフラットでグローバルな競技場を作りあげようと力を合わせはじめた。この新しい競技場が確立すると、それを

最大限に利用するために、ビジネスと個人が新しい慣わしやスキルやプロセスに順応していった。バリューを創出するのに、垂直ではなく水平の手段を使うように、大きく移り変わった。第二の集束は、ビジネス向けのこの新競技場とビジネスの新手法が組み合わされたことで、それによって世界のフラット化が一段と進んだ。さらに、こうしたフラット化が進むにつれ、中国やインドや旧ソ連から、数十億人が競技場へ殺到してきた。フラット化した新世界と新式のツールのおかげで、そういった人々の一部は瞬時にして、われわれの子供たちと、いまだかつてないほど直接的に、安価に、そして強力に、プラグ&プレイし、競合し、つながり、共同作業することができるようになった。これが第三の集束だ。では、詳しく説明しよう。

第一の集束

前の章で述べた一〇のフラット化の要因は、少なくとも一九九〇年代頃からあちこちに存在していた。しかし、世界に魔法の力を及ぼすには、ひろまり、根づき、互いに結びつく必要があった。サウスウエスト航空の場合は、二〇〇三年前後に、パソコン普及、通信能力と記憶容量の増大、インターネットを使える人口の増加、サウスウエストのソフトウェア・ノウハウの向上により、電子メールを送るのと同じくらい簡単に利用客が自宅でチケットをダウンロードしプリントアウトできるワークフロー・システムを構築できると判断した。サウスウエストと利用客は、互いに新たなやり方で協力で

きるようになった。ほぼ同時期に、コニカミノルタはワークフロー・ソフトウェアとハードウェアを集束させ、スキャン、電子メール、ファックス、コピーといった作業をすべて一台でこなすマシーンを作りあげた。これが第一の集束だ。

スタンフォード大学教授ポール・ローマーが指摘しているように、経済学者はかなり前から次のようなことを見抜いていた。「互いを補うという性質の品物がある――たとえば品物Aの場合は、品物Bがあると価値が高まる。紙があれば鉛筆が役立つのと同じだ。一方が増えれば、もう一方も増え、一方の質が高まれば、もう一方の質も高まり、生産性が上がる。互いを補う品物の同時改善の原則として知られる」

ベルリンの壁崩壊、パソコンの普及、ネットスケープ、ワークフロー、アウトソーシング、オフショアリング、アップローディング、インソーシング、サプライチェーン、インフォーミング、ステロイドといったことすべてが、互いを補う品物よろしく互いを強化している、というのが私の論理である。こうしたフラット化の力が、互いを強めるような形で協力しはじめるには、時間が必要だった。そして一気に均衡が破られたのは、二〇〇〇年前後だった。そこで初めて、一〇のフラット化要因が大規模に激しく集束し、あちこちの大陸の何百万人もが、何か……何かが変わったと感じるようになった。何が起きているのかをいい表わすことができるとは限らなかったが、二〇〇〇年頃になると、それまで接触できなかった人々と接触でき、前には刺激を受けることがなかったような相手から刺激を受け、それまでは競争相手ではなかった相手と競争し、協力したことのなかった相手と共同作業を行なうのが可能だというのを、人々は薄々感じるようになった。さらに、これまでやろうとは夢にも

思わなかった事柄が、個人としてできそうな気がしてきた。

彼らが感じていたのは、世界がフラット化しているということだった。

一〇のフラット化要因が集束したことで、まったく新しいプラットホームができあがった。ウェブが可能にしたグローバルなプラットホーム、つまり共同作業のさまざまな形態が生まれた。いまだかつてなかったこの創造的なプラットホームによって、世界各地の個人、集団、企業、大学が共同作業できるようになった。目的はイノベーション、生産、教育、研究、エンターテインメントなどさまざままで、残念なことに、そこには戦争も含まれている。このプラットホームは、地理、距離、時間、さらに近い将来には言語にも関係なく、稼動する。これが進めば、あらゆる物事の中心となるだろう。今後ますます、富と権力は、三つの基本的な物事を押さえている国、企業、個人のもとで自然に生じるようになる。その三つとは以下のものだ。フラットな世界のプラットホームに接続するインフラ、このプラットホームを徹底的に活用するイノベーションを推進するような教育、そしてこのプラットホームの利点を最大に引き出しつつ欠点を最小限に抑えるような統治体制《ガバナンス》。

ひとことといっておくが、現時点では、誰でもこのプラットホームにアクセスできるわけではない。新しい競技場に誰でも入れるわけではない。ただ、世界がフラット化しつつあるというのは、誰もが平等であるという意味ではない。接続し、競争し、共同作業し、そして残念なことに破壊するために、フラットな世界のプラットホームにアクセスできる力を持つことのできる時と場所と手段が、いままでよりもずっと増えている、といいたいのだ。

本書の第一版が出版されたあとで、《ワイヤード》創刊者の一人であるケビン・ケリーが、ネット

スケープIPOの一〇周年を記念する寄稿文を書き、独自のいいまわしで、多様な形態の共同作業に利用されるこのプラットホーム（ケリーは「マシーン」と呼んでいる）が、きわめて新しく、きわめて大きな何かの始まりだという結論を述べている。《ワイヤード》二〇〇五年八月号では、ケリーはこんなふうに表現していた。「いまから三〇〇〇年たって賢者が過去をふりかえったとき、二〇〇一年に始まるわれわれの時代――未来から見たら古代――は画期的な新時代の始まりだと判断されるに違いない。ネットスケープIPOの前後数年のあいだに、人類はほんのちょっぴり知能を備えた動けない物体に息を吹き込み、グローバルな競技場で互いに結びつけ、複数の頭脳を一つにした。これは地球上で最大で最も複雑で最も驚くべき出来事だと認識されるはずだ。ガラスと電波から神経を作りあげることで、われわれの種族はすべての地域、プロセス、事実、思考をつなぎ、壮大なネットワークをこしらえた。このできあがったばかりの神経系統から、われわれの文明のための共同作業インターフェイスが誕生した」

第二の集束

イノベーションと生産のための基本的なOSであるプラットホームは、そう簡単に変わるものではない。それに、新テクノロジーやフラットな世界のようなプラットホームの導入だけでは、生産性の飛躍的な向上は望めない。新テクノロジーもしくはテクノロジーの新プラットホームが、新たなビジ

ネス手法と組み合わさったときに初めて、生産性は急上昇する。付随的なテクノロジーやビジネスプロセスや慣わしが、そういったことをフルに活用し、嚙み合って、次の飛躍的な生産性向上をもたらすには、長い時間がかかる。ウォルマートは、段ボールに入ったままで商品を売り——消費者は半年分の石鹼をまとめ買いできる——そこに、ウォルマートのカンザス・シティ店で客が棚から取った商品と中国沿岸部の仕入先とを瞬時に接続する水平な新サプライチェーン・マネジメントを導入して、生産性を大きく向上させた。このプラットホームの使い方を知っていてアクセスする人々が増えているいま、世界中でいろいろな慣わしが大幅に変わりはじめている。このプロセスを「水平化」と呼びたい。これが第二の集束として現在、世界をフラット化している。

コンピュータが初めてオフィスに導入されたとき、生産性が飛躍的に上がるだろうと誰もが思った。だが、効果はすぐには現われず、失望と多少の混乱を招いた。著名な経済学者ロバート・ソローは、コンピュータはどこにでもあるが、「生産性の統計」にはまったく姿を現わさないと皮肉った。

経済史学者ポール・A・デビッドは、一九八九年の画期的な論文「コンピュータと発電機：現代生産性パラドックスの近似性」で、歴史的な例を指摘し、時間的ずれを説明している。電球が発明されたのは一八七九年だが、電化が始まり、経済や生産性に大きな影響をあたえるようになるまでに、数十年の時を要したというのだ。なぜか？　電動機を取り付けて古いテクノロジー——蒸気機関——を廃棄するだけではだめだからだ。製造の手順すべてを再構築しなければならない。電気の場合は、建物や組み立てラインが再設計され、電化に適した工場運営が行なわれるようになって、初めて飛躍的進歩がもたらされた。蒸気機関時代の工場は、コストの高い複数階の頑丈な建物が多かった。蒸気を

動力とするシステムを動かす重いベルトや巨大な変速装置を支えられるように設計されていたからだ。小さくて強力な電動機が導入されると、生産性は飛躍的に上がると誰もが考えた。だが、それには時間が必要だった。コストを下げるためには、建物を一から設計しなければならなかったからだ。あらゆるサイズの機械に動力を供給できる小さな電動機を設置する安価な細長い平屋の工場が必要だった。電動機を補足する装備、工場や生産ラインの再設計といったものに精通した、経験豊かな工場設計技師や電気技師や管理者の絶対数がある程度そろって初めて、電化によって生産性が飛躍的に向上した、とデビッドは述べている。

現在の世界のフラット化でも、同じことが起きている。一〇のフラット化要因のほとんどが、何年も前から存在していた。だが、完全なフラット化効果が実感できるには、一〇の要因が集束するだけでは足りない。この新しいフラットな競技場を利用できるような、水平な共同作業やバリュー創出のプロセスと慣わしになじんでいて、それを開発することのできるマネジャー、革新者、ビジネス・コンサルタント、ビジネススクール、設計士、ＩＴスペシャリスト、経営者、労働者が大量に出現する必要があった。つまり、一〇のフラット化要因の集束は、フラット化した世界を最大限に利用するビジネス手法とスキルを組み合わせた集束を生み出す。そしてその二つが、互いを強化する。

「ＩＴ革命がなぜすぐに生産性の向上につながらないのか？　ときかれたときには、コンピュータが新しくなっても何も変わらないでしょう、と答えることにしている」と、かつてローマーは語っていた。「新しいコンピュータには、新しいビジネスプロセスと新しい種類のスキルが必要だ。新しい手法によってＩＴの付加価値が上がる。そうやって改善された新ＩＴが、新しい手法を可能にする」

グローバリゼーション2・0は、メインフレーム・コンピュータの時代だった。C²（指揮・統制）が重視され、企業や部署が垂直に組織されていた。一〇のフラット化要因の集束と、とくにパソコン、CPU、インターネット、光ファイバーの組み合わせによるグローバリゼーション3・0は、トップダウン主流の競技場を水平に変えた。こうして自然に生まれた新しいビジネス手法では、指揮・統制ではなく水平の接続と共同作業が重要になった。

「私たちは、バリュー創出のための指揮系統を垂直から水平に変えました」カーリー・フィオリーナは説明する。HPのような企業では、イノベーションが世界各地の部署やチームの水平な共同作業から得られる場合が多いという。HPとシスコとノキアは最近、カメラ付き携帯電話を共同開発した。撮影したデジタル写真をHPのプリンターに赤外線で送信すれば、その場で印刷できる。三社とも非常に高度な専門的技術を開発していたが、他の二社の技術と水平に組み合わせることで初めて、付加価値を加えることが可能になった。

「水平に協力・管理するには、これまでのトップダウン方式とはまったく異なるスキルが一式必要です」と、フィオリーナは述べている。

ほかの例も挙げよう。かつてHPには、八七にのぼるサプライチェーン——それぞれが独立し、独自の管理職ヒエラルキーと管理部門の支援部署を持って、垂直方向に管理されていた——があったが、それを五年のあいだにわずか五つのサプライチェーンに減らした。二〇〇四年度には売上高約八〇〇億ドルに達したビジネスをそれで管理し、会計・出納・人事などの機能を全社統一システムで処理している。

サウスウエスト航空は、一〇のフラット化要因の集束を巧みに利用し、カスタマーが搭乗券を自宅でダウンロードできるシステムを構築した。だが、私自身がこれまでの慣わしを変え、サウスウエストと水平に協力するよう自分を改革しないかぎり、この技術的革新は、私とサウスウエストの生産性の飛躍的向上には結びつかない。（でも、次回は自分を水平化する。フライト当日の午前零時一分まで起きていて、バーコード付きの搭乗券をプリントアウトし、ボルティモア空港には出発の九五分前ではなく四五分前に行く。そうすれば、五〇分、自分の生産性が上がる。）ｂｉｚｈｕｂのＣＦは、新型機械に集束したテクノロジー（とそれを最大限に利用する方法）を理解している社員と、同じオフィスにいながら理解していない社員との差を浮き彫りにしている。いくらこの素晴らしい機械があっても、社員が仕事上の慣わしを変えないかぎり、オフィスの生産性は上がらない。

最後に、世界第二位の広告・マーケティング・通信などの巨大企業グループＷＰＰを例に挙げよう。英国に本社のあるＷＰＰは、二〇年前には、現在私たちが知っているような形では存在していなかった。ＷＰＰは、ヤング・アンド・ルビカム、オグルヴィ・アンド・メイザー、ヒル・アンド・ノウルトンなど世界各国の大手広告会社が合併したものだ。広告、ＤＭ、広告スペースの購入、ブランド戦略といった大手クライアントのマーケティング・ニーズに対応するために、この協力体制が実現した。「ＷＰＰにとって長年の大きな課題は、傘下企業の共同作業をどう行なうかということだった」ＷＰＰ傘下のブランディングコンサルティング会社であるランドーアソシエイツの取締役アレン・アダムソンは述懐する。「だが、いまやＷＰＰ内の企業の協力だけでは不充分だ。各企業から集めた人材で、一クライアントのための特別共同作業チームを作ることが日増しに多くなっている。クライアントの

ためにバリューを創出するようなソリューションは、一企業どころか、従来の企業統合内にも存在しない。差別化した特性のものでなければならないからだ。そこでわれわれは、グループ全体を見渡し、特定のクライアントに最適のメディア担当、最適のブランド戦略担当、最適の広告担当の人間を拾い集める」

二〇〇三年にGEが保険子会社をIPOによって分離することにしたとき、WPPは新会社の社名――ジェンワース――から、最初の広告キャンペーン、ダイレクト・マーケティング・プログラムに至るまで、ありとあらゆる事柄を処理する特別チームを招集した。「当社の管理職には、おのおののクライアントにどういったバリューを提供できるかを編み出し、WPP内の必要な人材を探し出して集め、そのクライアント専門の広告代理店をバーチャルに組織する能力が必要とされる。GEの場合は、そのバーチャル共同作業チームにクラマス・コミュニケーションズという名称まであたえた」

世界がフラット化したとき、WPPは順応してそれを最大限に活用しようとした。オフィスの構造と手法まで変えた――蒸気を動力としていた工場を電動機向けに改築した企業のように、壁や垂直のサイロを壊したのだ。そんなふうに風通しをよくしたWPPは、大きなエネルギーと知力を解き放ったといえよう。傘下企業の社員すべてを、膨大な専門家集団と見なすことができるようになったからだ。個々のプロジェクトに固有な必要に応じて、水平に社員を集めて共同作業チームをいくらでも作ることができる。そのチームはいずれも、一つの会社として成り立つ力がある。

こうした水平思考は、ビジネスだけではなく、教育や軍事作戦の立案にも応用できる。垂直思考から水平思考に変わるには、WPPのように調整が必要だ。垂直思考では、誰がシステムを統制してい

るかを考えないという前提で、望ましい結果や効果を求めようとする。たとえば、私がイラクにいる軍司令官で、戦場のリアルタイム情報を改善したいと思っているとする。とすると、最優先事項は、戦場を飛んで航空写真を撮影する無人機を自分が管理するかどうかではない。無人機が送信する写真を入手し、できるだけ早く綿密に分析することが最優先事項だ。そんなふうに最優先事項が決まったところで、初めて水平思考ができるようになる。フラットな世界のプラットホームの利用法を考える。自分のネットワークもしくはネットワークのネットワークをどう利用するかを考える。具体的にいうなら、無人機のストリーミング映像を、ＣＩＡ（中央情報局）、ＤＩＡ（国防情報局）、ＮＳＡ（国家安全保障局）、陸軍情報部、空軍情報部の平面スクリーンに表示させ、そういった各情報機関のアナリストを一つのチャットルームに集めて、彼らが見つけたものやそれが示す脅威の性格に関する意見を打ち込めるようにする。画像が出ているあいだに、その脇でチャットがなされ、全員が同時に分析できる。このやり方なら、垂直思考から逃れられる。これが垂直思考では、無人機を管制する空軍が、一人のアナリストに映像を分析させ、それを陸軍に伝える。お互いに縦穴のなかからそれをやってて、横の結びつきが何もない。つまり、リアルタイムでもっと賢い分析をしたいなら、自分のネットワークのさまざまな接点で水平に接続したほうが、はるかに有効だといいたいのだ。一人の知恵よりも多数の知恵のほうが優れている。映像を独り占めせずに、水平に反応するシステムを創りあげれば、映像の意味を理解するのに、全員の知性を利用できる。

この新しい競技場と新しいビジネス手法が、完全に定着するまでには、まだ時間がかかるだろう。いわば現在進行中の作業だ。だが、注意しなければならない。この変化は私たちが考えているよりも

ずっと速く、そして世界中で進行している。
なにしろ三重の集束なのだ！

第三の集束

どういうことか？　このより水平な新競技場が完成し、西側諸国の企業と個人がもっぱら中心となってすばやく順応しはじめると、それまで競技場から締め出されていた三〇億人が、あらゆる人たちと自由にプラグ＆プレイできるようになったことに突然気づいた。

ごく一部を除けば、この三〇億人はこれまで、きわめて垂直なヒエラルキー色の強い政治・経済構造の閉鎖的経済で暮らしていたせいで、競争も共同作業もできなかった。私がいうのは、中国、インド、ロシア、東ヨーロッパ、ラテンアメリカ、中央アジアの人々のことだ。彼らの経済・政治システムは、一九九〇年代を通じて、すべて開放され、フリーマーケット・ゲームにどんどん自由に参加できるようになった。この三〇億人が、新たな競技場と新たなプロセスに集束したのはいつか？　まさに競技場がフラット化されたときにそうなった。安価ですぐ手に入るワークフロー・ツールを持ち、より平等に、より水平に、競争や共同作業ができるようになったときにそうなった。世界のフラット化のおかげで、こういった新参者の大多数は、家を出る必要すらなかった。一〇のフラット化要因のおかげで、競技場のほうからやってきたのだ！

この三重の集束――新たな競技場に、新たな人々が集束し、水平の共同作業のためのプロセスと慣わしを開発する――こそ、二一世紀初頭のグローバルな経済と政治を形作る最も重要な力だと思う。かくも多くの人々が、共同作業のためのあらゆるツールを手に入れることができ、しかも検索エンジンやウェブを通じて何十億もの生情報を満載したページにアクセスできるのだから、次世代のイノベーションは、地球上のあらゆるところから起きてくるはずだ。まもなくあらゆるたぐいの発見やイノベーションに参画するはずの、このグローバルなコミュニティの規模は、世界がいまだかつて経験したことがないほどの大きさになるだろう。

冷戦時代には、大きな通商圏はたった三つ――北米、ヨーロッパ西部、日本と東アジア――しかなかった。地球をまっぷたつにした冷戦の同盟国のなかでの競争だったので、ある程度統制がとれていた。労働力や産業が隠れられる障壁も、まだ数多く存在していた。三つの通商圏では賃金がほぼ同額で、労働力や教育レベルもおおむね同等だった。「紳士的な競争だった」と、インテル会長クレイグ・バレットは評している。

やがて三重の集束が起きた。ベルリンの壁が崩壊し、ベルリン・モールがオープンし、壁の向こう側にいた三〇億人が、フラット化した地球広場に突然なだれこんだ。

だいたいの数字で説明しよう。ハーバード大学の経済学者リチャード・B・フリーマンが二〇〇四年一一月に発表した論文によれば、一九八五年の「グローバルな経済社会」は、北米、ヨーロッパ西部、日本、ラテンアメリカの大部分とアフリカと東アジアの国々から成り立っていた。グローバルな経済社会の当時の総人口は、約二五億人だとフリーマンは述べている。

ソ連における共産主義の崩壊、インドの経済的自給自足政策からの転換、中国の資本主義への移行、さらに世界的な人口増加によって、二〇〇〇年のグローバルな経済社会の人口は、六〇億人に膨れあがった。

フリーマンによれば、これによって経済社会の労働人口は約一五億人増えたという。この数は、もしも中国、インド、ロシアが参入していなかった場合に予測される二〇〇〇年の労働人口の倍だというのだ。

グローバルな経済社会に新たに参入した労働人口一五億人のうち、まともなレベルでの共同作業と競争が可能な教養と接続手段があるのは、ほんの一〇パーセント程度にすぎないかもしれない。だが、それでも、その一億五〇〇〇万人は、アメリカ全体の労働人口とほぼ同じだ。「三〇億人もが一夜にして世界経済に参画して、重大な影響が及ばないわけがない。しかも、〔インド、中国、ロシアのように〕古来から教育文化の豊かな三つの社会の人々なのだ」バレットはそう語った。

まさにそのとおりだ。われわれがいま溶け込もうとしているこれらの社会は、教育を非常に重視している。アメリカの教育者向け週刊誌《エデュケーショナル・ウィーク》二〇〇五年一一月三〇日号は、インドの中流階級を取材して、そうした人々の願望を報告している。インドのチェンナイ発のその記事の書き出しはこうだ。「チェンナイのどこの学校にもある大学受験コースでは、一二年生一〇〇人が、奥行き一〇メートル幅八メートルの派手な装飾の部屋に詰め込まれている。天井で扇風機がまわっているが、室温は三五度以上で非常にくたびれる。木の教壇に立つムスクリシュナン・アルルセルバンが、黒板に三角形を書き、内角を記入して、マイクを使い、幾何学の定理を説明する。午後

一〇時を過ぎているが、生徒たちは真剣に授業を聞いている。アルルセルバン先生が質問すると、生徒たちは声をそろえて答える。問題をあたえられると、生徒たちはノートにかがみこみ、鉛筆をなめ、他の生徒よりも早く解こうとする。こうした週七日の授業は、チェンナイの大学の理工系の学部を志望するインドのハイスクールの生徒にとって、ありふれた生活の一部になっている……家に帰ると、ほとんどの生徒が甘く濃いコーヒーを飲んで、さらに何時間か勉強する……インドでは、子供を理工系の学部か医学部に入れることが、中流階級の家庭では使命に等しくなっている。アメリカでは考えられないことだ。十進法を編み出した国であるインドでは、シュリニバサ・ラマヌジャン（早世した二〇世紀初頭のインド人天才的数学者）やアーリヤバタ（五世紀のインドの古典天文学・数学者）のような昔の数学や科学の天才がいまも尊敬されていて、理科系に強い子供はことに高く評価される」

国際教育研究所によれば、二〇〇四年から二〇〇五年にかけてアメリカの大学に留学したインド人の数は、どこの国よりも多いという。インド人留学生は八万四六六人、次いで中国人留学生が六万二五二三人、韓国人留学生が五万三三五八人であると、同研究所は報告している。こうした留学生の大部分は、工学、数学、コンピュータ科学を専攻する。インドは遠い国で、文化も違う。留学するのは容易ではない。よっぽどハングリーでなければならない。

もちろん、インドや中国や旧ソ連の新参者たちが新競技場になだれ込んだのは、競争相手をしのぐ知識を身につけようという強いハングリー精神だけが動機ではなかった。インド、中国、旧ソ連では、行き場のない大きな夢が五〇年にわたり鬱積していた。それが一気に噴き出すのを、われわれは目の当たりにしているのだ。こうした国々では、教育を受けた若者が潜在力を発揮する場所が、五〇年も

の長きにわたって存在していなかった。いわばシャンパンを五〇年もふりつづけてからコルクを抜いたようなものだ。インドと中国と旧ソ連でそんなふうに爆発した若者の大きな夢が、一気に押し寄せている。ものすごい勢いで飛び出したコルクにぶつからないように気をつけないといけない。

ゆえに、この三重の集束にスローモーションはありえない。とてつもない速さで起きている。世界がいったんフラット化してしまい、共同作業の新しい形が誰にでも手に入るようになったいま、慣わしやプロセスやスキルを最も早く身につける者が勝者になるだろう。それに、西欧の人間がいつまでも主導権を握っていられるとは限らない。しかも、こうした新参のプレイヤーは、古くからの制約にとらわれることなく、後発者のメリットを活かすこともできる。つまり、テクノロジーの遅れがかえって有利に働き、旧来のシステムによる過去の損失を気にせず、一気に新テクノロジーを取り入れられる。最新鋭のテクノロジーを迅速に導入できる。中国の携帯電話の数がアメリカよりも多いのが好例だろう。中国ではもともと固定電話が普及していなかった。だから、固定電話すらない時代から携帯電話の時代へ、わずか一〇年にして移行した。二〇〇五年春、私はハーバード大学でグローバリゼーションの講座を共同で持っていた。ある日、授業のあとで一人の学生が私のところへ来て話をした。ハーバード大学の学生仲間と一緒に、中国にいる学生と交流する組織をこしらえたという。彼らはインターネットで無料音声通信のできるスカイプを使い、レジュメの書き方から、共同研究のやり方まで、あらゆることを互いに教えあっていた。だが、私がもっと興味をそそられたのは、次のような話だった。スカイプのことを組織内で教えたのは、中国にいる学生だったというのだ。しかも、大都市ではなく、地方の小さな町に住む学生が、よくスカイプを利用しているという。

世界貿易や経済は、ＩＭＦやＧ８や世界銀行やＷＴＯ（世界貿易機関）や大臣が定めた通商協定によって動いていると、われわれはつい思ってしまう。こうした政府行政機関が無用の長物だというつもりはない。有用な存在ではある。とはいえ、徐々にその重要性が薄れている。フラットな世界を理解し、その新しいプロセスとテクノロジーにいち早く適応して前進する個人が、協定やＩＭＦの助言などとは関係なくグローバリゼーションを推進する傾向が、今後はいっそう強まるだろう。人種も関係なくなるだろうし、世界のどこに住んでいようが関係なくなる。

今後の世界経済は、各国の財務大臣の長ったらしい討議ではなく、ジッピーの自然発生的なエネルギーの爆発によって形作られるようになる。一九六〇年代、アメリカはヒッピーとともに成長した。一九八〇年代、ハイテク革命のおかげで私たちの多くはヤッピーとなった。では、ジッピーについて説明しよう。

「ジッピーここにあり」インドの週刊誌《アウトルック》は宣言した。ジッピーとは、インドが世界のサービス・センターに変わって、社会主義を離れ、世界貿易と情報革命にまっこうから飛び込んだ時代以降に成人した、第一世代のインドの若者の大集団のことだ。《アウトルック》はインドのジッピーを「解放政策の子供たち」と呼び、次のように定義している。「新しい町か郊外に住み、年齢は一五歳から二五歳で、活力に富み、ジェネレーションＺに属する。男女いずれでも同じで、学生・職業人の差を問わない。野心や願望を前面に押し出す。冷静で、自信に満ち、創造的だ。みずからやりがいのある困難な仕事を求め、リスクを好み、怖れを知らない」インドのジッピーたちは、金を稼ぐことにも浪費することにも罪悪感を持たない。《アウトルック》の引用によると、あるインドのアナ

リストは、「ジッピーは定められた運命ではなく目的を原動力とする。内ではなく外に目を向け、現状にとどまらずに上昇する」。インドの人口の五四パーセントが二五歳未満――五億五五〇〇万人になる――だから、インドの一〇の家庭のうち五つに、一人以上ジッピーがいる計算になる。ジッピーは、いい仕事がほしいという欲求を溜め込んでいるだけではなく、いい生活がほしい。

何もかもが、急激に起きた。インドの24／7カスタマーの共同創立者でCEOのP・V・カンナンは、わずか一〇年のあいだに、アメリカで働けるだろうかと気を揉む立場から、アメリカから世界の各地にサービスをアウトソーシングするトップ企業の経営者になった。

「アメリカ入国ビザを申請した日のことは忘れられない」カンナンは語る。「一九九一年三月でした。私は、インドで公認会計士の資格を取っていました。当時二三歳で、恋人は二五歳、彼女も公認会計士でした。二〇歳で大学を卒業し、それからずっとタタ・コンサルタンシー・グループで働いていました。彼女も同じです。私たちはそろって、〔アメリカ国内の企業にインドから人材を送ることを専門にしていた〕人材派遣会社から、IBMのプログラマーとして働かないかと打診を受けたんです。そこで、ムンバイにあるアメリカ領事館へ行きました。人材斡旋はムンバイを中心に行なわれていたので、当時、アメリカのビザを取ろうとする人の列は、おそろしく長いものでした。列に夜通し並び、二〇ルピーで順番を売る人間もいたくらいです。でも、私たちはちゃんと自分で並んで、ようやく面接を受けることができました。面接官はアメリカ領事館員でした。いくつか質問をして、アメリカでしばらく働いたあとインドに戻ってくるつもりなのか、あるいはそのままアメリカにいたいと思っているのかを確かめるのが、領事館員の仕事でした。秘密の定型の質問があり、それで判断していたよ

うです。『くじ引き』と私たちは呼んでいました。ムンバイまで出かけていって長い列に並び、人生のくじを引くわけです。すべてがそれにかかっていました」

じつは、インドにはアメリカの就労用のビザ審査に合格する方法を解説した本や、そのための講座があるという。優秀なインド人のエンジニアが自分の才能を役立てるには、アメリカへ行くしかなかったからだ。「二つの秘訣は、知的職業人らしい服装をすることでした」カンナンは語る。「そこで〔彼女と私は〕、一番いい服を着ていきました。面接が終わっても、領事館員は何もいいません。結果がわかるのは、当日の夜です。それまでの一日のつらかったこと。気を紛らわすために、私たちはムンバイの町を歩きまわって、買い物をしました。行ったり来たりしながら、『もしも自分だけが受かったらどうする？』『もしも自分だけが落ちたら？』といったことばかり考えていました。どれほど不安だったか、とてもいい表わせませんよ。すべてがその結果にかかっていたんですから。拷問でした。夜になって、二人ともビザが取れたとわかりましたが、私は五年間有効の複数回入国ビザだったのに、彼女は半年のビザだったんです。どうしてそうなったのかわからなくて、彼女は泣きました。『私は半年しかいられないの？』『とにかくアメリカに行くのが重要なんだ、あとはなんとかなる』と彼女に説明しました」

いまでも多くのインド人がアメリカに渡って働きたい、学びたいと望んでいるが、三重の集束のおかげで、母国にいながらにして最高のレベルで競争し、まっとうな報酬が得られるようになった。フラットな世界では、移民しなくてもイノベーション競争に参加できる。「私の娘はもう、そんなふうに気を揉むことはないでしょう」とカンナンはいう。「フラットな世界では、ビザを担当する領事館

員は人をシステムから締め出す力を持たない……プラグ&プレイの世界だから」移民しなくても働けることで、ソフトウェアの分野での画期的なイノベーションが次々と生まれている。もともとがインド発のこのイノベーションは、その後、インド以外でも生まれるようになった。母国にいるインド人以外にも刺激をあたえている。インド系アメリカ人のコンピュータ・エンジニアであるP・アナンダンは、レッドモンドのマイクロソフト本社に勤務していたが、二〇〇五年にインドに帰り、バンガロールでマイクロソフトの研究所を設立した。「ここではインド人ではない部下が二人います。一人は日本人、一人はアメリカ人です。二人とも、世界のどこにいても働けます」二八年前にインドで工学の学位を取ったときには、海外での仕事を得ることが競争のすべてだった、とアナンダンは付け加えた。いまではインドでIT関係の仕事に就くのは、すさまじい競争になっている。「いまや、『インドにいなければならないのか』ではなく『インドにいられるかどうか』が悩みになっています」

私がインドで会った最も躍動的なプラグ&プレイ参加者は、バンガロールに本社がある小さなゲーム会社ドゥルバ・インタラクティブの設立者でCEOのラジェシュ・ラオだろう。三重の集束を体現している人物を一人挙げるとしたら、ラオしかいない。ラオの会社は、インドのジッピーが一〇のフラット化の要因にプラグ・インした場合に何が起きるかを、如実に示している。

ドゥルバは、バンガロールの閑静な住宅地にある一軒家を改造して社屋にしている。私が訪れたとき、コンピュータ・グラフィックスを学んだインド人のゲーム・デザイナーやアーティストが、一階と二階でパソコンを駆使して、欧米の得意先向けのさまざまなゲームやキャラクターをこしらえていた。みんなヘッドホンで音楽を聞きながら仕事をしていた。休憩時には、互いのスクリーン上で追跡

と殺し合いをする、グループ・コンピュータ・ゲームに興じている。ドゥルバは、携帯電話の画面で遊べるテニス・ゲームから、パソコンで遊ぶビリヤードなど、画期的なゲームをすでにいくつも開発している。二〇〇四年には、携帯ゲームにチャーリー・チャップリンの画像を使う権利を買った。そう、インドの新興ゲーム会社が、チャップリンの画像を携帯ゲームに使う権利を所有しているのだ。

バンガロールを訪れたときに加えて、その後も電子メールでのやりとりを通じて、私は三〇代前半のラジェシュに、バンガロールにいながらにしてグローバルなゲーム・ビジネスに参入した経緯をたずねた。

「最初の決定的瞬間は九〇年代初めでした」ヘビー級ボクサー並みの野心を持ち、口髭をたくわえた小柄なラジェシュはいう。「学生の頃にヨーロッパで働いた経験から、二度とインドを離れないと決心していました。インドで何かをやりたかったんです。グローバルに認められ、インドに変革をもたらすようなことを。一九九五年三月一五日、バンガロールでワンマン企業を設立しました。父が資金を貸してくれたので、それを元手に銀行から融資を受け、コンピュータ一台とデータ転送速度が毎秒一四・四キロビットのモデムを買ったんです。教育と産業部門に狙いを絞ったマルチメディア・アプリケーションに乗り出しました。一九九七年には、社員が五人になっていました。われわれはその分野ではすでに先駆者的な仕事をしていましたが、それだけでは物足りなかった。ドゥルバ１・０時代の終わりです。

一九九七年三月、われわれはインテルと提携し、ゲーム会社に生まれ変わるプロセスを開始しました。一九九八年半ばには、ゲーム設計と他社が設計したゲームのアウトソーシングをこなす分野の両

方で、自分たちの力量をグローバルな関係企業に示していました。一九九八年一一月二六日、フランスのゲーム会社インフォグラム・エンターテインメントと初めての大きなゲーム開発プロジェクトの契約を結びました。あとから考えると、この契約はインフォグラムの一社員の独断だったようです。われわれは素晴らしいゲームを作りましたが、発売はされませんでした。私たちにとっては大きな痛手でしたが、仕事の品質がものをいって、切り抜けることができました。大事なことを学びましたよ。たとえやる力があっても、抜け目なくやる必要がある。オール・オア・ナッシング——完成品のゲームを作るか、あるいはゼロかといったような契約——では、生き延びられない。自分たちのポジショニングを変えなければならなかった。それがドゥルバ2・0時代の終わりです」

そこからドゥルバ3・0時代が始まった。ゲーム開発分野のプロバイダーになるというのが、ドゥルバのポジショニングだった。コンピュータ・ゲームは毎年ハリウッド以上の収益をあげている巨大ビジネスになっていて、カナダやオーストラリアといった国々にゲームのキャラクターをアウトソーシングするという流れができていた。「二〇〇一年三月、私たちは〈酒場〉という新ゲームのデモ版を出しました」ラジェシュがいった。「テーマはアメリカのワイルド・ワイルド・ウェストで、舞台はバーテンダーが片付けをしている閉店後の小さな町の酒場……われわれは本物の酒場を見たことはありませんでしたが、インターネットやグーグルで、〈酒場の〉内装や雰囲気を調べました。このテーマを選んだのにはわけがあります。アメリカとヨーロッパの潜在的な取引先に、インド人が『わかってる』のを知ってもらいたかったのです。デモ版はヒットして、アウトソーシングの仕事が山ほど来ました。それ以来、会社は順調です」

一〇年前、世界がこれほどフラット化する前であったら、同じことが可能だっただろうか？「ありえません」いくつかの事柄が重なったおかげだった、とラジェシュはいう。まず、ゲームの内容と説明をインドにある自分の会社とアメリカの取引先が電子メールでやりとりできるだけの回線容量が必要だった。次に、ビジネスの場と自宅でパソコンが普及し、いろいろなタスクをとどこおりなくやれるようになることが不可欠だった。「いまやパソコンはどこにでもあります。インドですら、かなり普及しています」

三つめの要因は、ドゥルバがしょっぱなから小さな多国籍企業としてビジネスに参入できるようなワークフロー・ソフトウェアとインターネット・アプリケーションの登場だった。ワード、アウトルック、ネットミーティング、３Ｄスタジオ・マックスといったソフトである。なかでもグーグルが重要だった。「グーグルは素晴らしい」ラジェシュは力説する。「西側諸国の取引先がつねに問題にするのは『インド人に西側諸国の微妙なニュアンスが理解できるのか？』ということです。おおむねはじつにもっともな疑問でしょう。しかし、インターネットによって、ボタン一つでさまざまなものを集めることが可能になりました。たとえば、トムとジェリーのようなものを作ってほしいと頼まれたら、グーグルで検索するだけでいい。トムとジェリーの写真や情報や評論や記事が山ほど手に入ります。それを見て真似すればいいんです」

ＩＴバブルとその崩壊が話題を集めていた頃、真の革命はひそかに進行していた、とラジェシュは説明する。世界中の人々が新グローバル・インフラに慣れはじめたことが大きかった、というのだ。「われわれはいまようやく、それを有効に利用しはじめたんですよ。オフィスのペーパーレス化が進

み、実際の距離が意味を持たないことに多くの人が気づいているいま、このインフラでやれることはいくらでもありますね……加速する一方ですよ。じきにまったく違う世界になります」

しかも、こういったソフトウェアは、以前であればインドの小さな新興企業が買えるような価格ではなかったが、オープンソースのフリーウェアが増えたおかげで、いまでは容易に手に入る。「二〇〇〇年代初頭に比較的性能のいいフリーウェアやシェアウェアがぞくぞくと世に出まわらなかったら、ソフトウェアはいまでも関係企業のいいなりの値段だったでしょう。マイクロソフト・ウィンドウズ、オフィス、3Dスタジオ・マックス、アドビ・フォトショップ——これらにひけをとらない無数のフリーウェアやシェアウェアが出現したから、いまのような値段に抑えられているんです。それに、インターネットのおかげで、われわれのような小企業も同列にリストアップされて、選択や比較の対象になりました……すでにわれわれのゲーム産業では、在宅勤務のアーティストやデザイナーがいます。ゲーム開発は双方向のプロセスを必要としますから、数年前には考えられなかったことです。VPN（バーチャル・プライベート・ネットワーク）と呼ばれる秘密保全機能を使い、インターネット上の社内システムに接続すれば、互いが隣の部屋にいるのとまったく同じように作業できます」

インターネットは世界全体を「一つの市場」に変える、とラジェシュは付け加えた。「このインフラは、最適な場所から最高の品質を最良の価格で調達できるようにするだけでなく、実務と知識の大幅な共有を可能にします。これまではありえなかった『私はあなたから学び、あなたは私から学ぶ』ことができるようになるのです。世界にとって、非常に素晴らしいことです。経済が統合を推進し、統合がさらに経済を推進するのです」

アメリカもこの風潮に乗って利益を得るべきだ、とラジェシュは主張する。ドゥルバは、インド社会でコンピュータ・ゲーム分野を開拓している。インド市場がコンピュータ・ゲームをメインストリームの社会活動として受け入れたときには、ドゥルバは有利な位置をものにしているはずだ。だが、その頃には「市場そのものが巨大化しているから、国外企業が参入するビジネスチャンスはおおいにある」とラジェシュは説明する。「しかも、アメリカは、どういうゲームが成功し、どういうゲームが失敗するかを知っているし、デザインでも最先端を行っている――だから、これは双方向に有利に働く……〔アメリカの観点からすれば、アウトソーシングすることで〕現在は失われているように思える利益やビジネスチャンスも、インドの市場が爆発的に伸びれば一〇倍になって返ってくる……いいですか、インドには三億人の中流階級がいる――アメリカやヨーロッパよりはるかに多いんですよ」

そう、いまのインドには、大きな利点がある。なにしろ、きちんとしたサービス精神がＤＮＡに染みついていて、起業家精神も旺盛で、教育程度が高く、賃金が安く、英語ができる人々がおおぜいいるのだ。ラジェシュはなおも語る。「たしかに現段階では、各種の新商品をアウトソーシングする産業で、われわれが主導的立場にありますが、それはほんの始まりにすぎませんよ。〔インド人が〕長つづきするものを手に入れたとか、ぜったいに失われないものを手に入れたと考えているとしたら、それは大きな間違いです。なぜなら、東欧は目を覚ましかけているし、中国もサービス産業で時流に乗っていろいろなことをやろうと手ぐすね引いて待ちかまえています。インフラが整備されているおかげで、今日では世界各地のどこからでも最高の製品やサービスや能力を調達できます。あとはイン

フラを利用しようという意思さえあればいい。だから、さまざまな人々が、このインフラを楽に使いこなせるようになれば、大爆発が起きますよ。五年ないし七年後には、英語ができる優秀な中国人学生が大量に大学を卒業する。ポーランドやハンガリーは地理的にヨーロッパ西部にも近く、関係も非常に深い。文化も〔西ヨーロッパの文化と〕大差ない。いまインドは一歩先んじていますが、その位置を守るためには、相当な努力が必要です。立ちどまることなく自分をさらに変えつづけなければなりません」

ラジェシュや彼と同世代の多くのインド人が抱く荒々しい成功願望を、アメリカ人は肝に銘じるべきだろう——その点については、あとで詳しく説明する。

「気をゆるめるわけにはいきません」ラジェシュはいった。「アメリカは、ちょっと気をゆるめてしまいましたね。私を見てください。私はインドの人間です。テクノロジーやビジネスの面で、これまでわれわれははるか下のレベルにいました。でも、世界を狭くするインフラができたのに気づいて、即座にそれを最大限に活用しようとしたのです。いくらでもできることがあると気づきました。われわれは歩み出し、いま目の前にその結果があります……休んでいるひまはありません。そんなものは消えてなくなりました。同じことをしている連中がおおぜいいるし、そのうえその連中はもっとうまくやろうとしている。トレイのなかの水のようなものです。ゆさぶると、水は最も抵抗が少ないほうに流れる。まさにそれが多くの仕事に起ころうとしている——最も抵抗が少なく、最もビジネスチャンスが大きい場所へ、仕事が流れてゆきます。アフリカのティンブクトゥに技術を備えた人間がいたとして、世界にアクセスする方法を知っていれば——今日では、いたって簡単ですね——仕事を手に

入れることができる。ウェブサイトを作り、メールアドレスを手に入れれば、それで準備万端です。同じインフラを使って仕事をじっさいにやってみせることができ、仕事を任せてもいいという人間がいて、真面目に仕事をする気があり、約束が守れれば、それでビジネスに参入できます」

欧米の人々はアウトソーシングに不平を鳴らすべきではない、とラジェシュは説く。「高い目標を掲げて自分たちの水準を上げ、より高度なことをやろうと考えるべきだ。アメリカは二〇世紀を通じて、イノベーションを先導してきた。そのアメリカ人が泣き言をいう——前代未聞ですよ。私のような人間は、アメリカから多くを学びました。いくらか攻撃的になって自分を売り込むことを覚えました。もともとインドはイギリスの文化の影響を受けてきたので、それがなかなかできなかったんです」

頭がくらくらしてきて辞去する前に、要領よくまとめてほしい、と私はラジェシュに頼んだ。「まとめをいうなら、いまの現象は氷山の一角にすぎないということです……ビジネスのやり方に根本的な変化が起きているという事実を、みんな認識しなければならないんです。そして、みんなが自分を改善して、競争できるようにしなければなりません。いずれ、グローバルな市場一つだけになります。ほら、当社ではおまけ用にドゥルバの帽子を作りましたよ。スリランカ製です」

南バンガロールの工場ではなくて？　私はきいた。

「南バンガロールではありません。たしかにバンガロールは衣料品の輸出が盛んなのですが、三、四件見積もりを取ったなかで、この〔スリランカ製の〕帽子が品質でも価格でも飛びぬけていたし、仕上がりが素晴らしいと思いました。

こういった状況が、これからも進むでしょう。インドからエネルギーがあふれ出ているとしたら、それは、ずっと負け犬だったのが、それを脱して登りつめたいという意欲がわれわれにあるからです……インドは超大国になり、制御《ルール》します」

何者を支配《ルール》すると？　私はききかえした。

ラジェシュは自分の言葉の選び方が変だったことに、声をあげて笑った。「何者も支配しません。肝心なのはそこです。支配する相手などいません。大きなビジネスチャンスを創造し、それを手放さないようにするか、あるいは会社が繁栄できるようにまた新たなビジネスチャンスを創造しなければならないんです。効率、共同作業、競争力を制御するといいたかったんです。そうしてプレイヤーでありつづけるわけです。つねに鋭敏にゲームをやらないといけないといいたいんです……世界はサッカー場のようなもので、そこでプレイするチームとして残るためには、鋭敏でないとだめです。実力がなかったら、ベンチを温め、ゲームを眺めるはめになります。しごく単純でしょう」

中国で天才として生まれたい

一〇年前のバンガロールと同じように、現在の北京ではアメリカ大使館領事部にできた行列でおおぜいのジッピーに会える。二〇〇四年夏に北京へ行ったとき、アメリカで勉強したり働いたりするためのビザを中国の学生が渇望していて、そのためのチャットルームがいくつもできていることを知っ

た。チャットルームでは、どんなふうに訴えればアメリカ大使館領事部職員に一番効果があるかといった情報を交換していた。また、職員に「アマゾンの女神」とか「ノッポのはげ」とか「美男子」といった綽名《あだな》をつけていた。中国の学生のインターネット戦略のものすごさを示す例として、アメリカ大使館職員がこんな話をした。ある日、新人の領事部職員のところへやってきた学生がそろって、どこかのチャットルームに書き込みされていたとおぼしいビザの取得に有効だという台詞をくりかえした。「アメリカに行って有名な教授になりたいんです」

一日中それればかり聞かされた職員は、ある学生がこういうのを耳にして驚いた。「母が義肢をつけています。ぼくはアメリカに行って母のためにもっといい義肢を作る勉強がしたいんです」職員はそれまでと違う台詞を聞いてやれやれと思い、その学生にいった。「今日聞いたなかで、一番いい話だ。きみに敬意を払ってビザを出そう」

あとは想像できるだろう。

翌日、母のために義肢の作り方を学びたいからアメリカのビザがほしいという学生たちが大使館に詰めかけた。

ビザの関所となっている北京のアメリカ大使館職員と話をして、こういった動きに職員が複雑な思いを抱いていることがすぐにわかった。おおぜいの中国人がアメリカで勉強したい、働きたいというのはうれしいことだ。その反面、アメリカの子女にはこう警告したくなる。きみたちがこの先何に出遭うことになるのか、わかっているだろうね？　北京のあるアメリカ大使館職員が、こんなことをいった。「いま〔中国で〕起きているのは、ここ数十年間、ほかのアジア諸国で起きていたことだ——

テクノロジーの急成長、人々のとてつもないエネルギー。ほかの場所で見てきたことが、いまこの中国で起きている」

二〇〇四年春、私はエール大学を訪れた。中庭のエリフ・エール像近くをぶらぶら歩いていると、さまざまな年代の中国人観光客の団体二組に出くわした。中国人観光客の数は、ものすごく増えている。中国がもっと開かれた社会へと発展していったなら、中国人観光客は世界の観光業界に甚大な影響を及ぼすはずだ。

だが、中国人は蔦を見るためにエール大学を訪れるわけではない。エール大学の入学事務局が発表した資料を見よう。一九八五年秋には、中国からの学部生と大学院生は七一人、ソ連からはたった一人だった。二〇〇三年秋には、中国人が二九七人、ロシア人が二三人になった。エール大学の外国人学生の数は、一九八五年秋の八三六人から二〇〇三年秋の一七七五人へと倍増している。エール大学に願書を提出した中国の高校生は、二〇〇一年卒業のクラスは四〇人だったが、二〇〇八年卒業のクラスは二七六人、ロシアの高校生は二〇〇一年卒業が一八人、二〇〇八年卒業は三〇人となっている。一九九九年、成都のイーティン・リウ（劉亦婷）という女子学生が、全額給付の奨学金を得てハーバードに進学した。イーティンの両親は、娘をハーバードに入れたやり方を書いた本を出した。『ハーバードの女学生イーティン・リウ』という題名で、中国人子女をハーバードに入れるための「科学的な方法」を解説している。中国で大ベストセラーとなり、二〇〇三年までに三〇〇万部以上を売ったという。コロンビア大学、オクスフォード大学、ケンブリッジ大学に子女を入学させるための同じような本が、十数冊出版されている。

ハーバード大学やエール大学への進学を熱望している中国人学生は多いが、ただアメリカの大学に入学できる日を漫然と待っているわけではない。彼らは国内にも名門大学を作ろうとしている。二〇〇四年、理工系では定評のあるセントルイスのワシントン大学の創立一五〇周年記念式典で、私はスピーチを行なった。式典の前にマーク・ライトン学長と話をしたときに、二〇〇一年春に中国の名門校である北京の清華大学の九〇周年式典に〔アメリカや諸外国の多くの識者とともに〕招待された話を聞いた。招待を受けた際にライトンがまず思ったのは、どうして一〇〇周年ではなく九〇周年を祝うのだろうということだった。

「きっと中国の風習だろう」ライトンはそう考えた。だが、清華に行くと答がわかった。「清華大学の一〇〇周年行事は、世界の一流大学らしく執り行なう」ことを宣言するために、世界中の学者――式典には一万人以上が出席した――を招集したのだ、とライトンはのちに電子メールで説明した。「北京市長など中国政府首脳が勢ぞろいしていて、一〇年以内に清華大学を世界有数の大学にするための投資がかならず実を結ぶと、誰もが確信していた。理工学中心の清華大学がすでに中国の一流大学と見なされていることからも、イノベーション〔に関わるあらゆる分野〕で中国が世界の指導的立場をなんとしても確保するという真剣な目標がありありとうかがえた」

中国の成功への原動力が「生まれいずる運」を一変させた、とマイクロソフト会長ビル・ゲイツはいう。それと同時に、地理と才能との関係も変わった。三〇年前に、ムンバイか上海郊外で天才として生まれるのと、ニューヨーク州ポキプシーにごくあたりまえの人間として生まれるのと、どちらがいいかときかれたら、誰もがポキプシーを選んだだろう。たとえ、それほどの才能に恵まれなくても、

成功して人並みの生活を送れる確率は、そちらのほうがはるかに大きかったからだ。だが、世界がフラット化し、おおぜいの人間がどこからでもプラグ＆プレイできるようになると、才能が地理をしのぐようになった、とゲイツはいう。

「いまなら、ポキプシーの凡人よりは、中国の天才として生まれたい」ゲイツはいう。

ベルリンの壁が崩壊してベルリン・モールとなり、三〇億の人々が共同作業の新しいツールを手に集束すると、こういうことが起こる。「従来の五倍の人間のエネルギーと才能を利用できるようになる」とゲイツは述べている。

ロシアより愛をこめて

本書執筆のためにロシアへ行ってロシアのジッピーにインタビューする機会は持てなかった。しかし、その代わりに、元モスクワ駐在アメリカ大使で、現在ボーイングの国際関係の統括責任《シニア・バイス・プレジデント》者をつとめる友人のトーマス・R・ピカリングに、私が聞いた新たな展開についてたずねた。かつてミグ戦闘機の製造にたずさわっていたエンジニアや科学者たちを使って、ボーイングが新世代旅客機のデザインに取り組んでいるという噂を耳にしたのだ。

ピカリングが経緯を話してくれた。一九九一年初め、ボーイングは、空気力学や航空機用新合金に通暁しているロシア人科学者の知識を活用するために、いくつかの仕事を依頼しはじめた。一九九八

年にはそれをさらに推進して、モスクワに航空機エンジン設計事務所を開いた。そのオフィスは、共産主義が終焉を告げる前にマクドナルドがビッグマックで稼いだルーブルで建てた一二階建てのビルにあった——マクドナルドはその金を国外へは持ち出さないと約束していた。

それから七年を経たいま、ピカリングは語る。「現在、八〇〇人のロシア人エンジニアと科学者がわが社の仕事をしているが、いずれ一〇〇〇人から一五〇〇人に増えるだろう」さらに、仕組みを説明してくれた。ボーイングは、冷戦時代に軍用機を設計・製造していたイリューシン、ツポレフ、スホイといったロシアの有名な航空機メーカー数社と、個々のプロジェクトに応じてエンジニアを供給してもらう契約を交わしているという。フランス製の航空機デザイン・ソフトウェアを使い、ロシア人エンジニアがボーイングのアメリカ人同僚——シアトルとカンザス州ウィチタにいる——と協力して、コンピュータを使う航空機設計に取り組んでいる。ボーイングはモスクワで二シフト、アメリカで一シフトのグローバル三交替勤務態勢をとり、一日二四時間稼動している。光ケーブルや進化した圧縮技術、航空工学ワークフロー・ソフトウェアなどを使い、「モスクワとアメリカで、設計図をやりとりしている」とピカリングはいった。ボーイングのモスクワ事務所の全階にテレビ会議設備があり、アメリカ側と協力して解決しなければならない問題が生じたときにも、エンジニアは電子メールに頼る必要がない。顔を見ながら話ができる。

ボーイングは副次的な業務として、実験的に航空機設計をモスクワにアウトソーシングしはじめた。アメリカで航空工学エンジニアが不足していることもあって、それが現在では欠かせなくなっている。ロシアの低コストのエンジニアと、コストは高いがより高度な技術を持つアメリカの設計チームを混

合させることで、ボーイングは最大のライバルであるエアバスと正面切って競争することが可能になった。エアバスはヨーロッパ各国政府から援助を受け、やはりロシアの人材を利用している。アメリカの航空工学エンジニアは、一時間につき一二〇ドルのコストがかかるが、ロシア人はその三分の一ですむ。

だが、アウトソーシング受注者は、同時に発注者でもある。ロシアのエンジニアは、ボーイングの仕事の一部をインドのバンガロールにあるヒンドスタン・エアロノーティクスにアウトソーシングしている。同社は、設計の手直しを簡単にする航空機設計のデジタル化を専門としている。だが、それだけではない。ピカリングによれば、ボーイングはかつて日本の下請け業者にこんなことをいっていたという。「777機の主翼部分の設計図をそちらに送る。一部を作ってもらう代わりに、完成した飛行機を何機か購入してもらいたい。双方にメリットがあるはずだ」

現在ボーイングは、日本の巨大企業、三菱重工業にそういう提案をしている。「これが新しい7E7機の主翼の主な条件だ。完成品の設計と製造をお願いする」だが、日本のエンジニアは非常にコストが高い。そこでどうしたか？　三菱は、アウトソーシングされた7E7の主翼の一部を、ボーイングが機体の別の部分の製造を委託したのと同じロシアのエンジニアにアウトソーシングした。いっぽう、ロシアの大手航空会社をやめ、自分たちで企業を設立したロシアのエンジニアや科学者もいる。ボーイングは彼らの技術を確保するため、そういった新興企業の株の購入を検討している。

こういったグローバルな業務調達はすべて、航空機の設計・製造をより速く、より安くする目的で行なわれるものだ。そうすることでボーイングは、その分の資金を次世代のイノベーションに投入し、

エアバスとの熾烈な競争を切り抜けようとしている。三重の集束のおかげで、ボーイングはほんの数年前まで二八日かかっていた737機の製造を、現在は一一日で完了できるようになった。現在、組み立て前の部品はすべてコンピュータによって設計されているから、ボーイングの次世代の航空機は三日で完成されるはずだ。また、グローバルなサプライチェーンによって、施設から施設へ部品をカンバン方式で輸送できるだろう。

部品その他の必需品を最も安い価格で調達するために、ボーイングは複数の企業が価格を競り上げるのではなく、競り下げる「逆オークション」を定期的に行なっている。参加する企業は、ボーイングの工場で使うトイレットペーパーからナットやボルト――既製品の一般部品――まで、ボーイングのサプライチェーンのあらゆるものの契約について競り合う。ボーイングが、専用のインターネット・サイトでオークション開始を宣言する。それぞれの品目について、適正だと思われる価格からオークションが始まる。あとは、ボーイングとの取引を勝ち取るために、各企業がどこまで値段を下げていくかを座って眺めていればいい。参加企業は、ボーイングによってあらかじめ審査されていて、他社の提示価格も自由に見ることができる。

「市場のプレッシャーがどんなものか、そしてそのプレッシャーがどんなふうに働くのかを目の当たりにすることができる」ピカリングはいう。「まるで競馬を見ているようだ」

もう一つの三重の集束

ビル・ブラッドリー元上院議員から、初めてサンフランシスコを訪れたボストンの上流階級の女性の話を聞いたことがある。故郷に戻り、友人からよかったかときかれて、その女性はこう答えた。

「あまりよくなかった――海から遠いんですもの」

人間が何を見て何を見ないかをとりまとめるときには、ふだんから頭を占めている総合的な見方や性向が大きな影響を及ぼす。多くの人々が三重の集束に気づかなかった理由も、それで納得がいく。目の前でそれが起きているのに、頭の中では別のことを考えていたのだ。三つの要因――もう一つの三重の集束――がまとまったために煙《けむ》に巻かれてしまったのだ。

一つは、二〇〇一年三月に始まったITバブル崩壊だ。前にも述べたが、ITバブルとグローバリゼーションを誤って同一視している向きが多かった。そのため、ITバブルが崩壊し、インターネット企業多数（とそれを支えていた企業）が破綻したとき、グローバリゼーションも崩壊したと見なされた。注文後三〇分以内に玄関へ重さ一〇ポンドの犬の餌を配達していたdogfood.comをはじめとする一〇以上ものウェブサイトが突然姿を消したのは、グローバリゼーションとIT革命が実体のない、から騒ぎだった証拠だと思われたのだ。

じつに愚かなことだ。グローバリゼーションとITバブルは同じだからバブル崩壊はグローバリゼ

ーションの終焉を告げると考えた人々は、とてつもない間違いを犯した。くりかえし説明するなら、バブル崩壊後の不況によって、企業は不足しがちな資本を節約するために、各種の機能をどんどんアウトソーシングやオフショアリングするようになった。その結果、グローバリゼーションは超加速した。それがグローバリゼーション3・0の下地を築く大きな要因になった。ITバブル崩壊から今日までのあいだに、グーグルの一日の検索は一億五〇〇〇万件から約一〇億件に激増した。アメリカ国内での検索はその三分の一にすぎない。オークション・サイトが世界で人気を博すにつれ、二〇〇〇年初めには一二〇〇人だったeベイの従業員は、二〇〇四年には六三〇〇人になった。いずれも、グローバリゼーションが「終わった」とされていた時期のことだ。アメリカの調査会社ニールセン・ネットレーティングスによれば、二〇〇〇年から二〇〇四年にかけて、全世界のインターネット使用者は一二五パーセント増加した。アフリカでは一八六パーセント、ラテンアメリカでは二〇九パーセント、ヨーロッパでは一二四パーセント、北アメリカでは一〇五パーセント増加したという。ああ、ほんとだ。グローバリゼーションは終わったね。

こういった事実を隠す煙幕になったのは、ITバブルの崩壊ばかりではない。ほかにも大きな雲が二つあった。最大のものはもちろん、アメリカ全体を大きく揺るがした9・11同時多発テロだった。9・11とその後のアフガニスタンおよびイラクへの侵攻により、戦争のニュースを叫ぶケーブルテレビの雲に三重の集束がすっかり呑み込まれてしまったのは当然だった。さらにエンロンのコーポレート・ガバナンス問題、その直後にはタイコとワールドコムの経営破綻が続き、大手企業のCEO（最高経営責任者）やブッシュ政権は、遮掩物に逃げ込む始末だった。いわれのないことではなかったが、

詐欺行為を行なっていないことを立証するまではＣＥＯは有罪である——疑わしきは罰する——という前提が固まってしまった。隷属的なまでに企業寄りで親ＣＥＯのブッシュ政権ですら、大企業の利害に——公然と——過度に親身な姿勢を示すのには、及び腰になった。二〇〇四年春、私はアメリカ有数のテクノロジー企業経営者と会った。その経営者は、アメリカの産業基盤がより強固なものになるよう、ＮＳＦ（全米科学財団）への連邦政府の補助金増額を働きかけるために、ワシントン入りしていた。財団がＣＥＯを集めて補助金の増額を申請させればいいのにというと、彼は首を振ってひとこといった。「エンロン」

結果はこうだ。世界がフラット化したまさにそのとき、三重の集束は世界全体のビジネス環境を作り変えた。アメリカや多くの西側先進国の社会は、非常に重要な適応を迫られた。しかしながら、アメリカの政治家は国民の啓蒙を怠ったばかりか、蚊帳《かや》の外に置こうとした。二〇〇四年の大統領選挙戦のさなかに私たちは、民主党がＮＡＦＴＡ（北米自由貿易協定）の是非について議論し、ブッシュ政権が大統領経済諮問委員会委員長Ｎ・グレゴリー・マンキューの口にテープを貼って、ディック・チェイニーの地下室に監禁するのを目撃した。よく知られている経済学の参考書の著者であるマンキューが、「アダム・スミス以降のエコノミストがよく口にする、貿易による利益の最も新しい形態だ」と、アウトソーシングを肯定する発言をしたからだ。

マンキューの発言は、不条理な反論の競争を引き起こした。愚者コンテストの優勝者は、「マンキュー理論は、現実の経済における基本テストに落ちた」と述べた下院議長デニス・ハスタートだった。そのテストとはいったい何だったんだい、デニス？　気の毒なマンキューは、それ以来まるで行方知

れずだ。

これらのことが原因となって、大多数が三重の集束を見落とした。重大事が起きているのに、アメリカやヨーロッパではそれが公に論議されなかった。私も、重大事が起きている気配には気づいていたものの、二〇〇四年初めにインドを訪れるまで、やはりこれについてほとんど無知だった。ソニー会長の出井伸之は、この数年のあいだに私が知己を得た見識深いビジネス・リーダーの一人である。出井の話に、私はつねに耳を傾けることにしている。二〇〇四年に二度会ったが、その際に出井が日本のなまりの強い英語でいった言葉が、私の耳にこびりついている。いずれ「地球に衝突し、すべての恐竜を絶滅させた隕石」と同じくらい衝撃的なものとして語られるであろう変化が、ビジネス・テクノロジーの世界で現在進んでいるというのだ。幸い、先鋭的なグローバル企業は事情を察知しているし、優良企業はひそかにその変化に適応しているから、恐竜と同じような運命はたどらないだろう、と出井はいった。

本書のための調査を開始して以来、ときおり、〈トワイライト・ゾーン〉に迷い込んだような心地になることがあった。アメリカや外国の大手企業のCEOや技術者から話を聞くと、私が三重の集束と呼ぶものについてそれぞれの言葉で語ってくれた。だが、先に述べたさまざまな理由から、ほとんどの人間は国民や政治家に打ち明けようとしなかった。何かに気を取られているか、自分の仕事で精いっぱいか、あるいは怖れているせいで、話したくなかったのだ。誰もが大きな秘密を抱えて異なる宇宙に住む「莢《さや》人間」のようだ。そう、彼らはみな秘密を知っている。だって、フラットな世界のプラットホームを使ってイノベーションをやっているのだから。選択の余地はない。会社が生き残るに

は、そうするしかない。それによって、プラットホームを強化し、世界中にひろげている。でも、誰一人として、子供たちにその話はしたくない。

誰も話したがらない真実をいま話そう。三重の集束のおかげで、このフラット化した世界の新プラットホームは、壁と屋根と床を実質上、一気に吹っ飛ばした。つまり、光ファイバーとインターネットとワークフロー・ソフトウェアが世界を結ぶと、共同作業を阻んでいた壁が吹っ飛ばされた。ともに働けるとは夢に思っていなかった個人や、外国に移すことなど考えられなかった仕事が、突然動きだし、旧来の高い壁が消え失せた。このプラットホームが、われわれの屋根も吹っ飛ばした。アップロードすること——ブログに意見をアップし、新しい政治的意見をアップし、新しいソフトウェアをアップすること——などとてもできるとは思えなかった人々が、いまや世界にグローバルな影響を及ぼすことができると気がついた。旧来の屋根がなくなると、上へも横へも、これまでは考えられなかったやり方でひろがることができるようになった。そして、今度は突然床がなくなる。「検索」という新産業のおかげで、個人が事実、引用句、歴史、他人の個人情報まで、いまだかつてなかったほど深く掘り下げることができるようになった。以前は硬いコンクリートの床で、人間や物事の過去や現在を調べるにも限りがあったのだが、それがなくなってしまった。

もちろん、こうした壁や屋根や床は、だいぶ前から腐りはじめていたのだ。フラット化が始まったのは一九八〇年代末だったが、三重の集束のために、いまやそれが臨界点に達し、これまで以上に多くの人間や国を巻き込もうとしている。

さて、ここで宿題だ。二〇年ほど前からビジネス関係のマスコミは、「ＩＴ革命」とやらについて

かまびすしく書きたてている。あいにくだが、これはプロローグにすぎない。この二〇年は、共同作業と接続のための新ツールを鍛造し、研ぎ、配っただけだ。ほんとうのＩＴ革命はいまから始まる。競技場を平坦にするために、これらのツールはいま補い合っている。開演の辞を述べたのは、ＨＰのカーリー・フィオリーナだった。ＩＴバブルとその崩壊は「始まりの終わり」にすぎないと、フィオリーナは二〇〇四年の講演で語っている。テクノロジーにおけるこの二五年は、準備運動にすぎなかった、とフィオリーナは告げた。「いまこそ私たちは、メインイベントに突入しようとしています。つまり、テクノロジーがビジネスのあらゆる局面、人生と社会のあらゆる局面を完全に変貌させる時代が訪れます」

第4章　大規模な整理

世界が、付加価値を生み出すための垂直な――指揮・統制《コマンド&コントロール》――システムから、バリューが自然と生まれる水平な――接続・共同作業《コネクト&コラボレート》――システムのモデルに移行し、壁と屋根と床が同時に吹っ飛ばされると、多数の重大な変化が一度に起きているのを科学者も認めるようになった。しかし、これらの変化は、ビジネスのやり方だけに影響を及ぼすのではない。あらゆるものに波及してゆくだろう――個人、コミュニティ、企業がいかに組織化するか。企業やコミュニティがどこで立ちどまり、どこから動きはじめるか。個人は、消費者であり、従業員であり、株主であり、国民であるわけだが、そうしたさまざまなアイデンティティの釣り合いをどうとるのか。大衆はどういう政治的立場をとるのか。この流動すべてを統制するのに、政府はどんな役割を果たすのか。こうしたことすべてが一夜にして起きるわけではないが、われわれが丸い地球で慣れていた数多くの役割、風習、政治的帰属意識、統制手段はいずれ、フラットな時代向けに大きく調整されなければならない。単純ないい方をすれば、二〇〇〇年頃に始まった大規模な三重の集束以降、われわれは「大規模な整理」とでもいうも

のをくぐり抜けているような状態なのだ。

大規模な整理のことを考えはじめたのは、ハーバード大学の著名な政治哲学者マイケル・J・サンデルと話をした直後だった。私が説明しているフラット化プロセスに似たようなことを、一八四八年の『共産党宣言』でカール・マルクスとフリードリヒ・エンゲルスが最初に指摘しているとサンデルがいい放ったので、私はいささかびっくりした。私たちが目の当たりにしている今日の世界の縮小とフラット化は、マルクスが当時目撃したものとは程度が違うが、資本主義に関してマルクスが著作で力説している歴史の潮流——科学技術と資本は、世界貿易を阻むあらゆる垣根や境界線や摩擦や抑制を排除しようと飽くなき進軍を続ける、という理論——と同じだと、サンデルは告げた。

「マルクスは、世界は入り組んだ国境などない一つのグローバルな市場になるかもしれないと見た最初の一人だ」サンデルは説明した。「マルクスは資本主義を辛辣に批判する一方で、垣根を壊して世界的規模の生産体制と消費システムを作り出す資本主義の力に畏敬の念を抱いていた。資本主義は封建的・国家的・宗教的帰属意識をすべて解体する力であり、市場の必要性に律される世界共通の文明の勃興をもたらす、と『共産党宣言』に記している。資本が支配的な力を持つのは不可避であると考えていた——不可避でなおかつ望ましい、と。資本主義が国家的・宗教的忠誠をすべて破壊したなら、資本と労働のあいだの熾烈な闘争が赤裸々になる、と見ていたからだ。徹底したグローバルな競争を強いられた労働者は、抑圧にとどめを刺そうと、一致団結してグローバルな革命を起こそうとする。愛国心や宗教のような、なだめすかしてごまかす手段がなくなると、労働者は搾取されていることに気づいて、それを終焉させるために蜂起する、というのがマルクスの考えだった」

いま『共産党宣言』を読むと、産業革命中に世界をフラット化した力を、マルクスが明敏に指摘し、なおかつその力が現在に至るまで世界をフラット化する流れを予測していたことがわかり、畏敬の念にとらわれる。『共産党宣言』の重要な段落に、マルクスとエンゲルスは次のように書いている。

昔ながらの古めかしい固定観念や意見を拠りどころにしている一定不変の凍りついた関係は一掃され、新たに形作られる物もすべて固まる前に時代遅れになる。固体は溶けて消滅し、神聖は汚され、人間はついに、人生や他者との関係の実相を、理性的な五感で受け止めざるをえなくなる。生産物を売るための市場をたえず拡大する必要に迫られて、ブルジョアは地球上をせわしなく駆けめぐる。あらゆる場所で家庭を作り、定住し、つながりを結ぶ。ブルジョアの世界市場開拓によって、生産物と各国での消費には、全世界共通の特徴が備わる。反動主義者は無念だろうが、それは、産業の拠って立つ国家の基盤から生じたものである。古くから確立していたその国に固有の産業は、とうに滅ぼされたか、あるいは徐々に滅ぼされようとしている。そうした産業を駆逐した新しい産業の導入が、すべての文明国の死活を左右する。新しい産業では、国産の原料ではなく、遠隔地の原料を加工する。生産物は国内で消費されるのではなく、地球のあらゆる場所で消費される。昔はさまざまな欲求を国内生産だけで満たしていたが、いまは遠い国や地方の生産物によって欲求を満たすことが求められる。かつては地方や国が閉じこもって自給自足していたが、いまはあらゆる方面と交流し、世界各国が相互に依存している。物質ばかりではなく、知的生産物の面でも同じである。一つの国の知的創造が、共通の財産になる。国家が偏向したり

狭い考えを持つことは、いよいよ難しくなり、無数の国や地方の文芸から、一つの世界文芸が生まれる。

生産のためのあらゆる道具が急激に改良され、交通手段が飛躍的に便利になると、ブルジョアはきわめて未開に近い国までひっくるめて、あらゆる国を文明社会に取り込もうとする。商品価格の安さは、万里の長城をも打ち壊すことのできる巨大な大砲に匹敵する威力がある。外国人を毛嫌いしている非文明人すら降伏するだろう。絶滅を避けようとするなら、どの国もブルジョアの生産方式に合わさざるをえない。いわゆる文明を取り込むことを余儀なくされる。つまり、自分たちもブルジョアにならざるをえない。ひとことでいうなら、ブルジョアは世界を自分の姿そのままに作り変える。

マルクスがこれを一八四八年に上梓したとは、とても信じられない。『共産党宣言』を引用しながら、サンデルは私にこういった。「あなたの理論はこれとよく似ている。ＩＴの発展が市場とビジネス業務の非効率と摩擦を減らすのに役立つと、あなたは主張している。それがあなたのいう『フラット化』でしょうね。だが、フラットで摩擦のない世界には、長所も短所もある。お説のとおり、グローバルなビジネスにとってはいいかもしれない。あるいは、マルクスが信じていたように、プロレタリア革命の明るい前兆なのかもしれない。しかし、われわれに立場や居場所をあたえてくれるような特定の場所やコミュニティにとっては脅威となるかもしれない。資本主義が活発になりはじめてからずっと、人々は世界が非の打ちどころのない市場になるかもしれないと空想してきた——保護主義の

圧力、異なる法制度、文化や言語の違い、イデオロギーの不一致に妨げられないような市場を夢見ていた。しかし、そんな未来像は、いつだって現実の世界と激突するはめになった――そこには摩擦や非効率の源が無数にある。摩擦のないグローバル市場への障害物のなかには、ほんとうに無駄とビジネスチャンス喪失の原因になっているものもある。しかし、社会的な結びつき、信仰、民族としての誇りなど、市場とは無関係な価値観をもたらしてくれるゆえに大切にされている社会制度や慣わしや文化や伝統が、非効率そのものである場合もある。グローバルな市場と新しいコミュニケーション・テクノロジーがこうした差異までフラット化したら、重要な物事が失われるおそれがある。だからこそ、資本主義に関する議論では、無駄と非効率の根源である摩擦や障壁や境界線に加え、守らなければならないアイデンティティと属性が、つねに中心の話題だった。新しいコミュニケーション・テクノロジーは、電報からインターネットに至るまで、いずれも人間同士の距離を縮め、情報へのアクセスをひろげ、効率的で摩擦のない完璧な世界市場という夢により近づくことを保証してきた。そして、そのたびに切実な疑問が社会に投げかけられる。われわれはどこまで傍観し、〝計画に同調し〟、非効率を締め出せばよいのか？　グローバル市場に供給できない価値観を守るために、どこまで流れに逆らえばよいのか？　摩擦の原因のなかには、それらをフラット化しようとするグローバルな経済に逆行しても守らなければならないものがあるはずだ」

摩擦の最大の原因は、当然ながら明確に定められた国境と法を備えた国家だ。近代主権国家は、われわれの生活全般を秩序だったものにする壁と屋根と床を提供するのが、昔からの流れだった。フラットな世界では、国境という摩擦の要因は、残したほうがよいのだろうか？　そもそも残すのは可能

だろうか？　情報や資本や知的財産の自由な流れを阻む、著作権、労働者保護、最低賃金といった法的な障壁はどうか？　三重の集束の結果、フラット化の力が摩擦や障壁を減らせば減らすほど、近代国家、特定の文化、価値観、民族のアイデンティティ、民主主義の風習、労働者とコミュニティに対して歴史的に保護と緩衝の役割を果たしてきた抑制のくびきは、ますます厳しい課題を突きつけられることになる。私たち全員がもっと楽に共同作業ができるようにするには、どれを残し、どれを消滅させればよいのだろうか？

念のためいい添えるが、われわれの政治・経済生活を構築している壁と屋根と床が、同じ速度で、あらゆる場所でいちどきに消滅しているわけではない。だが、そうなりつつある。これを聞いて、自由や飛びぬけて明るい気持ちを味わう向きもあるだろう――まったく新しいツール一式を使って、どの方向へも飛翔し、膨張し、掘り、建てることができる。自由落下中の人間のような不安を覚える向きもあるはずだ。つかまるものもなく、どちら側にも支えがなく、プライバシーも保てない。大きな解放感を味わう人たちもいれば、方向感覚を失う人たちもいる。社会が急速な変化を経るときには、たとえそれが一定の方向に向かっていても、きわめて不安定になる、と人類学者や歴史学者はいう。上下左右から変化が押し寄せる社会がどうなるかは、誰にも予想できない。早くもそれが大きなストレスになっている。古い境界――壁、天井、床――が消えつつあるのに、何がそれに代わるのかは、まだはっきりしない。しかし、それでもわれわれが人間であることに変わりはなく、人間が壁や屋根や床を必要としていることはわかっている――認知された行動の規範や商売のルールを、われわれは必要とする。権威を打ち立て、コミュニティを築き、仕事をやり、著作権を保護し、相手が信頼でき

るかどうかを判断するのに、認知された手順を必要とする。

オープンソーシング運動に熱心な人間なら、「ネットワーク」が新しい規範を確立するというだろう。それはある程度までは事実だ。たとえば、eベイのコミュニティではそのとおりになった——壁も屋根も床もないマーケットプレイスで、このコミュニティが採用した規範は、正直な取引を星で評価するというものだった。ユーザーにフィードバックの機会をあたえて、全員の取引の記録を透明にして、コミュニティの全員が閲覧できるようにした。その結果、善良な姿勢を奨励する仕組みがコミュニティから自然に生まれて、ボトムアップで維持されている。とはいえ、新しい規範を確立するにはいつでも「ネットワーク」に頼るのがいいという、オープンソーシング信者の説は、眉唾もののところもある。いってみれば、アルカイダもネットワークだが、それがひろめようとしている価値観は、平和や静かな生活やグローバルなコミュニティを推進するものとはいいがたい。また、ネットワークは噂や嘘をこれまでになく早くひろめてしまうが、それを矯正するのは迅速ではない場合もある。ジョン・シーゲンソーラー・シニアに関するウィキペディアの悪意ある書き込みがひろまった実例もある。9・11の朝、ユダヤ人は世界貿易センタービルに出勤しないようにという警告がなされたという大嘘は、イスラム世界のどこかから発せられて、インターネットを通じて山火事のようにひろがり、事実無根だとニュース番組で否定されても、噂は消えなかった。ネットワーク・コミュニティの多様性が重要だと、私は思う。ユダヤ人は9・11の朝に出勤しないようにと警告された、というデマをひろめたネットワークは、自分たちがひろめた嘘を事実だと思いたい同類項の人々のネットワークだったに違いない。その連中には、別の意見を聞く耳もなければ、議論する気もない。フラットな世界の

ネットワークといえども、現実はこんなところだ。

こうした理由から、われわれを特徴づける壁や屋根や床は、今後ブレンドされたモデルになるだろう。具体的にいうなら、従来の近代的国家、政府、団体、報道機関が、新興のネットワークやバーチャル・コミュニティや企業と協力し、フラットな世界で活動するための新しい規範や境界を徐々に作りあげなければならない。フラットな世界の国内と国同士、ネットワーク内とネットワーク同士が、政治的議論の最前線でくりひろげるはずの大規模な整理作業には、それが欠かせない。私の理論の根拠をいくつか示そう。

インド対インディアナ州——搾取しているのはどちら？

共同作業《コラボレーション》という言葉は、インドの安い労働力の利用を体裁よくいい換えただけだと見なす人間もいる、とサンデル教授は指摘した。アメリカ人の立場から見た場合、それは否定できない。しかし、それは一方的な見方でもある。インドの労働者は、その共同作業つまりアウトソーシングは、発展する世界で個人に力をあたえる手段だと見ている。それのおかげで、神からあたえられた知性をはぐくみ、活用し、利益を得ることができる。世界がフラット化する前には、そういう才能はムンバイやコルカタの港湾地帯で朽ち果てていたのだ。フラットな世界のアメリカの側から見ると、アウトソーシングを抑制する摩擦、障壁、価値観は、維持するか、ことによると強化すべきだと考えるかもしれない。

しかし、インドの立場からすれば、公平、公正、自国の大きな目標のために、障壁や摩擦の原因を取り除きたい。フラットな世界では、一人の経済的解放が他の人間の失業を招くことがありうる。

この現実の世界の問題を考えてみよう。二〇〇三年、インディアナ州政府は、失業保険給付申請を処理する州のコンピュータ・システム・アップグレードの下請けを入札で決めた。落札したのは？　インドのタタ・コンサルタンシー・サービシズのアメリカでの子会社、タタ・アメリカ・インターナショナルだった。タタの入札額は一五二〇万ドルで、最も価格が近かった、ニューヨークに本店のあるデロイト・コンサルティングとアクセンチュアの入札額を八一〇万ドルも下回っていた。大仕事なので、インディアナ州の企業は一社も入札に加わらなかった。

つまり、インドのコンサルティング会社が、インディアナ州政府の失業保険担当部門の下請け作業をやることになった。嘘ではない。インディアナ州は、州民がアウトソーシングによって受けている影響を和らげる部門の仕事をアウトソーシングしたのだ。タタは、州職員一八人との共同作業を行なうために、インディアナ・ガバメント・センターに派遣社員六五人を派遣する予定だった。地元の下請け業者も使い、現地で人材を募集するが、大部分はインドから呼び寄せてコンピュータの徹底した点検を行なわせるつもりだった。作業が完了すれば、「失業保険給付申請の処理速度が上がるだけではなく、郵便料金を節約し、企業に失業保険料を請求する煩瑣な事務が軽減されるはずだった」と二〇〇四年六月二五日付の《インディアナポリス・スター》は述べている。記事の結びは予測がつくだろう。「フランク・オバノン知事（当時。民主党）が〔二〇〇三年〕九月一三日に死去する前に、州政府高官は政治的に厄介な問題を含んでいるこの四年契約を承認した」だが、この契約が明らかにさ

れると、共和党が選挙の争点に取りあげた。そして、誰もが取り組むのをいやがる政治問題になり、オバノンのあとを受けた民主党のジョー・カーナン知事が、失業中のインディアナ州民を援助する立場にある州の該当機関に、契約を取り消すよう命じた。同時に、今後このようなことが起きないよう、法的な障壁を設けることを決定した。さらに、インディアナ州の企業が入札に参加できるよう、契約を細分化するようにと指示した。インディアナ州の企業にとっては朗報だが、コストが高くなるので、州にとっては非効率的な決定だった。最新のソフトウェア開発と設計を担当する州のプログラマーを八週間にわたって訓練したタタには、九九万三五八七ドルが支払われたと、《インディアナポリス・スター》は伝えている。「一緒に仕事をやるには素晴らしい会社だったのに」と、インディアナ州労働力開発局局長アラン・デグナーは語っている。

そこで単純な疑問が浮上する。このインド－インディアナ州の話で、搾取した側はどちらで、搾取された側はどちらだろう？　あるインドのコンサルティング会社のアメリカの子会社は、インド人社員と地元インディアナ州の労働者の双方を使ってコンピュータ・ソフトウェアを改良すれば、インディアナ州の税金を八一〇万ドル節約できると提案している。この取引で、インドのコンサルティング会社は大きな利益を得る。インド人の技術者も利益を得る。インディアナ州民の貴重な税金を節約し、その分で他の部門の州職員を増やしたり、新しい学校を建てたりできる。長い目で見れば、それで失業者を減らすことができるわけだ。しかしながら、労働者寄りの民主党員が調印したこの契約は、自由貿易を唱える共和党の圧力によって破棄された。

これは整理の必要な問題だ。

旧世界では、バリューが主に垂直に創り出されていた。通常、一企業内でトップダウン方式のもとで創られていたので、誰が一番上で誰が一番下なのか、搾取しているのが誰で、搾取されているのが誰なのかを見極めるのが、しごく簡単だった。だが、世界がフラット化しはじめ、バリューが（個人がより大きな力を持つさまざまな形式の共同作業を通じて）水平に生み出されることが多くなると、上下や搾取の関係がきわめて複雑になった。それを昔ながらの政治的考察でとっさに判断するのは無理がある。かつてインド政府は、世界最高水準の理工系大学で国民に教育をほどこしていたが、社会主義的経済政策を推進していたために高い教育水準の卒業生に仕事をあたえることができなかった。海外に脱出できない技術系労働者は、生活のためにタクシーを運転しなければならなかった。その場合、果たして「搾取」されていなかったといえるだろうか？　そういった技術系労働者がインド最大のコンサルティング会社に就職し、インドの水準からすれば申し分のない給料をもらい、フラット化した世界のおかげで、その技術を世界で生かせるようになったいま、「搾取」されているといえるのだろうか？　さらにいえば、インディアナ州の失業保険給付申請システムをアメリカのコンサルティング会社よりもはるかに安く改良すると申し出たインドのエンジニアは、インディアナ州民を搾取しようとしたのだろうか？　それとも、インディアナ州民は安いインド人の技術者から搾取しようとしたのだろうか？　誰か教えてほしい。この話では、誰が誰を搾取しているのか？　昔ながらの左派は、誰の肩を持つだろう？　まっとうな給料をもらい、苦労して身につけた能力を先進国で活用しようとしている発展途上国の知識労働者？　地元の人間が高いコストで仕事を下請けできるようにインド人エンジニアの排除をはかるインディアナ州の政治家？　それに、昔ながらの右派は、誰の肩を持つだ

ろう？　仕事の一部をアウトソーシングして、インディアナ州の税金と予算を節約する人間？　あるいは「税金を高くしても地元の仕事を確保し、インディアナ州民にだけ恩恵をあたえよう」と主張する人間？　たとえ自由貿易を望む共和党の意図に反しても、インディアナ州民を援助するためだけにシステム内の摩擦を残そうとする人間？　発展途上国の人々に悪影響をあたえるとしてグローバリゼーションに反対している人間は、どちらの肩を持つか？　インド、それともインディアナ州？

インド対インディアナ州のこの論争は、これまでは共同作業を行なうどころか、接続すらしないと思われていた二つのコミュニティの利害関係に境界線を引く難しさを浮き彫りにしている。だが、水平な共同作業が増えているフラットな世界では、その二つが接続したり共同作業したりするばかりではなく、その関係を律する社会契約（相互利益を基本的な目的とする取り決め）がどうしても不可欠になる。それに双方がある日突然気づいたのだ。

そこでさらに大きな問題が生じる。経営学でも政治学でも、製造や研究開発の分野でも、当事者はますますもって「水平化」を理解し、さまざまなプロセスを適応させなければならなくなる。また、整理が大幅に進むだろう。

企業が立ちどまるところと、動きだすところ

フラットな世界では、労働者のさまざまな集団の関係を整理するとともに、企業とその属するコミ

ユニティとの関係も整理しなければならない。誰の価値観すなわち理念がその企業を律しているのか、その企業が重視してひろめようとしているのは、誰の利益なのか？　フラットな世界では、グローバルな企業は、グローバルなビジネスチャンスと資源を最大限に活用するように適応しなければならない――つまり、フラットな世界に適応する必要性がどんどん大きくなる。しかし従来は、国はトップ企業の業績や市場支配力に依存し、そこから恩恵をこうむり、経済的繁栄と国際的な地位も左右されるというような状況だった。しかし、企業が一つの国の権益や就労機会ではなくグローバルな権益と就労機会を左右するようになり、株式市場からの資金調達に際してもグローバルなスタンダードやビジネスチャンスや資源を取り込んだ経営が求められるようになると、どういう変化が起きるだろう？そうした企業の利害関係やニーズが、本社を置いている国の国家という枠組みからずれてくると、どういう変化が起きるだろう？　かつて、GMが順調であればアメリカも順調だといわれていた時代があった。いまでは、こういい直したほうがいいだろう。「デルが順調であれば、以下の国々も順調だ。マレーシア、台湾、中国、アイルランド、インド……」現在、HPは一七〇カ国ほどで一五万人以上の従業員を抱えている。世界最大の消費者向けテクノロジー企業であるばかりか、ヨーロッパ最大のIT企業であり、ロシア、中東、および南アフリカにおいても最大のIT企業なのだ。HPの本社はカリフォルニア州パロ・アルトにあるものの、従業員と顧客の大部分がアメリカ人ではないのにアメリカの企業だといえるだろうか？　現在の企業は、たとえ所属する国がアメリカ合衆国のような巨大国家であっても、一つの国家に縛られた企業体として生き残ることはできない。ゆえに、そうした企業にどう対処するかが、現代の国家と国民にとって非常に悩ましい問題になっている。企業はいった

い誰に忠誠なのか？

「アメリカ株式会社は、これまでずっと順調だった。それ自体は間違っていないが、アメリカはフラットな世界に合わせて調整することで成功してきたのだ」ヘッジファンド・マネジャーのディナカール・シンはいう。「できるだけ多くの切り分けた作業を、最も安くて有能なサプライヤーにアウトソーシングすることで成功してきた。デルがコンピュータの部品すべてを中国沿岸部で製造し、アメリカ本土沿岸部で売ることができれば、デルもアメリカの消費者も利益を得る。だが、その場合、アメリカの労働者が利益を得ることは難しい」デルは世界ができるかぎりフラットで、摩擦や障壁ができるかぎり少ないほうがいいと考えているわけだ。現在では、他の企業もほとんど同じ考えだろう。この仕組みだと、効率的だがコストが最低の市場で製品を作り、一番うまみのある市場でそれを売ることができるからだ。グローバリゼーション３・０は、資本に関していえば不都合なことは皆無に等しい。資本家は悠然とかまえてイノベーションを金で買い、最も安い優秀な労働力を雇って、世界中に投入して、研究開発と製造と流通を行なう。デルの株価が上がれば、デルの株主は満足し、デルの消費者は得をして、ナスダックは利益をあげる。資本にまつわることは、すべて順調だ。しかし、アメリカの労働者とコミュニティは、ほんの一部が利益を得るだけだ。それ以外のものは、世界のフラット化がもたらす痛みを味わう。

多国籍企業が労働力と市場を世界各地で探し求めるようになってからというもの、そういった企業の権益はつねに本社を置く国家を超越していた。だが、フラット化した世界で現在起きていることは、それとは程度がまったく異なるし、したがって性格もまったく違う。企業はこれまでになく自由に、

世界各地で研究や製造を行なうことができるし、摩擦も少ない。企業と企業が本社を置く国との長期的関係に、それがどういう影響を及ぼすかは、はっきりいってまったくわからない。

ここに顕著な例がある。二〇〇四年一二月七日、IBMはパソコン事業を中国のパソコンメーカー、レノボ（聯想）に売却すると発表した。それによってレノボは、年間売上が約一二〇億ドルにのぼる世界第三位のパソコンメーカーになった。だが、IBMはそれと同時にレノボの株式の一八・九パーセントを取得し、パソコンの販売・資金調達・世界サービスに関して戦略的提携を結んだ。生まれ変わったレノボはニューヨークに本社を置くが、製造拠点は北京とノースカロライナ州ローリーであり、リサーチ・センターは中国、アメリカ、日本に、営業所は世界各地に置かれる。レノボがIBMのパソコンの優先サプライヤーになると同時に、IBMは新生レノボのサービス、資金調達の優先サプライヤーになった。

話が読めているだろうか？　社員約一万人が、IBMからレノボに移る。レノボは一九八四年に設立され、中国にパソコンの概念を初めて紹介した企業で、一九九七年以降、中国のパソコンのトップブランドだった。プレス・リリースのなかでも私がいたく気に入ったのは、新会社の重役陣を紹介した個所である。「楊元慶《ヤン・ユアン》——会長〔現レノボCEO〕、スティーブ・ワード——CEO〔現IBM上級副社長兼パーソナル・システム・グループのゼネラル・マネジャー〕、フラン・オサリバン——COO（最高執行責任者）〔現IBMのパソコン事業部ゼネラル・マネジャー〕、馬雪征《メアリー・マ》——CFO（最高財務責任者）〔現レノボCFO〕」

水平のバリュー創出はどうなっているのだろう。この中国の新パソコン企業は、ニューヨークに本

社を置き、ローリーと北京に工場を構え、中国人の会長とCFO、アメリカ人のCEOとCOOを持ち、香港株式市場に上場する予定でいる。これはアメリカ企業だろうか？　それとも中国企業だろうか？　どの国と最も関係が深いとレノボは感じるのだろう？　あるいは、フラットな世界の上を漂っているように感じるのだろうか。

売却を発表したプレス・リリースに、予想される質問としてこれが記されている。「レノボはどこに本社を置くのですか？」

答：「新しいレノボは、グローバル・ビジネスですから、世界中に人員と物的資産を広く配置します」

整理しなければならない。

経営者や株主や投資家は、どこから利益があがろうと、どこで従業員を雇おうと、ほとんど無関心だというのは、冷厳たる事実だろう。しかし、企業の存続は強く求められる。いっぽう、政治家は、特定の場所で雇用を創出しなければならない。住人は――アメリカでもヨーロッパでもインドでも――いい仕事がずっと家の近くにあることを願う。

ヨーロッパのある大手多国籍企業のCEOからこんな話を聞いた。「わが社はグローバルなリサーチ会社になった」株主や投資家にとっては朗報だ。地球で最高の頭脳がどこにあっても利用できるし、リサーチをすべて社内で行なうより間違いなくコストを削減できる。「だが、いずれそれが母国の雇用にさまざまな影響を及ぼすだろう。今年ではなく、五年ないし一五年のうちに」CEOであり、EUの一員であるその人物はなおもいった。「どうすれば〔母国の〕将来性を維持できるかということ

を政府と話し合うとしても、日常の仕事では、株主を念頭において決定を下さなければならない」

わかりやすくいい直そう。ヨーロッパやアメリカで一人雇うのと同じコストで、優秀な研究員五人を中国やインドで雇えるとしたら、私なら五人を雇う。その結果、私が所属する社会から将来的に技術が失われることになったとしても、それはしかたがない。企業とその母国の二者の利益を合致させるには、大きくなったグローバルなパイのひと切れを要求するだけではなく、新たなひと切れを創出できる知力を備えた国民を抱えるほかに方法はない。「私たちは高収入に耽溺しているわけだから、今後はそれに見合う働きをしないといけない」と、そのCEOはいった。

それにしても、企業の母国を見極めるのは、現在ではますます難しくなっている。ロールス・ロイスのサー・ジョン・ローズCEOは、かつてこういった。「私たちはドイツで大規模な事業を行なっている。ブランデンブルク州で最大のハイテク企業だ。最近、〔ゲアハルト・〕シュレーダー首相と食事をする機会があったが、『きみの会社はドイツの会社なんだから、私が今度ロシアに行くときに同行してくれないか』といわれた。ドイツ企業が向こうで事業を拡大できるようにしてほしいというんだ。ロールス・ロイスはロンドンに本社があるが、ドイツでバリューを創出しているから、ロシアとの関係を築くのに役立つ、とシュレーダーは考えたんだ」

典型的な英国企業のロールス・ロイスは、英国にいまだ本社を置いてはいるが、現在は水平なグローバル・サプライチェーンによる業務を進めている。そのCEOは、女王からナイト爵を授けられた英国人だが、ロールス・ロイスのサプライチェーンの一つがブランデンブルク州を通っていることから、ロシアに事業を興す手助けをしてほしいと、ドイツ首相から頼まれる。

友人のグレン・S・フクシマは、日系アメリカ人である。父親も日系アメリカ人で、アメリカ陸軍に入隊し、日本に配置されていたことがある。グレンは一九四九年に、米軍病院で生まれた。スタンフォードとハーバードの両大学を卒業し、一九八五年に法曹界からアメリカ通商代表部に入り、日本部長などをつとめた。その後、日本・中国担当の代表補代理に昇進し、アジアの両大国を相手に難しい貿易交渉を行なった。一九九〇年に東京に移って、AT&Tの日本法人などアメリカ多国籍企業の幹部ポストを歴任した。一九九七年に在日アメリカ商工会議所会頭に選出され、この無償の職務で卓抜した仕事をしている。二〇〇五年九月に東京に立ち寄ったとき、例によってホテル・オークラのいつものテーブルで私たちは朝食をともにした。フクシマに仕事のことをたずねると、意外にも新しい仕事に就いているという。EUの航空機製造コンソーシアム、エアバス・ジャパンの代表取締役社長兼CEOに就任したという。ヨーロッパの超一流メーカーであるエアバスの日本での業務を取り仕切り、父祖の地である日本に旅客機を売り込んで、アメリカの超一流メーカーであるボーイングを打倒しようとしているわけだ。

「エアバスに入社したとたんに、東京のアメリカ大使館から、在日アメリカ商工会議所理事会とアメリカ大使との月例会議にはもう出席するには及ばないといわれたんだよ」とフクシマはいった。かつて会頭として一五年も商工会議所を取り仕切ったフクシマが、そういう仕打ちを受けたのである。ヨーロッパきっての産業コンソーシアムの経営者が、大使館のつてを利用してアメリカの最大手メーカーとの競争で優位に立つようなことはあってはならないと、アメリカ大使館の職員が考えたのは、まあ当然だろう。しかし、フクシマは反論する。「私はいまの時代に求められる、従来とは違う新しい

ことをやっている。それは国というはっきり区別できる範疇にはなじまない」グローバルな企業の経営幹部の国籍と、企業の本社のある地理的な場所と、経営幹部が重要な事業を行なっている市場のあいだには、もはや相関関係など存在しない、とフクシマはいう。たとえば、ボーイングの新型機787の部品は日本で製造されることになっているし、別の大きな部分はヨーロッパで製造される。ヨーロッパの飛行機であるエアバスも、アメリカの飛行機であるボーイングも、今後はフラットな世界のあちこちから設計や部品を調達する。

そう、整理が必要だ。

指揮・統制から共同作業・接続へ

コリン・パウエルが国務長官を辞任する前に、私は国務省七階の長官室で、広報担当顧問二名が同席するインタビューを行なった。世界がフラット化したのに気づいたのはどこでだったのかと、質問せずにはいられなかった。答はひとことだった――「グーグル」。二〇〇一年に国務長官に就任した当時は、何か情報――たとえば国連の過去の決議文――が必要なときには、補佐官に命じ、頼んだものが用意できるまで数十分、ときには数時間も待たされた。

「いまではグーグルに『国連安全保障理事会　決議二四二号』と打ちこめば、目の前に出てくる」パウエルはいった。しだいに自分で調べることが多くなったので、あるときに広報担当顧問がこういっ

た。「長官はもうわれわれに情報を要求しないよ。情報はあるんだ。何かいいにくるときは、行動を要求するときだ」

かつてＡＯＬの取締役だったパウエルは、電子メールで他国の外務大臣と定期的に連絡をとっていた。補佐官の話だと、サミットのときにまるで学生同士のように英国外務大臣ジャック・ストローとインスタント・メッセージでやりとりをくりかえしていたという。携帯電話と無線技術のおかげで、どんな外務大臣も自分から逃げ隠れできなくなった、とパウエルはいった。前週にはロシアの外務大臣を探した。まず、モスクワの携帯電話にかけ、次にアイスランドにかけ、最後にラオスのビエンチャンにかけた。「みんながみんなの携帯電話の番号を知っているよ」みんなとパウエルがいうのは、各国の外務大臣のことだ。

つまり、世界がフラット化すると、小市民に大きなことができるようになってヒエラルキーが均されるだけでは終わらない。大人物に些細なことができるようになり、そのこともまたヒエラルキーを平らにする――これまでよりもずっと多くのことを、自分一人でできるようになったからだ。ブラックベリー（カナダ製の携帯端末）を使ってパウエルが電子メールで、どんな時刻でも自分や上司と連絡をとることができる――そして、じっさいに連絡をとっている――という話を、長官室から見送ってくれた若い女性広報担当下級スタッフから聞いて、私はそれを実感した。

「私、長官から逃げられないんです」彼女は電子メールで指示がひっきりなしに送られてくることを、冗談めかしていった。さらに、前の週末に友人たちとショッピングモールで買い物をしていたときに、広報関係の仕事をパウエルがインスタント・メッセージで指示してきたという話をした。「みんな感

心していたわ。こんな下っ端の私が、国務長官と話をしているんですもの!」

垂直(指揮・統制)の世界から、水平(接続と共同作業)のフラットな世界に移行すると、そんなことが起きる。上司が自分の仕事と部下の仕事の両方をこなせるようになる。国務長官《セクレタリー・オブ・ステイト》が自分の秘書《セクレタリー》をつとめることができる。昼も夜も部下に指示をあたえることが可能になる。つまり、部下にとって非番はない。つねに当番中で、つねにスイッチが入っている。上司にその気があれば、これまで以上に部下と——部下が誰であろうと、どういった上下関係だろうと——より密接に共同作業ができる。だが、上司よりも情報に通じているようにするために、部下はこれまで以上に精勤しなければならない。こんなふうに始まる上司と部下の会話が増えているに違いない。「そんなことはわかっている! グーグルで調べた! それにどう対処すればいい?」

個人のアイデンティティの衝突

フラットな世界では、整理しなければならないのは、コミュニティや企業のアイデンティティばかりではない。個人のアイデンティティも整理する必要がある。フラットな世界では、消費者、従業員、国民、納税者、株主といったわれわれのさまざまなアイデンティティのぶつかり合いが、いよいよ先鋭的になる。

「一九世紀は、労働と資本の対立が最大のものだった」ビジネス・コンサルタントのマイケル・ハマ

ーは説明する。「いま対立しているのは消費者と労働者で、企業はその中間にいる。消費者は企業に向かって『もっと安い値段で、もっとたくさんよこせ』という。すると、企業は従業員に『もっと安い値段でもっとたくさん作らないと、会社が危なくなる。きみたちの仕事の口は保証できない。組合の役員もやはりそれは保証できない。頼りは消費者だけだ』という」

二〇〇四年一一月一日付の《ニューヨーク・タイムズ》によれば、ウォルマートは二〇〇三年度の二五六〇億ドルの収益のうち一三億ドルを福利厚生費にまわして、全従業員の約四五パーセントにあたる五三万七〇〇〇人を保険に加入させている。だが、ウォルマート最大の競合先であるコストコ・ホールセールは、フルタイム、パートタイムにかかわらず、資格のある従業員の九六パーセントを保険に加入させている。コストコの従業員は、フルタイムで三カ月、もしくはパートタイムで半年働けば、医療保険に加入する資格がある。いっぽうウォルマートは、ほとんどのフルタイム従業員は半年、パートタイマーにいたっては最低でも二年は待たなければならない。《ニューヨーク・タイムズ》によれば、ウォルマートのフルタイム従業員は、ひと月の収入が約一二〇〇ドル——時給では八ドル相当になる。ウォルマートは、従業員に医療保険の保険料の三三パーセントを負担させるが、その本人負担部分を三〇パーセントに削減する予定だという。ウォルマートが補助する保険制度では、家族も含めた場合の保険料が月額最大二六四ドルで、自己負担額は一万三〇〇〇ドルに達する場合もあるという。たとえ保険加入資格があっても、ウォルマートの大多数の社員はこうした担保内容では加入できないと、《ニューヨーク・タイムズ》は指摘している。

だが、同じ記事にはこうも書かれている。「ウォルマートの人件費が支持を得られる場所があると

したら、それはウォール街だろう。そこではコストコの人件費は高すぎるといわれ、アナリストの評価ははるかに低い」従業員に対してそれなりの義務を感じているコストコとは違い、ウォルマートは余分な脂肪や摩擦を取り除いてしまった。コストコの税引き前利益率は収益のわずか二・七パーセントで、ウォルマートの五・五パーセントの半分にも満たない。

ちょっと待った。ウォルマートで買い物をするわれわれは、中間業者や脂肪や摩擦をすべて取り除いた最低価格を望んでいるのではないか？　それに、ほとんどがヘルスケアを受けられないような最貧層のアメリカ人は、そういった低価格の恩恵をこうむっているのではないか？　というのが、《ワシントン・ポスト》二〇〇五年一一月二八日付に掲載された、セバスチャン・マラビーの論説の骨子である。マラビーの意見に耳を傾けよう。「ウォルマート批判勢力は、同社が貧困層のアメリカ人に害をなしていると主張する。むしろ逆ではないか。ニューヨーク大学のジェイソン・ファーマンによれば、ウォルマートは『進歩的なサクセス・ストーリー』だという。ファーマンは二〇〇四年の大統領選挙で民主党の大統領候補ジョン・ケリーの顧問をつとめた人物で、ウォルマートからなんら報酬を受けていない。企業寄りの論客でもない。しかし、ファーマンは、ウォルマートの食料品安売りだけでも、アメリカの消費者に対する福利効果は年間五〇〇億ドル以上にのぼると指摘する。ウォルマートの全商品を勘定に入れるなら、福利厚生費がその五倍ほど節約されている可能性がある。こうした利得は、貧困層や低収入の家族にとっては、きわめて大きな意味を持つ。ウォルマートの客の平均所得は年間三万五〇〇〇ドルであり、ターゲットの五万ドルや、コストコの七万四〇〇〇ドルと比べると、かなり低い。また、貧困層は収入のかなりの部分を食料や日用品に費やすので、ウォルマート

の『毎日が安売り』はそういった人々にとってたいへん貴重なのだ。ウォルマートを貧困対策事業と見なすなら、消費者に二〇〇〇億ドル以上の還元を行なっているわけで、これは連邦政府の数多くの事業に充分に匹敵する」

ウォルマート買い物客・株主であるわれわれは、同社の利益を押し上げ、なおかつ商品価格を押し下げるために、サプライチェーンや従業員への手当てから容赦なく脂肪や摩擦を取り除いてほしいと思う。だが、ウォルマート従業員であるわれわれは、新人の手当てや賃金の水準が低いことに憤懣やるかたない思いを抱いている。また、市民であるわれわれは、アメリカ最大の企業ウォルマートが全従業員を医療保険に加入させていないために、地元の病院の救急病棟に行かなければならない従業員がいて、結局は納税者がその費用を負担していることも知っている。《ニューヨーク・タイムズ》によれば、「ウォルマートの従業員子弟の一万人以上が州の医療保険に加入しており、その費用に年間一〇〇〇万ドル近い税金が投入されている」ことが、ジョージア州政府の調査で判明したという。また「ノース・カロライナ州のある病院は、ウォルマート従業員の患者一九〇〇人の三一パーセントが、メディケイド（低所得者・障害者への公的医療保障制度）を利用し、一六パーセントは保険にまったく加入していないことを突き止めた」という。

二〇〇四年に出版された『値切られた女性たち――ウォルマートによる女性労働者搾取との闘いの軌跡』という本で、ジャーナリストのリサ・フェザーストーンは、ウォルマートに対する女性差別の大規模訴訟を取りあげている。二〇〇四年一一月二二日にサロン・コムに載った同書に関するインタビューで、フェザーストーンは次のような重要な問題を提起している。「アメリカの納税者は、ウォ

ルマートのフルタイム従業員多数のために費用を負担しています。ウォルマートの従業員は、医療保険、公営住宅、食料割引券といったものを必要とすることが多いからです。ウォルマートの従業員は、さまざまな面で、経済的に自立できていないのです。創業者のサム・ウォルトンはアメリカの経済的自立のシンボルとされていますから、まことに皮肉なことです。ウォルマートが共和党候補者を支持するやり方は、不正直で非常に問題が多い。選挙献金の八〇パーセントが共和党に流れています。ところが、共和党は、どちらかというと、ウォルマートが依存しているような国民支援プログラムには賛成していません。ウォルマートはむしろ国民医療保険を支援するべきでしょうね。だって、自分の会社の従業員を医療保険に加入させることもできないんだから、全国民向けの福利厚生を充実させるべきだという意見を認めるのが当然ではありませんか」

客、従業員、国民、納税者、株主などの重層的なアイデンティティを整理して比較考慮するに際して、われわれは決断を求められる。ウォルマートとコストコのどちらの流儀がいいのだろう？ これはフラットな世界で重要な政治的課題になる。さまざまに異なるアイデンティティすべてを計算に入れるなら、自分の会社にどれくらい平らであってほしいのか？ なぜなら、ビジネスから中間業者を省き、サプライチェーンを完全にフラット化したとき、人間性の特定の要素を人生から奪うことになるからだ。

政府について同じ疑問が該当する。政府にどれくらい平らであってほしいのか？ フラットな世界で企業が競争しやすくするために、政府がどこまで自由化するのがいいのか？ どこまで摩擦を取り除いてほしいのか？

クリントン大統領の政策アドバイザーをつとめた経験のあるイリノイ州選出の民主党下院議員ラーム・エマニュエルは、こう述べている。「ホワイトハウスに勤務していた頃、ＦＤＡ（食品医薬品局）の薬品承認プロセスの煩雑さを訴える声に応じて簡素化した。われわれの目的はただ一つ。薬品をより早く市場に出すことだった。ところが、その結果ＦＤＡと製薬業界が馴れ合い関係になり、国民の健康を危険にさらした。Ｖｉｏｘｘ（心疾患を起こすリスクが高いことが判明した抗炎症薬）の失態によって、速やかな承認を薬品の安全性より優先するのには限界があるということが明らかになった。最近行なわれたＶｉｏｘｘの回収に関する上院公聴会で、市場から危険な薬品を排除するＦＤＡの能力に大きな欠陥があることが明るみに出た」

消費者としては、世界的なサプライチェーンが提供してくれる、最も安価な薬品がほしい。だが、国民としては、たとえそれが摩擦を残すか、あるいは増加させるとしても、政府にそのサプライチェーンを監督・規制してもらいたいと思うし、そうしてもらう必要がある。

これも整理しなければならない。

誰が何を所有するのか？

フラットな世界では、ぜったいに整理しなければならない重要なことがもう一つある。誰が何を所有するのかということだ。イノベーションを行なった人間の知的財産を守り、本人がそこから得た利

益を新たな発明に投入できるようにするには、どんな法的防壁を作ればよいのか？　逆に、どうすれば、垣根を低いままにして、最先端の発明にはいよいよもって不可欠になる知的財産の共有を促進できるだろう？

「知的財産の取り扱いという点では、世界は断じて平らではない」マイクロソフトのクレイグ・マンディCTOはいう。イノベーター一人が多数の資源をすべて集めて、フラット化した世界からパートナーのチームをつのり、製品やサービスにおいて飛躍的な進歩を遂げることができれば、それは素晴らしいことだ。しかし、誰かがフラットな世界の同じプラットホームとツールを使って、その新製品をそっくりそのままコピーして流通させたら、その革新的で才能豊かなイノベーターはどうすればよいのか？　ソフトウェアや音楽や薬品の世界では、そういったことが毎日のように起きている。マイクロソフトのワードから航空機部品まで、「すぐに真似できないものは何もないと考えたほうがいい」という段階にテクノロジーは達している、とマンディは付け加えた。世界がよりフラットになるにつれて、共同作業の合法・違法な形式すべてに遅れをとらないようなグローバル・ガバナンスの体系が必要になる。

アメリカで発展した特許法に関しても、同じことがいえる。一つのイノベーションについて、企業には選択肢が三つある。発明品の特許を取得して、自社で販売する。特許を取得して、第三者に製造ライセンスをあたえる。特許を取得して、他の数社とクロスライセンス契約を結ぶ。この三番目の選択肢では、各企業がさまざまな特許を組み合わせた製品——たとえばパソコン——を製造する行動の自由が得られる。この点に関して、アメリカの特許法は、条文の上では中立だ。しかし、判例が確定

してきた流れを見ると、かなり偏向していて、共同作業や多数の当事者の行動の自由を大幅に促進するクロスライセンス契約などの手法に反対する傾向が強い、と何人もの専門家が断言する。一企業が自社の特許を製造する権利を保護することにもっぱら重点が置かれているというのだ。フラットな世界では、両方の手法を奨励する特許法を企業は必要とする。法制度がクロスライセンスや標準規格を後押しすれば、共同作業によるイノベーションが進む。パソコンがいい例だ。パソコンは、カーソル、マウス、モニターなど、さまざまな特許を持ついくつもの会社のクロスライセンスによってできあがった製品なのだ。

したがって、オープンソーシングの共同作業やコミュニティからイノベーションが続々と生まれているいま、知的財産関係の法律を整備しなければならない――さもないと、われわれの社会は利益を得られず、フラットな世界の欠点からも護られなくなってしまう。「共同作業によるイノベーションが繁栄するには、知的財産という概念を考え直す必要がある」ＩＢＭのサム・パルミサーノ会長兼ＣＥＯはいう。「知的財産法は、個人や研究機関が発明物の報償を得ると同時に、そうした知的資産を社会全体が利用できるようにするために作られた。しかし、誰の利害が最優先されるのかという点については、このいささか取り扱いが難しい枠組み内でも意見が分かれている。イノベーションのインセンティブを強めるためには、発明者の所有者としての権益をしっかりと保護するべきだ、と考えている者もいる。ドアを開放して、知的財産を完全に使えるようにするべきだ、と主張する者もいる。今後は、この両極端の意見をうまく調整するような新しい道すじが必要だと思う。ほんとうに新奇で有用な発明をした個人や企業の利益は、かならず保護されなければならない。しかし、革新的なコミ

ユニティや創造的なエコシステム――会社化されておらず、団体として正式に設立されてもいないが、きわめて重要な本物のイノベーションにたずさわっている集団――の利益も保護する必要がある。脱工業化時代の世界に備えて、所有権という言葉の意味を押しひろげる必要がある」

所有権の問題を考えながら次の問題も整理しよう。二〇〇四年一一月一三日、二〇歳のジャスティン・M・エルズワース海兵隊兵長は、イラクで巡回警備中に、道路脇に仕掛けられた爆弾により死亡した。二〇〇四年一二月二一日、亡くなった息子が送受信した電子メールすべてにアクセスできるようにアカウントのパスワードを教えてほしいと両親がヤフーに要請したことを、AP通信が報じた。「電子メールの言葉を通して息子のことを思い出したい。息子はやらなければならないことをやっていると考えていたはずだ。私はこれからそれを胸に生きてゆきたい」ジャスティンの父親ジョン・エルズワースは、AP通信に語った。「それが息子の形見だから」われわれは、無数のコミュニケーションがビットの形でサイバースペースを駆け巡り、世界中のサーバーに保存されている世界へ移行しつつある。このサイバー世界を統治する政府はない。そこでこういう疑問が生じる。あなたが死んだら、あなたのビットは誰が所有する？　ヤフーは、九〇日間不使用のアカウントはすべて抹消されるとヤフーの約款に明記されており、ユーザーがヤフーに登録する際にはメンバーIDやアカウントの内容についての権利が死亡時に消滅するという条項に同意していることを指摘し、エルズワース夫妻に息子のパスワードを教えることを拒否した。「悲しみにくれるご家族のみなさまには同情しますが、ヤフーのアカウントとそのコンテンツは、たとえ死後であっても譲渡できません」ヤフーの広報担当官カレン・マホーンは、AP通信にそう説明した。紙が使われなくなり、デジタル・フォーマットで

コミュニケートすることが増えているいま、死ぬ前に整理しておいたほうがいい。遺言書に自分のアカウントを遺す相手を記しておくべきかもしれない。これはまったくもって現実的な問題だ。私は、本書の多くの章をＡＯＬのアカウントに保存した。そこがサイバースペースで最も安全だと考えたからだ。執筆中に私の身に何かが起きたら、家族と出版社はこの原稿を手に入れるためにＡＯＬを相手どって訴訟を起こさなければならなかっただろう。頼むから、誰かがこれを整理してほしい。

セールスマンの死

二〇〇四年秋、ミネアポリスの母の家を訪れた際に、世界がフラット化したことを実感する三つの出来事にたてつづけに遭遇した。最初はワシントンの自宅を出る前だった。ミネアポリスの友人の電話番号を調べるために、四一一の番号案内に電話をかけた。応答したのはコンピュータで、調べたい人間の名前を発音するようにと、合成の声にいわれた。どういうわけか私の発音はコンピュータには正しく聞き取れなかったらしく、「……といいましたか？」と何度も問い返された。私はいらだちを抑えて（そうしないとコンピュータには聞き取れないと思ったから）、何度も苗字をくりかえした。「違う……とはいっていない……といったんだ」結局、オペレーターに代わったが、ディレクトリ情報との摩擦のない接触は、愉快なものではなかった。人間との摩擦のほうがずっと好ましい。コンピュータが電話番号を案内するほうがコストが安くて効率もよいのだろうが、私にはいらだたしいだけ

だった。

ミネアポリスでは、家族同士がつきあいのあるさまざまな友人と食事をした。そのうちの一人は、これまでずっと中西部で卸売業を営み、地域最大手の小売店が得意先だった。生まれついてのセールスマンだ。近頃はどうだとたずねると、彼は溜息をつき、商売も様変わりしたと告げた。いまでは、何もかもが一パーセントの利鞘で売られているという。それはべつにかまわない。自分が売っているのはほとんどがコモディティ化された商品だから、大量に扱えば薄い利幅でもどうにかなる。しかし、困るのは大手の得意先であっても、対面することがない会社があることだった。コモディティ化された商品や低コストの商品にも、価値をわかってもらい、強調しておきたいような細かい点がある。「何もかも電子メールだよ。〔国内最大手の小売業者は〕若い男が担当だが、『付け値をメールしてくれ』というだけだ。一度も会ったことがない。半分は返事もよこさない。どうつきあえばいいのかわからない……昔はオフィスへ行って、バイヤーにバイキングズの試合の切符をあげたりした。友だちだった……トミー、いまじゃ誰もかれも、値段のことしか頭にないんだ」

幸いその友人は成功したビジネスマンで、ほかにもいろいろな事業を営んでいる。しかし、彼の言葉をよくよく考えていると、アーサー・ミラーの戯曲『セールスマンの死』の一場面が思い出された。主人公のウィリー・ローマンが、自分は同僚のチャーリーとは違って、「みんなに好かれようとした」という。ローマンは、仕事においても、人生においても、個性や人柄や人間関係のほうが才覚よりも大切だと息子に語る。「ビジネスの世界では、まめに顔を見せ、相手の関心を惹くような人間が出世する。人に好かれれば、けっして貧乏になることはない」

フラットな世界では違う。電子メールやインターネットで人間らしい絆を結ぶのは難しい。翌日私は、メディア企業を経営する友人ケン・グリーアと食事をした。メディア企業についてはのちほど詳述するが、ケンも同じようなことを嘆いた。最近は、創造性ではなく数字のみを強調する広告会社が、大半の契約を取るという。そのときにケンが口にした言葉が、私の胸に突き刺さった。「この商売からすべての脂肪をそぎ落としたみたいだ」そして、あらゆるものが数字のゲームに変わった。「でも、脂肪があるから肉には味わいがあるんだ」とケンはいう。「赤身だけの肉はあまりうまくない。いくらか脂肪が混じっているほうがうまい」

フラット化プロセスは、ビジネスと人生から容赦なく脂肪をそぎとってしまうが、ケンのいうとおり、脂肪があるからこそ人生には味わいがあり、豊かにもなる。また、脂肪があるからこそ体が暖かいのだ。

たしかに、消費者であるわれわれは、あらゆる脂肪を取り去ったウォルマート価格を求める。だが、労働者であるわれわれは、コストコのように骨にいくらかの脂肪が残っていることを求める。そうすることで、従業員の半分以下しか医療保険に加入していないウォルマートとは違って、ほぼ全従業員を医療保険に加入させることができるからだ。だが、株主であるわれわれは、コストコではなくウォルマートの利益率を求める。その反面、国民であるわれわれは、ウォルマートではなくコストコの福利厚生を求める。足りない分はどのみち税金でまかなわれるからだ。消費者である私は、安い電話料金を求めるが、人間である私は、四一一にかけたときには人間のオペレーターと話がしたいと思う。読者である私はネット・サーフィンを好み、ブログを楽しむ。だが、国民である私は、ブロガーには

事実確認を行なう編集者か仲介者が必要で、送信ボタンを押して間違っていることや不公平なことを世界中に発信するのはその作業を終えてからにしたほうがよいと思う。

こういった葛藤やプレッシャーの相剋を考えると、アメリカの政治は全面的に改造されるとも考えられる——労働者と企業の利害が自然と再編され、従来とはまったく異なる政党としてまとまるかもしれない。考察してみよう。共和党右派の社会的保守主義者は、外国人・外国文化がアメリカを席巻するのを怖れ、グローバリゼーションおよび国際社会との密接な融合を望まない。いっぽう民主党左派は、アウトソーシングとオフショアリングを促進するグローバリゼーションを嫌悪している。となると、この両政党の二派は手を組み、〝壁の党〟と称して、摩擦や脂肪を増やしてゆくかもしれない。現実から目をそむけてはいけない。共和党の文化的保守主義者は、オハイオ州ヤングズタウンの製鉄工場労働者、中国の地方の農民、サウジアラビア中央部のイスラムの学者とは共通項があるが、世界のフラット化によって裕福になるウォール街の投資銀行家やパロ・アルトでグローバル経済に結びついているサービス労働者とは、似通ったところがほとんどない。

では、共和党のビジネス重視派はどうだろうか。この派閥は、自由貿易、規制撤廃、再統合、減税といった、世界をさらにフラット化するすべての要因を信奉している。いっぽう民主党の社会的リベラル派は、大半が東海岸・西海岸のグローバル・サービス産業との結びつきが強い。だから、この二派は手を組むかもしれない。ハリウッドその他のエンターテインメント産業の労働者が、そこに参加する可能性もある。いずれもフラットな世界によって大きな恩恵をこうむっている。この連中は、さらにグローバルな統合を促進するという大方針のもとで、〝ウェブ党〟と名乗るかもしれない。マン

ハッタンやパロ・アルトの住民の多くは、上海やバンガロールの人々と利害をともにしているが、ヤングズタウンやカンザス州都トペイカの住民とはあまり縁がない。したがって、フラットな世界では、社会的リベラル層とグローバルなサービス産業で働くホワイトカラー、ウォール街関係者が大同団結して一つの党派を作りあげ、その一方で、社会的保守主義者と地方のサービス産業で働くホワイトカラーと労働組合が手を結ぶ可能性がある。

かたや映画〈パッション〉の観客、トラック運転手組合《チームスター》、ＡＦＬ‐ＣＩＯ（アメリカ労働総同盟産業別組合会議）が同類項。かたやハリウッドとウォール街のリベラル、〈ユー・ガット・メール〉の観客、シリコンバレーのハイテク労働者、マンハッタンとサンフランシスコのグローバル・サービス産業従事者が同類項。メル・ギブソン＆ジミー・ホッファ・ジュニア対ビル・ゲイツ＆メグ・ライアンの勝負になる。

今後、フラットな世界の政治はますます、どの価値観と摩擦と脂肪を残すべきかという問いかけをせざるをえなくなるだろう――マルクスの言葉を借りれば、どれを固形化すべきか――そして、どれを自然に消滅させるかを決めなければならない。グローバルな競技場のほんとうの性質や素材を見極め、冷戦時代以前に存在していたものとの差異を洞察したときに初めて、国・企業・個人はそうした問いに賢明な答を返すことができる。また、フラット化した競技場を隅から隅まで評価し、そこで共同作業や競争にいそしむために手に入る新ツールすべてを理解したときに初めて、国・企業・個人は適切な政治的選択を行なうことができる。本書が、微妙なあやを描き表わした叩き台となって、そういうきわめて重要な政治論議や間近にせまった大整理に役立つことを願うしだいである。

ここからの三つの部では、フラット化した世界と三重の集束がアメリカと発展途上国と企業に及ぼす影響を考察する。

さあ、覚悟はいいですか。フラットな世界に飛び込みましょう。

第二部

アメリカとフラット化する世界

第5章　アメリカと自由貿易——リカードはいまも正しいか？

私はアメリカ人だし、自由貿易の美徳をずっと信じていたが、インド旅行後に重大な疑問を抱いた。フラットな世界でも自由貿易を信奉するべきだろうか？　この問題は、ただちに整理しなければならない——アメリカの国家政策の争点になっていたこともあるが、自由貿易に対する見解は、フラットな世界に向き合う私の未来観を左右するからだ。自由貿易はすべてのアメリカ人に利益をもたらすとは限らないし、それによって傷つく人々を社会が助けなければならないことはわかっている。だが、私にとって重要な疑問は、世界がとことんフラット化し、ほんとうに多くの人間が私の子供たちと共同作業や競争ができるようになったとき、自由貿易はアメリカという国全体に利益をもたらすだろうか？　ということだった。「アメリカ特有の仕事」だとわれわれが思っている仕事の奪い合いが一段と激しくなるのではないか。政府が何かしら壁を築いてアウトソーシングやオフショアリングを禁じたほうが、個人としてのアメリカ人は暮らしやすいのではないか？

初めてこの疑問と格闘したのは、バンガロールでディスカバリー・タイムズのドキュメンタリー番

組を撮影していたときだった。ある日の午後五時前後に、インフォシスの広い構内へ行った――夜勤のコールセンター従業員が徒歩やマイクロバスやスクーターで続々と出勤し、もっと高度な仕事をしている日勤のエンジニア多数が退勤する時刻だった。私と取材班はゲートに立ち、教育水準の高い若者たちが出たり入ったりする流れを観察していた。みんな活発に話をしていた。全員が大学入学に先立つ学力試験ＳＡＴで満点を取っているかのように見える。突然、意識と視覚がまっぷたつに分裂するのを味わった。意識はずっと唱えていた。「リカードは正しい、リカードは正しい、リカードは正しい」デビッド・リカード（一七七二－一八二三）は、比較優位の自由貿易論を展開したイギリスの経済学者である。リカードの理論では、それぞれの国が比較的にコストで優位にある生産物に特化して、他国が特化した商品と貿易を行なえば、全体として利益が生じ、双方の国の総収入レベルも上がるとされる。つまり、インド人技術者がみな比較優位なことをして、そこで得た収入で逆にアメリカの比較優位な製品――コーニングのガラスからマイクロソフトのウィンドウズまで――をアメリカから買えば、過渡期にインド人やアメリカ人が多少転職せざるをえなくなったとしても、どちらの国も利益を得られるはずだ。ここ数年間のアメリカ－インド間の輸出入の激増に、こうした相互利益の証拠を見ることができる。

だが、インド人ジッピーを見る私の目は別のことを語っていた。「うわ、たいへんだ、こんなにいるぞ。みんなすごく真面目で仕事熱心みたいだし、次から次へどんどんやってくる。こうしたインド人が、わずかな賃金で私の娘やアメリカの何百万という若者と同じ仕事をしたら、娘たちにとってはまずい」リカードが自由貿易論を唱えたときには、商品は貿易できたが、知識労働やサービスの大半

は貿易できなかった。当時のアメリカ－インド間には、知識労働貿易を可能にする光ファイバー海底ケーブルはなかった。不安がつのりはじめたとき、同行していたインフォシスの女性広報担当がなにげなく口にした。昨年、インフォシス・インディアで技術職九〇〇〇人を募集したところ、インドの若者「一〇〇万人が応募」しました。

まあ、がんばってくれ。

この場面をどう解釈すればよいのか、私は悩んだ。外国との競争やイノベーションのせいでアメリカ人が仕事を失うのはごめんだ。自分の仕事がなくなるのも困る。失業する人間にとって、五・二パーセントという失業率は意味がない。失業すれば一〇〇パーセントだ。こうした懸念を認め、リカード理論が現在も正しいかどうかが経済学者のあいだで議論の的になっていることを認めないかぎり、フラットな世界に関してどういう本を書いても、正直とはいえない。しかし、双方の主張を聞くと、私も大多数の経済学者と同じ結論に達する――リカードは現在でも正しい、アウトソーシングやサプライチェーン化やオフショアリングに障壁を設けないほうが、アメリカの個人大多数の暮らしはよくなる。

本章で述べたいのはしごく単純なことだ。世界がフラット化しても、壁を設けようとせず、これまでどおり自由貿易の一般原則を貫くほうが、アメリカの国全体として大きな利益が得られる、と私はいいたい。壁を築けば、それに挑発された外国も同じことをして、すべての国が貧しくなるばかりだ。しかし、「アメリカとフラットな世界」について大局的に論じるこの部分でいいたいのは、たしかに保護貿易主義は非生産的であるが、その反面、自由貿易主義を維持するためには、ほかにもいくつか

の政策が必要になる、ということだ。フラットな世界の新しい仕事を勝ち取る競争力をアメリカの子女が身につけるように、教育程度を高める集中的な国内戦略が、自由貿易の政策と並行して必要とされる。そこに、全世界の閉鎖的な市場（アメリカの農業もそこに含まれる）を解放する外交戦略が加わらなければならない。そうやって、グローバルな自由貿易システムに加わる国を増やす。それによって商品やサービスへの需要が増え、イノベーションが推進され、地球全体で失業や求職のための移住が減る。

当然ながら、保護貿易主義・反アウトソーシング学派は反論する。こうした戦略はもはや通用しない、と力説する。反アウトソーシング派の主張は次のとおりだ。フラットな世界では、商品だけではなくサービスの貿易が格段に増える——このサービス業はアメリカの中流階級を支えており、従来はいまほどオートメーション化やアウトソーシングが進んでいなかった。特定の職業分野で、ブルーカラーとホワイトカラーの両方を国際競争から保護するように政府が働きかけないかぎり、こうした変化によって、アメリカも発展途上国も、経済力と生活水準が低下する。アメリカとヨーロッパ諸国と日本がずっと独占してきたサービスと高度な工業製品製造の分野で、新参者多数がグローバルな経済に入り込むのはまず無理だろう——ただし、賃金が低水準で落ち着いてしまったら、そうはいかない。

私も含め、自由貿易・アウトソーシング支持派は、リカード理論がいまも正しいと考え、次のような反論を主な拠りどころにする。まず、特定の分野では過渡期があって、発展途上国で賃金が下がる可能性があるが、世界経済全体のパイが大きくなりつづけるかぎり、こうした低下が恒久的であるとか、あるいは全体にひろがると断定できる理由は何もない。恒久的だと唱えるのは、いわゆる労働塊

説を引き合いに出すのと同じだ――世界には一定の労働の塊があり、アメリカ人やインド人や日本人がその塊を食い尽くしてしまったら仕事は消滅する、という途方もない理論である。この理論によれば、いまわれわれが最大の労働塊を持っていても、インド人が同じ仕事をもっと安くやるといえば、塊の向こうの取り分が増え、こちらの塊が減ることになる。

労働塊説の最大の誤りは、発明されそうなものは発明されつくしている、したがって経済競争はゼロ・サム・ゲーム――一定量の塊をめぐる戦い――になるという根拠のない仮定に基づいていることにある。アウトソーシングやオフショアリングに端を発する大手企業の人員整理は、規模が大きいせいもあってマスコミに派手に取りあげられるが、大衆の知らないような中小企業では、五人、一〇人、二〇人といった単位で、新たな仕事が創出されている。それが労働塊説の仮定では見落とされている。黙って信じなさいといわれても、にわかには信じがたいだろう。しかし、事実そうなのだ。そうでなかったら、アメリカの現在の失業率は五パーセントどころではなく、もっと高いはずだ。サービス・製造分野の低レベルの仕事が、ヨーロッパ・アメリカ・日本からインド・中国・東欧圏に移ると、無数の人間の可処分所得が増え、グローバルなパイが大きくなる。しかも、そのグローバルなパイは複雑な形でひろがり、これまでになかった仕事や専門分野が生まれる。だから、そういった現象が起きる。

単純なたとえで説明しよう。世界に国が二つしかないとする――アメリカと中国だ。アメリカ経済は一〇〇人。そのうち八〇人が高学歴の知識労働者、二〇人が低学歴の技術の低い労働者だとする。さて、世界がフラット化し、アメリカは中国と自由貿易協定を結ぶ。中国には一〇〇〇人いるが、ア

メリカより遅れている。だから、一〇〇〇人いても、高学歴の知識労働者はアメリカと同じ八〇人しかいない。あとの九二〇人は技術が低い労働者だ。自由貿易協定を結ぶ前のアメリカ世界には、知識労働者が八〇人しかいなかった。いまは米中世界に一六〇人いる。アメリカの知識労働者は競争が激しくなったと感じる。それは事実だ。しかし自分たちが狙う獲物は、前よりもずっと拡大し、ずっと複雑になった市場なのだ。市場は一〇〇人から一一〇〇人に急増し、需要とさまざまな欲求もそれにつれて急増した。したがって、アメリカと中国の両国の知識労働者にとって損はない。

もちろん、アメリカの知識労働者のなかには、中国人との競争によって新しい知識労働に「水平」移動しなければならない者もいる。しかし、市場が大きく複雑なので、技倆を高く保っていれば、まっとうな賃金がもらえる新しい知的職業がきっと出現する。だから、わが国の知識労働者のことも中国の知識労働者のことも心配しなくていい。彼らは大きくなった市場でうまくやっていく。

「心配いらない？　どういうことだ」と疑問を持たれるかもしれない。「中国のその八〇人の知識労働者が、アメリカの八〇人よりもずっと安い賃金でよろこんで働くという現実にどうやって対処する？　その差はどう解消されるんだ？」

一朝一夕には解消されない。だから、過渡期にはアメリカ人知識労働者の一部が影響を受けるだろう。だが、その影響は恒久的ではない。スタンフォード大学の経済学者ポール・ローマーは、以下のことを理解する必要があると述べている。中国の知識労働者が、アメリカ人と同等の世界的な市場性がある技倆を持っていたにもかかわらず、賃金がひどく低かったのは、抑圧された経済に閉じ込められていたからだ。巨大な牢獄国家北朝鮮で、コンピュータ専門家や脳外科医がほんとうにわずかな給

料しかもらっていないのを考えてみるがいい！　しかし、中国経済が世界に門戸を開放して改革を進めれば、中国の知識労働者の賃金は、アメリカ・世界レベルに上昇するだろう。いっぽう、われわれの賃金は、壁で囲まれている抑圧経済のレベルに低下することはない。バンガロールで早くもそれが見られる。インド人プログラマーをめぐる争奪戦によって、インド人の賃金が急速にアメリカやヨーロッパの水準に近づいている――インド経済が閉ざされていたあいだ、何十年と沈滞が続いたあとで。だからこそアメリカは、インド・中国経済の改革と解放を徐々に、そして持続的に進めるために、あらゆる方策を実行する必要がある――いまよりも開かれた生産的な世界経済が生まれれば、長期的に全体の賃金が上昇するからだ。

ただし、中国の低技術労働者九二〇人とじかに競争しなければならないアメリカの低技術労働者二〇人のことは心配してほしい。彼らがそれまである程度の賃金をもらえた一つの理由は、高技術労働者に比べて人数が少なかったからだ。どんな経済でも、技術のいらない肉体労働を多少は必要とする。しかしながら、中国とアメリカが自由貿易協定を結ぶと、二国の世界で低技術労働者は九四〇人、知識労働者は一六〇人になる。誰にでもできるような仕事――容易に中国に移せる仕事――をしているアメリカの低技術労働者は、困ったことになる。それは否定できない。賃金は間違いなく低下する。生活水準を維持するか、上げるには、水平ではなく「垂直」に動かなければならない。大幅にひろがった米中市場に間違いなく生まれる新しい仕事につけるように、教育や専門的技倆を高めなければならない。（8章で、そうした技倆を習得する機会を全員にあたえる責任が社会にあることを述べたいと思う。）

ローマーが指摘しているように、知識労働者の場合は、数が増えても、低技術労働者とは違って、賃金が低下するとは限らない。それをわれわれは自分たちの国の歴史から学んでいる。一九六〇年代から一九八〇年代にかけて、大卒労働者の供給は飛躍的に増えたが、賃金はそれをしのぐ速さで上昇した。なぜなら、パイが大きくなり、複雑な形になってゆくにつれて、人々の欲求も増え、結果的に、複雑な仕事や専門的作業をこなせる人間に対する需要が増したからだ。ローマーは「知識基盤型の商品と、物理的存在の商品には違いがある」という説で、これをある程度説明している。なんらかの知識を集約した商品——コンサルティング、金融情報、音楽、ソフトウェア、マーケティング、デザイン、新薬など——を生産して売る知識労働者の場合、市場が広ければ広いほど、製品を買う人間が増える。また、新しい専門分野や隙間市場《ニッチ》も多く生まれる。第二のウィンドウズやバイアグラを作り出せば、世界中の人々のすべてに売ることも可能だ。だから、知識基盤型の労働者は、グローバル化のもとで繁栄する。さいわい、アメリカには、世界のどの国よりも知識を原動力とする労働者が数多くいる。

しかし、肉体労働——もしくは材木とか鋼鉄——を売っている場合には、市場の拡大が売り物の価値を高めるとは限らない。下がることもありうる、とローマーは説明する。肉体労働を買ってくれる工場は限られているから、売り手のほうが多くなる。肉体労働者が売るものは、一度に一つの工場か一人の消費者にしか買ってもらえない。いっぽう、プログラマーや新薬開発者が売る知識基盤型製品は、世界市場で、誰にでも、同時に売ることができる。

そんなしだいなので、アメリカ自体は自由貿易のフラットな世界で栄えるはずだ——もちろん、知

識労働者を作りつづけることができればの話だ。そうした知識労働者は、世界的規模で売れる知識基盤型商品を生み出し、グローバルな経済を拡大して世界中の知識の宝庫に接続したことによって生じる知識労働を達成しなければならない。待遇のいい工場の仕事は限られているかもしれないが、知識によって生まれる仕事に上限はない。

製薬会社とソフトウェア会社がアメリカにそれぞれ一五社（計三〇社）、中国にそれぞれ二社（計四社）ある世界から、両国にそれぞれ三〇社ある世界に変われば、イノベーションが進み、治療法が増え、新製品が増え、専門的なニッチや、それらの製品を購入する高所得層が増加する。

「きょう欲求に見えるものは明日の需要になり、パイは大きくなりつづける」ネットスケープの共同創業者で、電子商取引という新産業の火付け役の一人のマーク・アンドリーセンはいう。いまやこの業界は、ビル・クリントンが大統領になったときには夢にも考えられなかったようなことを職業とする専門家を、世界で何百万人と雇っている。私はときどきコーヒー・ショップへ行くが、スターバックスができると、自分好みのコーヒーが「どうしても」飲みたくなる。その新しいニーズによって、まったく新しい産業が生まれる。また、さまざまな物事を検索できればいいと前から思っていたが、グーグルが誕生すると、自分好みの検索エンジンが「なんとしても」ほしくなる。そこで検索関係でもまったく新しい産業ができあがって、グーグルはいまや数学博士を大量に雇う――ヤフーやマイクロソフトの機先を制して。人は発明されそうなものはすべてとうに発明されたと思いがちだ。だが、そんなことはない。

「人間の欲求とニーズは無限だと思うことだ」アンドリーセンはいう。「そうすれば、生まれる産業

も、始めるビジネスも、やる仕事も無限にある。人間の想像力だけが、それを制約している。世界はフラット化すると同時に上昇している。その証拠はありありと見えていると思うね。歴史の流れを展望すれば、貿易や通信が活発になった時代にはつねに経済活動や生活水準に大きな向上が見られるとわかる」

第二次世界大戦後、アメリカは崩壊したヨーロッパと日本をグローバルな経済に統合した。一七七〇年代後半のアメリカがイギリスからさまざまな知識を得たのと同じように、ヨーロッパや日本はアメリカからしばしばアイデアと技術を輸入し、ときには盗んで、製造、知識、サービスにおける技倆を年々高めた。それでも、戦後六〇年間、アメリカ人の生活水準は年代ごとに向上し、失業率は――アウトソーシングに文句をいう声が高まっているにもかかわらず――たった五パーセントと、西欧の多くの先進諸国のほぼ半分である。

「われわれは不況のまっただなかに会社を興し、一八〇〇の新しい仕事を創り出した」アンドリーセンの経営するオプスウェアは、人間ではなく自動制御とソフトウェアを使い、さまざまな遠隔地の巨大なサーバーセンターを運用する。同社がこうした業務を自動化することにより、企業は経費を節約し、優秀な人材をくだらない仕事から解放して、他の分野の新規事業にふりむけることができる。アンドリーセンはいう。自由市場を怖がるのもいいが、それなら新薬、新ワークフロー・ソフトウェア、新産業、新しい形のエンターテインメント、新しいコーヒー店などいらないと思わなければならない。また、それらの産業やビジネスモデルが創出する仕事に必要な専門的技倆を、自国民が身につける必要はない、と考えなければならない。

「それでも」と彼は締めくくる。「経済学の観点からすれば、新しい仕事が増えるなどというのは鵜呑みにはできないだろうね」しかし、現に新しい仕事は増えつづけているし、この先そうならないと考える根本的理由はまったくない。

一五〇年ほど前は、アメリカ人の九〇パーセントが農業やその関連分野に従事し、馬の曳く鋤を使い、手で収穫を取り入れていた。現在は農業の工業化によって、アメリカの自給もしくは輸出用の食料を生産する人口は、三パーセント以下に減った。かりに、政府がこうした手作業の農業を保護して助成金を出し、機械化とその後のコンピュータ化した農業を拒んでいたら、どうなっていただろう？そうとも、馬に投票権をあたえたら、自動車は世の中に出なかったに違いない。いまのアメリカの国全体は、よくなっていただろうか？　まずありえない。もちろん、コロンビア大学の自由貿易専門家ジャグディシュ・バグワティが説明するように、インド人や中国人がぐんぐん付加価値を高めて、アメリカが得意としてきたたぐいの知識集約型商品を生産しはじめたら、そうした分野の一部でアメリカの比較優位が減少することは間違いないだろう。ある分野では賃金押し下げの圧力がかかるだろうし、海外に恒久的に移ってしまう仕事もあるかもしれない。ゆえに、水平に動かなければならない知識労働者も出てくるだろう。しかし、拡大を続けるパイが、必要な専門分野を創出し、予測もしていなかった比較優位の分野が生まれるだろう。

例を挙げよう。アメリカの半導体産業はかつて世界を支配していたが、他の国々の企業が乗り込んできて低価格市場を食い荒らした。高品質な半導体の市場に食い込んだ企業も何社かあった。そこで、アメリカの企業は、拡大した市場でさらに新しく極度に特化した製品を追求せざるをえなくなった。

そうならなかったら、いまごろインテルは廃業していただろう。じっさいは繁栄している。インテル社長ポール・オテリーニは《エコノミスト》二〇〇三年五月八日号でこう述べている。チップがあるアプリケーションに充分対応できるようになると、さらにパワフルで複雑なチップを要求する新たなアプリケーションが出現する。そこにインテルは特化している。

たとえば、グーグル、ヤフー、MSNがビデオサーチ（テレビ番組の内容などを検索するもの）を提供しはじめたら、新しいマシーンとそれを動かすチップの需要が生まれる。そんなことは、一〇年前には誰も想像していなかったはずだ。このプロセスの展開には時間がかかる。しかし、いずれはそうなる、とバグワティはいう。なぜなら、いまサービス業界で起きていることは、貿易障壁が崩れたときに製造業で起きたのと同じことだからだ。製造業では、グローバルな市場が拡大して参入企業が増えるにつれ、「産業内貿易」の大幅な拡大が見られた。メキシコはタイヤ製造に特化し、中国はカムシャフト製造に特化し、アメリカは自動車の全体的な設計に特化する。知識集約型の経済に移行するにつれて、「サービス産業内貿易」も増加している。複雑化しているさまざまなサービス分野で、専門的な作業がますます増えているためだ。

だから、ママもパパも、大学を出た息子か娘がある日電話をかけてきて「検索エンジン最適化技術者《オプティマイザ》になるつもりだ」といっても、驚かないでほしい。親はついこんなことをいってしまうだろう。「ちょっと待ってよ。大学に行かせたのは医者か弁護士になってもらうためよ！ 検索エンジンのオプティマイザーって、何それ？ ルーイ叔父さんみたいな目医者《オフサルモロジスト》になればいいじゃないの」でも、そんな言葉に屈してはいけない。検索エンジン・オプティマイザーは、フラットな世界で誕生した新

しい専門職の一つなのだ。事情を説明しよう。たとえば、世界に二大スーツケース・メーカーがあるとする。一社は〈トムのスーツケース〉、もう一社は〈サムソナイト〉。「スーツケース」を誰かが検索して、グーグルやＭＳＮのトップ・ページで〈トムのスーツケース〉が〈サムソナイト〉よりも上に登場したら、数百万ドルの利益に結びつく可能性がある。〈トムのスーツケース〉のほうがクリックされる確率が高くなるし、ウェブサイトをクリックする人間は購入意欲があるわけだから、〈トムのスーツケース〉は市場で過半数を占めるようになるだろう。検索エンジン・オプティマイザー（業界ではＳＥＯと呼ばれる）は、検索結果を表示するのに大手検索エンジンが使っているアルゴリズムをたえず研究し、会社の表示順位《ランキング》を押し上げるようなマーケティングとウェブ戦略を組み立てる仕事にたずさわっている。そうしたアルゴリズムに通暁していることから、ＳＥＯは「アルゴリックス」とも呼ばれる。数学とマーケティングを組み合わせたこの専門的職業は、まさに世界のフラット化によって創出された。数学を専攻している友人に、「そんなものでどうやって食べていくんだよ？」と質問をしたのは遠い昔の話だ。いまはそんなことをきいてはいけない。

　検索エンジンの最適化があまりにも大きなビジネスになったので、グーグルは自社のコーディングを解読しようとしているＳＥＯたちをおおぜい集めて、本社で毎年ダンスパーティを催している。二〇〇五年八月二〇日、ＡＰ通信がこのグーグル・ダンスについて報じている。「先夜、ビール飲み放題、生バンド、カラオケ、ゲームといった趣向のパーティが、グーグルプレックス（本社の愛称）で盛大に行なわれた。だが、ほんとうの大きな動きは、グーグル本社の塵一つない会議室でくりひろげられていた。競争力を高めるためにたえずグーグルの検索エンジンの結果を動かそうとしている頭のいいイ

ンターネット起業家たちが、そこでグーグルのトップ・エンジニアとじかに会うという稀有な機会を利用しようとしていた。グーグルのコーディングを手がける専門家たちは、協力するふうをよそおいつつ、〝秘密のソースコード〟――ウェブサイトのランキングにグーグルが使っている超極秘の方程式――を明かそうとはしなかった……グーグルを出し抜こうとする努力に苦々しい思いを抱いているシャリ・スロウのようなウェブマスターは、検索エンジンのランキングが上がるようにするには、ほんとうに貴重なコンテンツや製品を提供すればいいのだと主張している」

フラットな世界には、リカードの比較優位という先見の明のあった理論を時代遅れにするような物事は、何一つない。先進国や発展途上国がフラットな世界で比較優位を形作る――一定の時期に企業が新旧両方のサービスと製造業のどれかを選んで特化する――というのは、まったく新しい事象だ。そこに新しい難題が生まれる。フラット化が進んだ世界では、一つの国の一分野での比較優位は、丸い地球よりもずっと早く消滅してしまう。たとえば、インドと中国は現在、かつては西側先進諸国だけが独占していたような数多くの分野で、競争力を持つようになっている。いまの生活水準を維持するためには、西側先進諸国はいままで以上に迅速に適応し、さらに新しい分野に進まなければならない。それと同時に、インドや中国は発展するにつれて、基礎的な製造業や繊維製品など、特定の低レベルの分野での比較優位を失い、ベトナムやアフリカにその座を譲るようになる。この経済の重力の法則をまぬがれることのできる国はどこにもない。しかし、これまでずっと論じてきたように、アメリカにとってそれはいいことでもある。フラットな世界では、新しい仕事がたえずあふれ出る。まったく新しい分野での真剣な取り組みによって、どんどん仕事が生み出される――しかもそれは、検索

エンジン・オプティマイザーが好例だが、教育水準の高い欧米の人間が特化するのにうってつけの仕事なのだ。その間ずっと、先進国から発展途上国へも仕事が絶え間なく流れてゆく。こうした新しい仕事は徐々にコモディティ化して、貿易できるようになる――したがって、インドや中国でやるほうが好都合になる。

それと同時に、フラット化の要因一〇のおかげで、作業はますます切り分けられるようになり、高度な作業は先進国で、あまり高度でない作業は発展途上国で処理される。どちらにも比較優位性がある。やがて、中国やインドでもイノベーションが見られるようになり、製品、デザイン、マーケティングの一部が西側にアウトソーシングされる。そう、まだわれわれに比較優位性はいくらか残っているのだ。こうしたあらゆる事象がすべて同時に起きる。だが、パイが大きくなりつづけ、形が複雑になりつづけるかぎり、どの国も特化できる物事を見出せる――ことに、労働者をたえず教育して、技倆を向上させるようにしてさえいれば。

次のようなことを、つねに念頭におこう。インドや中国は、アメリカを追って底辺に駆け込もうとしているわけではない。頂上を目指しているのだ――これが悪いことであるはずがない！　どちらの国の人間も、タコ部屋ではなく生活水準の向上を望んでいる。安物ではなくブランド品をほしがっている。スクーターを車に取り替え、ペンや鉛筆をコンピュータに取り替えたいと思っている。そして、そういうことが進めば進むほど、生活も向上して、頂上には広い余裕ができる――物を持つことが、さらなる消費を増やし、製品市場が多様化し、特化したニッチが生まれる。すでにそういう現象が起きている。アメリカ企業が知識労働をインドに移すと、インド企業は国内に目を転じて、収益と知恵

を駆使し、貧しい自国民が中流階級に上昇するのに役立つ新製品の開発にいそしんでいる。そうやって上昇した階層は、間違いなくアメリカ製品の消費者になる。中国とインドは急速に発展し、低コストの製品やコピー製品から、自国の低コストのイノベーションへと軸足を移している。両国は、自分たちの問題を解決するのに、費用の面で無理のない革新的手段を見つけなければならない——そして、いまそれをやろうとしている。自分たちの市場でそうした無理のない解決策——たとえば年間わずか一〇ドルで貧困者を保険に加入させるインドの医療保険計画、安価なノート・パソコン、非常に安価な携帯電話、ガソリンスタンドにあるインターネット端末で航空券を売っている低料金のインドの航空会社（三時間かかるバンガロール‐デリー間の片道料金が七五ドル）——が完全にできあがったら、それをグローバルにひろめることもできる。《ビジネスウィーク》二〇〇四年一〇月一一日号は、ムンバイ南部のプーナ近くにあるタタ・モーターズの工場について、こう書いている。「ここでは若い設計者、エンジニア、マーケティング担当者たちの集団が図面を睨みつけ、鋼鉄のサンプルを調べ、プラスティックを合成している。来年の初め頃に、タタ・グループとしてはとてつもなく野心的なプロジェクト——価格二二〇〇ドルの小型乗用車——のプロトタイプをデザインする予定になっている。マルチ社が販売するスズキの五〇〇〇ドルの小型車を打ち負かして、インドで最も安い車に——さらには他の発展途上国へ輸出できるものに——なることを、同社は期待している。『これがインドのいまのニーズです——大衆車が』売り上げ一二五億ドルのタタ・グループのラタン・タタ会長はいう。インド人は日増しに手ごろな価格のよりよい製品やサービスを求めるようになっている。今年の高い経済成長は、その需要に間違いなく拍車をかけるだろう。これからのグローバル経済では〝メード・

イン・インド〟がイノベーションを意味するようになるかもしれない」

IMF（国際通貨基金）調査局長のラグラム・ラジャンは、インドの学生がインターネットを使ってシンガポールその他の国の生徒に教えるという、きわめて革新的なインドの教育産業、ヘイマスの役員をつとめている。生徒は幼稚園児から高校三年生までで、数学や化学のさまざまな概念を教える最適な方法を組み立てるために、インド人、イギリス人、中国人の専門家も雇われている。ヘイマスは、シンガポールの公立学校ばかりか、いまではアメリカの学校とも協力して、数学と科学を担当する教員向けの授業計画、パワーポイントのプレゼンテーション、オンライン宿題一式、その他の教材を供給している。それによって節約した時間を、教員は特定の授業のカスタマイズや、一対一の対話に割くことができる。インドのチェンナイに本社があるヘイマスは、シンガポールなどの学校から報酬を受けている。しかし、これにはイギリスのケンブリッジ大学が一枚嚙んでいて、全体的な品質管理を行ない、授業計画や指導方法の質を保証している。

「誰もが得をする」と、ラジャンはいう。「会社を切り盛りしているのはインド人二人で、ロンドンのシティバンクとクレディ・スイス・ファースト・ボストンでの勤務経験があり、このビジネスを始めるために帰国した……ケンブリッジ大学は、まったく新しいニッチを創った会社から利潤を得ている。インドの学生は、小遣いを稼げる。シンガポールの生徒は、成績が上がる」さらにいえば、基本ソフトウェアはおそらくマイクロソフト、CPUはインテルで、小金を稼いだインド人学生はアップルかデルかHPの安価なパソコンを買っているはずだ。だが、こうしたことはどれも目には見えない。

「パイは大きくなったが、誰にもわからなかった」とラジャンはいう。ヘイマスの参入によって職を

失った者はおらず、むしろさまざまな土地のおおぜいの人間が、五年前には存在しなかった仕事を得た。

《マッキンゼー・クォータリー》の二〇〇五年第一集に寄せられた「安価な労働力の供給地で終わらないために――発展途上国のための教訓」と題する評論は、企業と国が一つの比較優位から別の比較優位へと転じる顕著な例を挙げている。「イタリア北部の繊維アパレル産業では……衣類生産の大半が低コストの地域に移ったが、企業が衣服のデザイン、グローバルな生産網の調整などの業務へもっと多くの人的資源を投入したため、雇用は安定している」

雇用される人間より、解雇される人間のほうが目につくから、自由市場を――そしてアウトソーシングやオフショアリングの自由を――悪者扱いするのは簡単だ。レイオフなどの場合、人数が多いから、マスコミにも取りあげられる。中小企業が五人、一〇人単位で雇っているのは目につかないし、めったにニュースにならない。しかし、新聞もたまにはこの問題を深く掘り下げようとすることがある。私の故郷の《ミネアポリス・スター・トリビューン》がそれをやった。二〇〇四年九月五日に「オフショアリングは地元に利益をもたらす」という見出しの記事を掲載して、世界のフラット化によってミネソタ経済がどういう影響を受けるかを考察した。中国の無錫《むしゃく》発の記事はこんな書き出しだった。「屋外の大気は、熱帯の熱病のように熱く湿り、埃っぽい。屋内では、汚れ一つないひんやりと乾燥した空間で、頭から爪先までを覆うＮＡＳＡの防護服みたいなものを着込んだ何百人もの元農民が、ミネソタ州ブルーミントンに本社を置くドナルドソン株式会社の仕事をしている……同社は中国で、本社社員一一〇〇人の二倍以上にあたる従業員二五〇〇人を抱えている。中国での操業によっ

て、同社はアメリカではもはや製造コストが見合わない製品の生産を継続でき、なおかつミネソタにおける雇用を一九九〇年以降四〇〇人増やした。ミネソタで高給をもらっているエンジニア、化学者、設計者は、コンピュータ、MP3プレイヤー、デジタル・ビデオテープ・レコーダー用に中国の工場で製造される最新型フィルターの設計にいそしんでいる。中国での生産で実現したディスク・ドライブの低価格化は、この付属品の需要を高めている。『もし〔時勢に〕従っていなかったら潰れていたでしょう』同社のディスク・ドライブおよびマイクロ・エレクトロニクス部門の責任者デビッド・ティムは述べている。アメリカの調査会社グローバル・インサイトは、海外へのアウトソーシングの結果、二〇〇三年にミネソタで一八五四人の雇用が創出されたと推定している。こういった傾向が続けば二〇〇八年までに六七〇〇人近い雇用が新たに創出されると、同社は予想している」

エコノミストはしばしば、中国とインドのグローバル経済参入を、アメリカ横断鉄道がニューメキシコ州を人口の多いカリフォルニア州と結んだときの経緯になぞらえる。「鉄道が町に来ると」ウィプロのビベク・ポール前副会長はいう。「まず目につくのは、生産能力の余剰です。ニューメキシコ州民はみんな、線路がのびれば、やつら――カリフォルニア州民――が沿線にある自分たちの工場を一掃するだろうとささやく。地域によってはそうかもしれないし、なかには鉄道が来たことで廃業する会社もあるかもしれない。しかし、資本はやがて再配分される。結局、沿線では誰もが恩恵をこうむることになります。たしかに不安はあるが、進んで変化し、探求し、もっと得意なことはないかと探す刺激剤になるので、不安もまんざら悪いものではありません」

ニューヨーク、ニューメキシコ、カリフォルニアがつながったときに、そういうことが起きた。ヨ

ーロッパ西部、アメリカ、日本がつながったときにもそうなった。だから、インドと中国が、アメリカ、ヨーロッパ、日本につながるときにもそういうことが起きるだろう。線路が自分を接続するのを阻止することなく、技倆を高め、自分と自分の社会がより大きく複雑なパイの分け前をものにできる事業に投資するのが、成功への道なのである。

〔マ〕

索　引

〔ナ〕

〔ハ〕

〔タ〕

〔サ〕

索　引

〔カ〕

〔ア〕

索　引

〔A-Z〕

●著訳者紹介

トーマス・フリードマン（Thomas L. Friedman）

ニューヨーク・タイムズ紙コラムニスト。1953年ミネソタ州ミネアポリス生まれ。ブランダイス大学卒業後、オックスフォード大学で現代中東研究により修士号を取得。ＵＰＩ通信に入社し、一年間ロンドン支局で勤務した後、ベイルートに派遣される。1979年から81年まで特派員生活を送った後、ニューヨーク・タイムズ社に移り、1982年ベイルート支局長を命じられた。赴任直後にイスラエルによるレバノン侵攻が起こる。この戦争の報道によって1983年のピュリツァー賞を受賞。1984年から88年までエルサレムに派遣されたフリードマンは、イスラエルに関する幅広く公平な報道によって、88年に再び同賞を得る。これらの体験をもとに書き上げた『ベイルートからエルサレムへ』は翌89年の全米図書賞を受賞した。クリントン時代にホワイトハウス担当首席記者をつとめた後、1995年からは外交問題コラムニストとなる。2002年、テロが全世界におよぼす脅威についての執筆活動が認められ、３度目のピュリツァー賞を受賞。著書に世界的なベストセラーとなった『レクサスとオリーブの木』などがある。

伏見威蕃（ふしみ・いわん）

翻訳家。1951年生まれ、早稲田大学商学部卒。ノンフィクションからミステリー小説まで幅広い分野で活躍中。ボブ・ウッドワードの『ブッシュの戦争』『ディープ・スロート』、セイモア・ハーシュの『アメリカの秘密戦争』やジェイムズ・Ｄ・テイバーの『イエスの王朝』、いずれも映画化された『ブラックホーク・ダウン』『プライベート・ライアン』など訳書多数。

フラット化する世界（上）
経済の大転換と人間の未来

2006年5月24日　1版1刷
2007年2月8日　10刷

著　者　トーマス・フリードマン
訳　者　伏　見　威　蕃
発行者　羽　土　　力

発行所　日本経済新聞出版社
http://www.nikkeibook.com/
東京都千代田区大手町1-9-5　〒100-8066
電　話（03）3270-0251

印刷・製本／凸版印刷
ISBN978-4-532-31279-4